Siegfried Hauser
Klaus Kammerer
Dietrich Lüdeke (Hg.)

VWA Kompendium
Band 2:
Methodische und quantitative Grundlagen der Volks- und Betriebswirtschaftslehre
- Eine Einführung -

ROMBACH - VWA KOMPENDIUM

Herausgegeben von Blümle/Francke/Hilke/Lüdeke

Band 2:

Methodische und quantitative Grundlagen

der Volks- und Betriebswirtschaftslehre

- Eine Einführung -

Kompendium der Verwaltungs- und Wirtschaftsakademie Freiburg

Band 2:

Methodische und quantitative Grundlagen der Volks- und Betriebswirtschaftslehre - Eine Einführung -

von

Siegfried Hauser

Klaus Kammerer

Dietrich Lüdeke

ROMBACH VERLAG

Die Deutsche Bibliothek - CIP-Einheitsaufnahme

Verwaltungs - und Wirtschaftsakademie für den Regierungsbezirk Freiburg:

Kompendium der Verwaltungs- und Wirtschaftsakademie Freiburg
hrsg. von Blümle/Francke/Hilke/Lüdeke
Band 2: Methodische und quantitative Grundlagen der Volks- und Betriebswirtschaftslehre, Eine Einführung. - 1. Aufl. - 1995
von Siegfried Hauser, Klaus Kammerer und Dietrich Lüdeke.
Freiburg im Breisgau : Rombach.
ISBN 3-7930-0767-7

Herstellung: Rombach GmbH Druck- und Verlagshaus,
Freiburg im Breisgau
Printed in Germany
ISBN 3-7930-0767-7

Inhaltsverzeichnis

TEIL I

Ausgewählte Grundlagen der Mathematik

von

Dr. Klaus Kammerer

(Akademischer Direktor an der Universität Freiburg)

TEIL II

Ausgewählte Methoden der Statistik

von

Dr. Dietrich Lüdeke

(o. Professor für Statistik und Ökonometrie an der Universität Freiburg)

TEIL III

Anwendungsgebiete der Statistik

von

Dr. Siegfried Hauser
(Professor für Methoden der empirischen Wirtschafts- und Sozialforschung
an der Universität Freiburg)

Vorwort des Herausgebers

Das vorliegende Buch enthält die mathematischen und statistischen Grundlagen, die für das Studium an der Verwaltungs- und Wirtschaftsakademie (VWA) erforderlich sind. Da der dargebotene Stoff einen Teil der mathematischen und statistischen Grundausbildung im wirtschaftswissenschaftlichen Studium an der Universität und an den Fachhochschulen abdeckt, ist er gleichermaßen auch als Lektüre für die dortigen Studienanfänger geeignet. Angesprochen sind nicht zuletzt auch die Praktiker in der Wirtschaft, da insbesondere die dargestellten statistischen Analyseverfahren und Anwendungsgebiete mit zu den meisten in der Wirtschaftspraxis angewendeten Verfahren und interessierenden Anwendungsfeldern zählen.

Das Buch gliedert sich in drei Teile.

Im Teil I werden ausgewählte mathematische Grundlagen wie verschiedene Funktionentypen, Verfahren der Differentialrechnung in Verbindung mit ihrer Anwendung auf eine Vielzahl ökonomischer Problemstellungen sowie die Zinseszins-, Renten- und Tilgungsrechnung behandelt.

Teil II führt in Analyseverfahren der beschreibenden Statistik ein. Hierbei geht es weitgehend um Methoden zur Analyse von Häufigkeitsverteilungen statistischer Gesamtheiten. Behandelt werden in diesem Zusammenhang die Erstellung und graphische Darstellung von Häufigkeitsverteilungen und ihren Verteilungsfunktionen, ihre wichtigsten Maßzahlen, wie Mittelwerte, Prozentpunkte und Streuungsmaße, sowie Verfahren zur Darstellung und Messung der Konzentration von Verteilungen. Des weiteren befaßt sich dieser Teil mit wichtigen Kennziffern, wie Gliederungs-, Meß- und Beziehungszahlen, sowie mit der Messung von Preis- und Mengenentwicklungen in Form von Indexzahlen.

Teil III bietet einen Einblick in eine Vielzahl von Anwendungsgebieten in der amtlichen Statistik und in der Statistik der Unternehmen. Aus der amtlichen Statistik werden u.a. die Bevölkerungsfortschreibung und -prognosen, wichtige Bereiche der volkswirtschaftlichen Gesamtrechnung sowie Indikatoren für die Leistungsfähigkeit und die Stabilität einer Volkswirtschaft dargestellt. Aus dem Gebiet der Statistik im Unternehmen werden Fragestellungen der Qualitätskontrolle, der Messung von Zusammenhängen mit Hilfe der deskriptiven Regression sowie Aspekte der Zeitreihenanalyse und -prognose erörtert.

Alle drei Autoren betrachten es gleichsam als eine didaktische Maxime, daß die Leserinnen und Leser die behandelte methodische Materie und ihre Begriffe anhand von Anwendungsbeispielen verstehen und lernen sollen. Deshalb werden die Methoden entweder zunächst an einem Beispiel dargestellt und danach verallgemeinert oder erst allgemein hergeleitet und danach an einem Beispiel veranschaulicht. Insofern ist in jedem der drei Beiträge eine Vielzahl von Anwendungsbeispielen verarbeitet worden.

Ein Buch, wie es hier vorliegt, läßt sich bei der technischen Umsetzung nicht ohne die Mithilfe Dritter bewerkstelligen. Daher ist es für mich eine angenehme Pflicht, den beiden Damen Frau Diplom-Volkswirtin Beate Heinzelmann und Frau Martha Kienast sowie den Herren Diplom-Volkswirt Thilo Goodall-Rathert, Diplom-Mathematiker Wolfgang Hummel, Dr. Wolfgang Patzig und Diplom-Volkswirt Martin Würth für ihre hilfreiche und wertvolle Unterstützung meinen herzlichen Dank zu sagen. Die besondere Mitwirkung der einzelnen Damen und Herren wird von den Autoren in den Einleitungen ihrer Beiträge nochmals dankend hervorgehoben.

Freiburg, im März 1995

Dietrich Lüdeke

TEIL I

Ausgewählte Grundlagen der Mathematik

von

Klaus Kammerer

"Die Mathematik ist eine gar herrliche Wissenschaft, aber die Mathematiker taugen oft den Henker nicht ... So verlangt sehr oft der sogenannte Mathematiker für einen tiefen Denker gehalten zu werden, ob es gleich darunter die größten Plunderköpfe gibt, die man nur finden kann, untauglich zu einem Geschäft, das Nachdenken erfordert, wenn es nicht unmittelbar durch jene leichte Verbindung von Zeichen geschehen kann, die mehr das Werk der Routine, als des Denkens sind."

G.C. Lichtenberg, 1793

0. Einleitung

Die Zielsetzung dieses Artikels ist einfach und schwer zugleich: Sie soll das mathematische Minimalgerüst zum Studium an der VWA zur Verfügung stellen und dies andererseits im Sinne einer Aufwands-Ertrags-Rechnung: soll der Ertrag in Ihren Ökonomie-Studien anfallen, so kann der Aufwand nicht darin bestehen, erst mal Mathematiker werden zu müssen. So wurde auf jegliche Beweise verzichtet (die man in unzähligen Büchern finden kann) und nur versucht, die Instrumente und ihre Verwendungsweise **plausibel** zu machen.

Um die Lesegeschwindigkeit individuell bestimmen zu können, wurden in den Anhang 4. die Dinge verwiesen, die der der Mathematik Entwöhnte häufig gerne innerhalb des Textes findet: Hinweise zu Klammerregeln, Bruchrechnen, Potenzrechnung und zum Lösen Quadratischer Gleichungen. D.h. stolpert man in einem Beispiel über eine - zunächst - nicht nachvollziehbare Stelle, kann man sich in 4. die notwendige Hilfe "anlesen".

Die Struktur der Vermittlung - und der Übungsaspekt spielt dabei eine wichtige Rolle - läuft wie folgt ab und ist durch die entsprechenden Buchstaben gekennzeichnet:

A: Ein Problem wird mit **allgemeinen** Parametern vorgerechnet.

B: Das analoge konkrete Zahlen**beispiel** wird vorgerechnet.

R: Die **Rechen**aufgabe ist von Ihnen analog zu A und B zu lösen. Das - von Ihnen anzustrebende - Ergebnis ist in (...) dabei angegeben.

Darüber hinaus hat der Verfasser sich bemüht, Tips zum Rechnen der Aufgaben auf dem Taschenrechner in die Aufgaben einzubauen; die Tips gelten für praktisch alle üblichen Taschenrechner in der Preisklasse von 20 DM - 40 DM.

Das Manuskript entstand aus mehrjähriger Lehrtätigkeit an verschiedenen VWA's Südbadens, d.h. aus der Erfahrung, welche Probleme sich einem Hörer stellen, der längere Zeit keine "Mathe" mehr hatte.

Daß das äußere Erscheinungsbild dieses Artikels so wohlgestaltet ist, ist dem Werk vieler Heinzelmännchen zu verdanken: Frau Kienast schrieb (schnell wie immer) das Manuskript auf dem PC, ein weiteres Heinzelmännchen heißt tatsächlich Heinzelmann und zwar Beate, ist Dipl. rer. pol. und setzte die Formeln aufs Schönste, Herr Dipl. rer. pol. Thilo Goodall-Rathert erstellte (kreativ wie immer) mit Mathematica die Zeichnungen, die Supervision erfolgte (streng wie immer) durch Herrn Dr. Wolfgang Patzig.

Fehler, didaktische Mängel etc., die das innere Erscheinungsbild dieses Artikels prägen, sind alleine dem Verfasser zuzurechnen.

Schieben Sie es gegebenenfalls - mit Lichtenberg - auf den "*Plunderkopf*" von Verfasser; die Mathematik kann trotzdem - nach Lichtenberg - eine gar herrliche Wissenschaft sein!

Klaus Kammerer

1. Funktionen einer Veränderlichen und ökonomische Anwendungen

1.1. Die Funktion - Begriff und elementare Eigenschaften

In diesem Kapitel sollen die wichtigsten Definitionen zum Begriff der "Funktion" gebracht werden. Der Funktionsbegriff ist grundlegend nicht nur für die Mathematik, sondern für jede quantitative, d.h. messende Wissenschaft und damit auch für weite Bereiche der Ökonomie.

Um klarzumachen, was unter einer **"Funktion"** (oder einem **"funktionalen Zusammenhang"**) zu verstehen ist, gehen wir zunächst von einem Gegenbeispiel aus:

In der Bestimmungsgleichung $8 = 2 \cdot x$ ist uns Information gegeben über eine **unbekannte** Größe x, bzw. wir verlangen von der Größe x, daß sie die Gleichung erfüllt; eine solche Gleichung lösen wir dann nach der **Unbekannten** x auf, d.h. $4 = 8 : 2 = x$, d.h. die Information, die in der Gleichung $8 = 2 \cdot x$ steckte, ermöglichte es uns, den Wert der **Unbekannten** x, nämlich 4, zu bestimmen (und es gilt dann $8 = 2 \cdot 4$).

Wenn wir formal eine Gleichung $y = 2 \cdot x$ betrachten, so ist damit etwas anderes gemeint. Zunächst einmal haben wir es mit zwei Größen zu tun, die durch Buchstaben gekennzeichnet sind, nämlich y und x, so daß eine "Auflösung" dieser Gleichung keinen Sinn hat. Es muß also mit einer solchen Form einer Gleichung etwas anderes gemeint sein, d.h. wir benötigen weitere Informationen oder Vereinbarungen, damit diese Gleichung einen Sinn ergibt. Wenn wir vereinbaren, daß x etwa ein Zeichen für jede beliebige Zahl darstellen soll, so wird die Gleichung "bedeutungsvoll", d.h. sie erhält einen Sinn: Wir haben zwei Größen y und x und zwischen diesen Größen besteht eine quantitative Beziehung: Welchen Wert auch x jeweils haben mag, y hat jeweils den doppelten Wert, da $y = 2 \cdot x$ gilt ($y = 2 \cdot x$ ist damit ein spezielles Beispiel einer Funktion), d.h. wenn wir x den Wert 1 zuordnen, so hat y den Wert 2, und wenn wir x den Wert -5 zuordnen, so hat y den Wert -10.

Bei der Bestimmungsgleichung $8 = 2 \cdot x$ geht es also darum, den bestimmten Wert der Unbekannten x zu berechnen; in der Funktion $y = 2 \cdot x$ hat x keinen bestimmten Wert, aber welchen Wert auch x annehmen mag, y nimmt den Wert $2 \cdot x$, d.h. den doppelten Wert an, d.h. die Funktion ist Ausdruck eines Abhängigkeitsverhältnisses. Um das zu verdeutlichen, betrachten wir eine Funktion aus der Physik für gleichförmig bewegte Körper:

s	=	v	·	t
Weg	=	Geschwindigkeit	·	Zeit

Wenn wir von einem Körper die (konstante) Geschwindigkeit v kennen, so besteht zwischen der Dauer der Zeit, in der er sich bewegt, und der Wegstrecke, die er in dieser Zeit zurücklegt, ein funktionaler Zusammenhang, d.h. die zurückgelegte Wegstrecke ist eine Funktion der Zeit, d.h. wenn wir wissen, **wie lange** sich der Körper bewegt hat, so wissen wir (bei bekannter Geschwindigkeit) auch, **wie weit** er sich bewegt hat.

(Sei die Geschwindigkeit eines Autos 80 km/h; wenn das Auto 3 Stunden fährt, so hat es 240 km zurückgelegt, fährt es 5 Stunden, so sind es 400 km; d.h. wenn das t (die Zeit) bekannt ist, so ist damit auch das s (die Strecke) bekannt.

Bei Funktionen ist es also sinnlos, von "Unbekannten" wie in der Bestimmungsgleichung $8 = 2 \cdot x$ zu sprechen; die Art der Größen, die da verknüpft werden, ist eine andere. Man bezeichnet die Größen, die in einer Funktionsgleichung verknüpft werden, als Variable. Man sagt: y ist eine Funktion von x (und schreibt: $y = f(x)$), wenn für jeden beliebigen Wert der unabhängigen Variablen oder Veränderlichen x der Wert der abhängigen Variablen oder Veränderlichen y **eindeutig bestimmt** ist.

In unserem Beispiel heißt das:

$y = 2 \cdot x$: Für jeden Wert der Variablen x ist der Wert der Variablen y eindeutig bestimmt, und zwar ist er doppelt so groß.

$s = v \cdot t$: Aus der Zeit t, mit der sich etwas bewegt hat, kann ich eindeutig die Wegstrecke $s = v \cdot t$ berechnen, die es zurückgelegt hat.

In der Definition haben wir die Unterscheidung zwischen **abhängigen** und **unabhängigen** Variablen gemacht, wobei üblicherweise die abhängige Variable links steht und die unabhängige rechts; d.h. wenn wir schreiben $y = f(x)$, so ist y die abhängige und x die unabhängige Variable. Welche Variable ich zur unabhängigen und welche zur abhängigen mache, hängt einzig von der Fragestellung ab.

Beispiel: Die Funktion $s = v \cdot t$ (bei bekannter Geschwindigkeit) beantwortet mir die Frage bei bekannter Uhrzeit, wie weit ich gefahren bin (d.h. bei ausgefallenem Kilometerzähler, aber funktionierender Uhr kann ich aus der Zeit die Strecke berechnen). Die Umkehr - Funktion $t = \frac{1}{v} \cdot s$ gibt mir bei bekannter zurückgelegter Wegstrecke an, wie lange ich unterwegs war (d.h. bei kaputter Uhr, aber funktionierendem Kilometerzähler kann ich aus der zurückgelegten Strecke die Zeit berechnen, die ich unterwegs war).

Welche Variable zur abhängigen und welche Variable zur unabhängigen gemacht wird, hängt von der Fragestellung oder vom Modell ab und muß daher vom Fachwissenschaftler entschieden werden; der Mathematiker muß von dieser Entscheidung ausgehen, kann sie aber nicht treffen.

An dieser Stelle soll noch eine in der Mathematik wie in der Ökonomie wichtige Unterscheidung getroffen werden, nämlich die zwischen einer **Variablen** und einem **Parameter**. In der Gleichung $s = v \cdot t$ haben wir die Zeit t zur unabhängigen und die Wegstrecke s zur abhängigen Variablen gemacht; dabei war v - die Geschwindigkeit - ein sog. "Parameter", d.h. sie ist eine Größe, die innerhalb einer Fragestellung fest ist (so haben wir zunächst v = 80 km/h als festen Wert angenommen), die aber bei anderer Fragestellung (wenn der Autofahrer z.B. 120 km/h fährt) einen anderen Wert annehmen kann - die Grundbeziehung $s = v \cdot t$ ist aber immer dieselbe!

Funktionen geben nach dem Gesagten den Zusammenhang zwischen Variablen wieder. Um diesen Zusammenhang zu verdeutlichen, ist es oft sinnvoll, die Funktion zu zeichnen (Graph einer Funktion).

Hierzu gibt es einige Vereinbarungen oder Konventionen:

- Die unabhängige Variable wird auf der horizontalen Achse abgetragen: Abszisse (auch: x-Achse)

- Die abhängige Variable wird auf der vertikalen Achse abgetragen: Ordinate (auch: y-Achse)

Um zum Kurvenbild (Graph) einer Funktion zu kommen, ist es oft sinnvoll, von einer Wertetabelle auszugehen. Dazu berechnet man für spezielle x-Werte die dazu gehörigen y-Werte (d.h. man bestimmt Punkte, durch die die Kurve geht).

Beispiel: $y = 2 \cdot x$

Wertetabelle:

x =	-2	-1	0	1	2
y =	-4	-2	0	2	4

Graph 1:

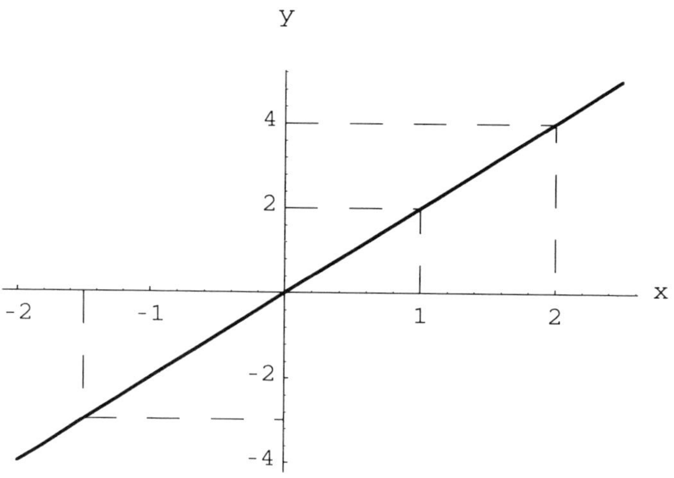

Wir lernen damit aus diesem Beispiel (bei einer so einfachen Funktion wie einer Geraden war das natürlich ein etwas absurder Aufwand), daß wir - wenn uns eine Funktion "über den Weg läuft", die wir nicht "kennen" - das folgende procedere durchführen:

Gleichung $y = f(x) \Rightarrow$ Wertetabelle $\Rightarrow$ Zeichnung / Graph

Im folgenden sollen wichtige globale Eigenschaften von Funktionen und wichtige Punkte auf den Funktionen gekennzeichnet werden. Wir gehen dabei davon aus, daß uns bereits der Graph der Funktion vorliegt und wir gehen ferner immer davon aus, daß wir die Funktionen von links nach rechts durchlaufen.

Dann ergeben sich folgende Eigenschaften:

Monotonie

Wir unterscheiden monoton wachsende und monoton fallende Funktionen.

Monoton wachsend heißen Funktionen, bei denen die Funktionswerte y ständig wachsen, wenn die x-Werte wachsen. Monoton fallend heißen Funktionen, bei denen die Funktionswerte ständig fallen (für wachsendes x).

Graph 2a:

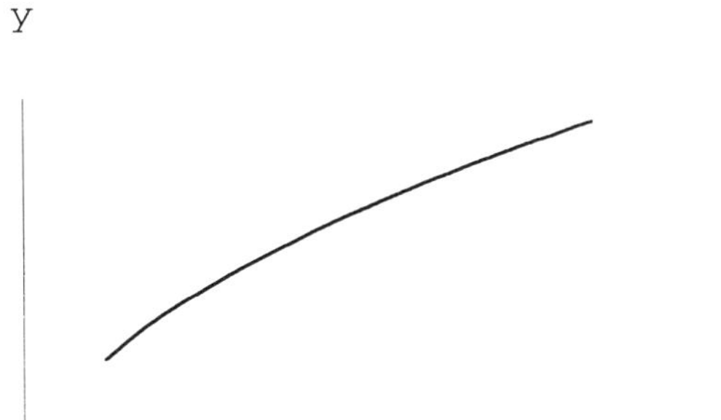

Graph 2b:

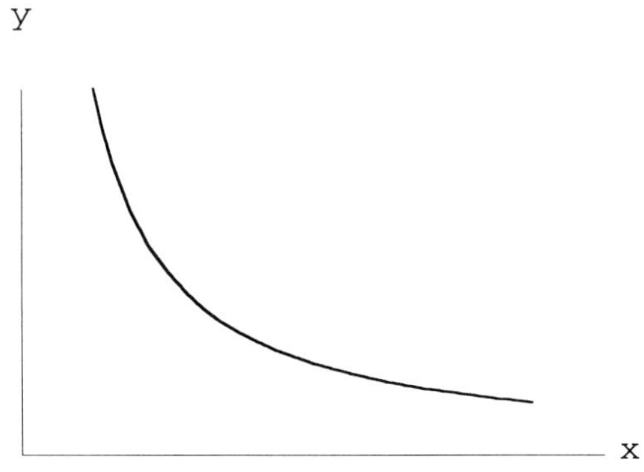

Krümmung

Wir unterscheiden zwischen konvexen und konkaven Funktionen.

Graph 3a:

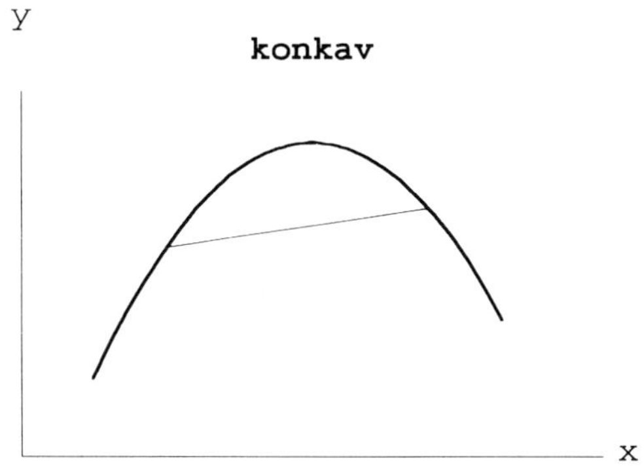

Graph 3b:

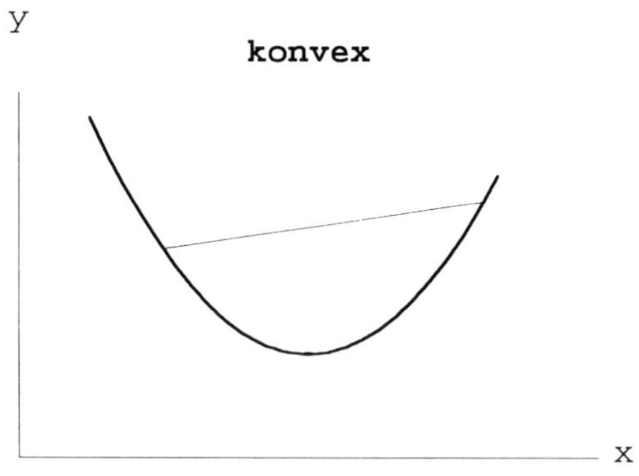

Konkav sind Kurven (bzw. Kurvenabschnitte), bei denen die direkte Verbindungslinie zwischen zwei Punkten unterhalb der Kurve liegt (bei Durchlaufen der Kurve von links nach rechts: Rechtskurve).

Konvex sind Kurven (bzw. Kurvenabschnitte), bei denen die direkte Verbindungslinie zwischen zwei Punkten oberhalb der Kurve liegt (bei Durchlaufen der Kurve von links nach rechts: Linkskurve). Konvexe Kurven nennen Ökonomen häufig auch "U-förmig".

Extremwerte

Extremwerte sind spezielle Punkte einer Kurve, die gerade für ökonomische Probleme besondere Bedeutung haben.

Ein Maximum (Hochpunkt) einer Kurve liegt dann vor, wenn die Kurve in einer Umgebung dieses Punktes unterhalb dieses Punktes liegt.

Ein Minimum (Tiefpunkt) liegt vor, wenn die Kurve in einer Umgebung dieses Punktes oberhalb dieses Punktes liegt.

Graph 4a:

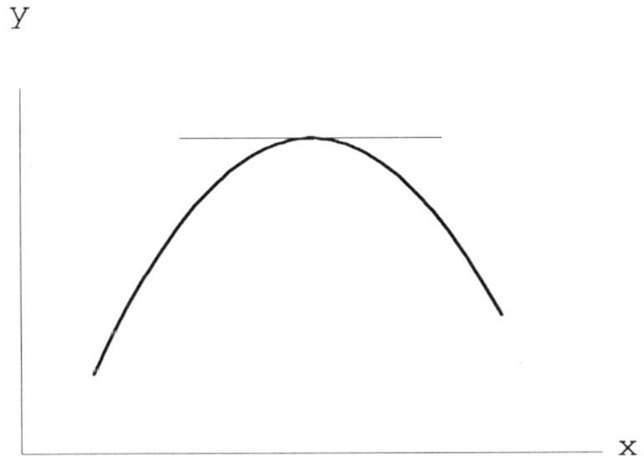

Graph 4b:

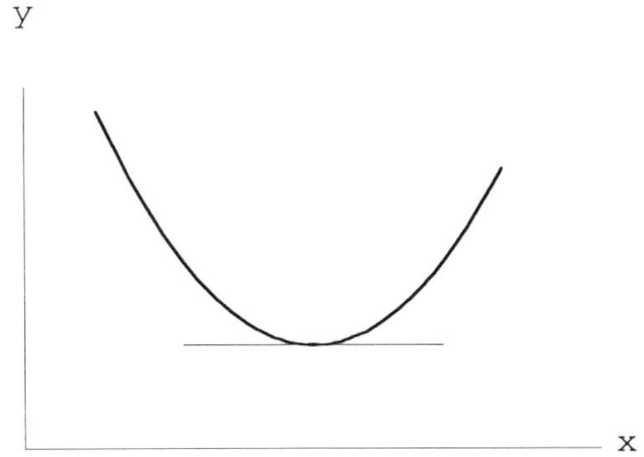

4a ist ein Beispiel für eine Funktion mit einem Maximum, 4b ein Beispiel für eine Funktion mit einem Minimum. In der Umgebung eines Minimums ist eine Kurve konvex und in der Umgebung eines Maximums konkav.

Wendepunkt

Ein Wendepunkt ist ein Punkt einer Kurve, in dem die Kurve aus einer konvexen in eine konkave bzw. aus einer konkaven in eine konvexe Krümmung übergeht:

Graph 5a:

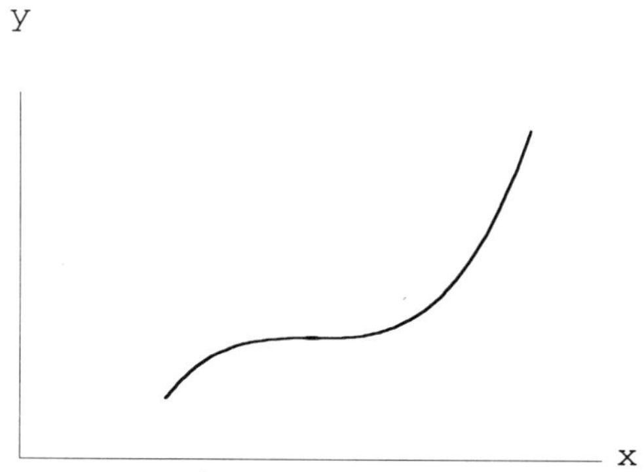

Graph 5b:

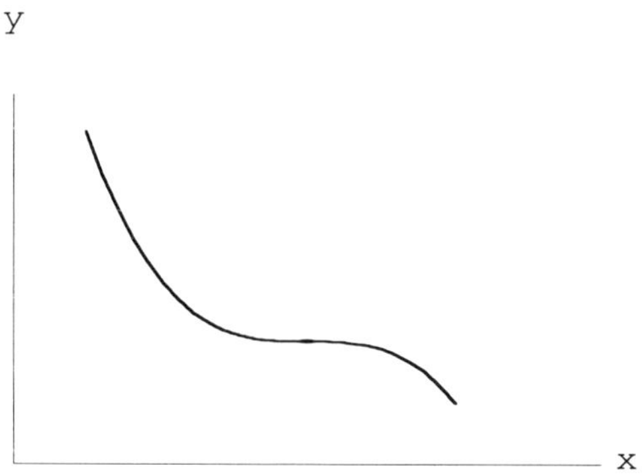

Stetigkeit

Eine gewisse Ungenauigkeit in der Darstellung bisher - gerade für Krümmung, Extrema und Wendepunkte - muß zugestanden werden, denn diese ganzen Definitionen und Sätze sind gültig nur, zumindest in völliger Allgemeinheit, wenn die zugrunde liegende Funktion stetig ist.

Da die strenge mathematische Definition schwierig ist, sei hier eine "Trivialdefinition" gewählt.

Stetig heißt eine Funktion (in einem Bereich) dann, wenn sie (in diesem Bereich) in einem Stück gekennzeichnet werden kann, d.h. wenn man beim Zeichnen den Stift nicht absetzen muß.

Im weiteren werden im wesentlichen nur stetige Funktionen behandelt. 2 Typen von Unstetigkeitsstellen, die für uns besonders wichtig sind, sollen hier besonders vorgestellt werden und zwar verknüpft mit Beispielen aus der Ökonomie.

Sprungstellen

An einer Stelle x_0 macht eine Funktion einen endlichen Sprung der Höhe a; in der Ökonomie taucht dieses Problem z.B. auf bei den sog. "Sprungfixen Kosten" - d.h. eine Produktion über die Menge x_0 hinaus ist nur möglich, wenn ich z.B. eine neue zusätzliche Maschine beschaffe, die die Fixen Kosten "sprunghaft" ansteigen läßt (vgl. Graph 6a).

Polstelle

An einer Stelle x_0 (hier: $x_0 = 0$) "springt" die Funktion ins Unendliche. Als Beispiel hierfür soll die Betrachtung der Fixkostenbelastung pro produzierte Einheit dienen. Hat man z.B. Fixkosten in Höhe von 100 DM, dann ist die Fixkostenbelastung pro Stück

$$k_f = \frac{100 \text{ DM}}{x}$$

und es ergibt sich folgende Wertetabelle:

$x =$	1000	100	10	1	1/10
$k_f =$	0,1	1	10	100	1000

d.h. je weniger wir produzieren, desto höher wird die Fixkostenbelastung (wenn Sie den letzten Wert nicht glauben: Durch einen Bruch wird dividiert, indem man mit dem Kehrwert multipliziert). Man sagt, es läge an der Stelle $x = 0$ eine "Polstelle" vor. Durchläuft man wiederum die Kurve von links nach rechts, so wird dieses Phänomen des steil abfallenden Verlaufs der Fixkosten/Stück-Kurve auch als "Fixkostendegression" bezeichnet (vgl. Graph 6b).

Graph 6a:

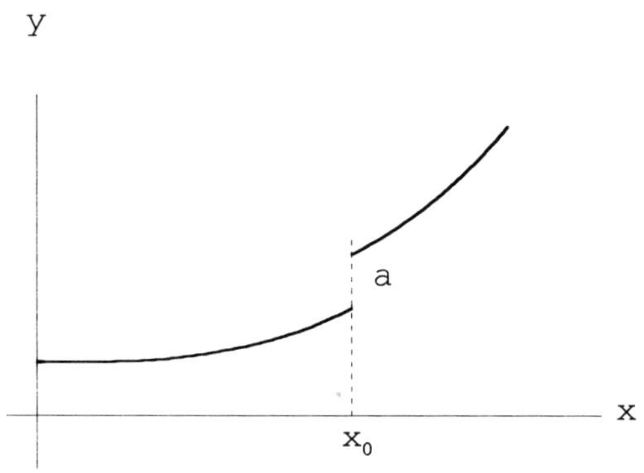

Graph 6b:

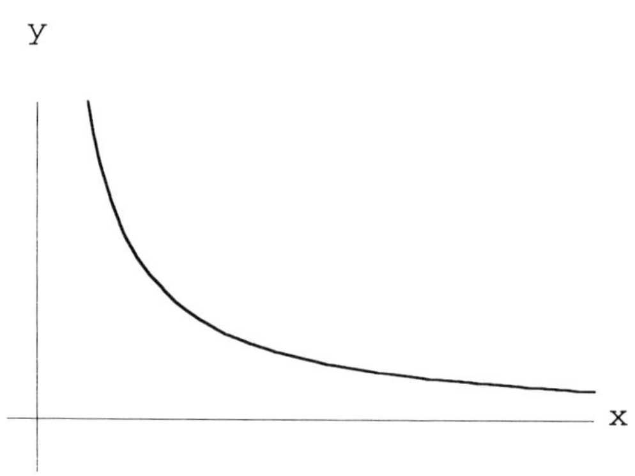

1.2. Spezielle Funktionen

1.2.1. Die Gerade

Die Gerade ist die einfachste Form einer Funktion und trotzdem ein wichtiges Instrument in der Ökonomie. Hier sollen zwei wichtige Darstellungsformen der Geraden behandelt werden, die einerseits eine schnelle "Zeichenmöglichkeit" ohne Wertetabelle eröffnen und andererseits Einblick in die "Logik" einer Geraden geben.

Die Gerade wird dargestellt durch eine **lineare** Beziehung zwischen der abhängigen und der unabhängigen Variablen (d.h. die Variablen sind durch + oder -, nicht aber durch · und : verbunden) und die Variablen tauchen nur in der 1. Potenz auf (d.h. es gibt keine Glieder mit x^2 oder y^3 oder so etwas).

Damit ist die Gerade immer vom Typ $A \cdot x + B \cdot y + C = 0$

x und y sind die Variablen, C ist das Absolutglied, A, B, C sind sog. Parameter, d.h. es sind zwar **feste** Größen (also keine Variablen), die wir aber nicht unbedingt zu kennen brauchen.

Ein spezielles Beispiel für eine Gerade (d.h. einen Fall, wo wir den Wert der Parameter kennen) wäre etwa $-x + 2 \cdot y - 4 = 0$

Da man in dieser allg. Form wenig sieht, wollen wir 2 spezielle Darstellungsformen kennenlernen, an denen man den Verlauf der Geraden ablesen kann.

a. Normalform

Hierbei bringt man die Gerade in die Form $y = m \cdot x + b$, d.h. man löst die Gleichung auf nach y

A: $A \cdot x + B \cdot y + C = 0 \quad \Rightarrow \quad B \cdot y = -A \cdot x - C \quad \Rightarrow \quad y = -\frac{A}{B}x - \frac{C}{B}$

B: $-x + 2 \cdot y - 4 = 0 \quad \Rightarrow \quad 2 \cdot y = +x + 4 \quad \Rightarrow \quad y = \frac{1}{2} \cdot x + 2$

R: $-4 \cdot x + 2 \cdot y - 6 = 0 \quad \Rightarrow \quad \ldots \quad \Rightarrow \quad (y = 2 \cdot x + 3)$

In B wäre also in der Normalform $y = m \cdot x + b$ hier: $m = \frac{1}{2}$ und $b = 2$.

Wir wollen überlegen, welche Bedeutung m und b haben.

Ist x = 0, so ist y = b (in B: ist x = 0, so ist y = 2). Daraus ergibt sich, daß b (in B: 2) der Wert auf der y-Achse ist, in dem die Gerade die y-Achse schneidet. Man nennt b deshalb auch den "y - Achsen - Abschnitt" - und damit haben wir zeichnerisch einen Punkt der Geraden. Einen zweiten Punkt erhalten wir durch folgende Überlegung: Gehen wir von x = 0 zu x = 1, vergrößern wir also unseren x-Wert um 1, so wächst y von b auf $m \cdot 1 + b$, d.h. vergrößert sich um m, d.h. wir haben gesehen, daß m in der Gleichung $y = m \cdot x + b$ nichts anderes ist als die Steigung der Geraden - und zeichnerisch haben wir damit einen zweiten Punkt der Geraden!

(Merksatz: Gehe um 1 nach rechts und um m nach oben!)

Die Logik wie die Konstruktion ergeben sich aus den Graphen 7a und 7b.

Graph 7a:

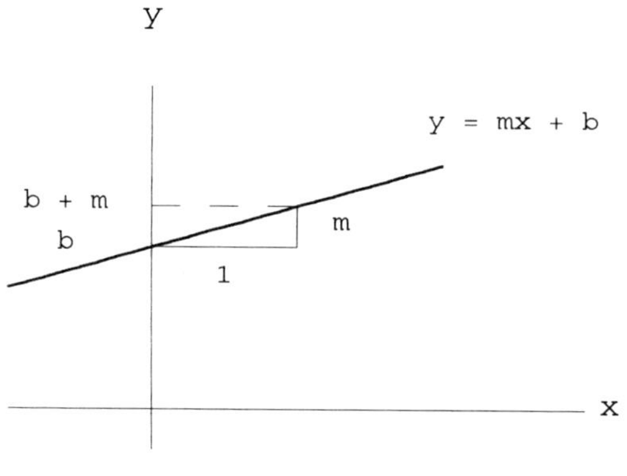

Graph 7b:

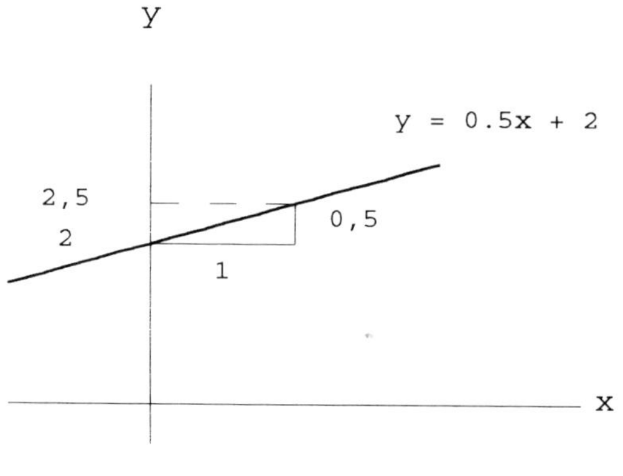

b. Achsenabschnittsform

Diese Darstellungsform wird in der Ökonomie gerne angewandt am Beispiel der sog. Budget- oder Haushaltsgeraden.

Dazu ändern wir zunächst (Sie müssen sich eh mal daran gewöhnen!) die Bezeichnungsweise: Für die Variable x schreiben wir x_1 und für y schreiben wir die Variable x_2 - damit haben wir den "Namen" y für einen anderen Zweck frei.

Die Logik der Haushaltsgeraden wird wie folgt begründet: Wir haben eine Summe Geldes y, die wir für 2 Güter x_1 und x_2 ausgeben wollen, ohne daß dabei Geld übrig bleibt (Modell ohne Sparfunktion) und dabei seien p und q die Preise der beiden Güter. Ferner seien die beiden Güter beliebig teilbar.

B. Am Ende eines VWA-Vorlesungsabends entdecken Sie im Geldbeutel noch 30 DM. Sie beschließen, dies bis auf den letzten Pfennig in Bier und Wurstsalat anzulegen; ein Bier kostet 3 DM und ein Wurstsalat 6 DM. Der Wirt kennt Sie so gut, daß er auch bereit ist, Ihnen ein halbes Bier oder ein Fünftel Wurstsalat auszuschenken.

Die Frage lautet dann: Wie kann das Geld y (B: 30 DM) auf die beiden Güter x_1 und x_2 (B: Bier und Wurstsalat) verteilt werden?

y (B: 30 DM) ist der Umsatz, der getätigt wird; der Gesamtumsatz setzt sich aus den Teilumsätzen für x_1 und x_2 (B: Bier und Wurstsalat) zusammen und per Definition gilt: Umsatz = Menge x Preis, d.h. wir erhalten die Gleichung(en), die wir elementar umformen:

$$\text{A:}\quad p \cdot x_1 + q \cdot x_2 = y \Rightarrow \frac{p \cdot x_1}{y} + \frac{q \cdot x_2}{y} = 1 \Rightarrow \frac{x_1}{y/p} + \frac{x_2}{y/q} = 1$$

$$\text{B:}\quad 3 \cdot x_1 + 6 \cdot x_2 = 30 \Rightarrow \frac{3 \cdot x_1}{30} + \frac{6 \cdot x_2}{30} = 1 \Rightarrow \frac{x_1}{10} + \frac{x_2}{5} = 1$$

Ist $x_2 = 0$, so muß $x_1 = \frac{y}{p}$ sein (essen wir keinen Wurstsalat x_2, so können wir $x_1 = 10$ Bier trinken), bzw. ist $x_1 = 0$, so muß $x_2 = \frac{y}{q}$

sein (trinken wir kein Bier, so können wir 5 Wurstsalat essen); d.h. $a = \frac{y}{p}$ ist der x_1-Achsenabschnitt und $b = \frac{y}{q}$ ist der x_2-Achsenabschnitt, d.h. hier berechnen wir die beiden Achsenabschnitte a und b und können damit die Budgetgerade zeichnen.

Graph 8a:

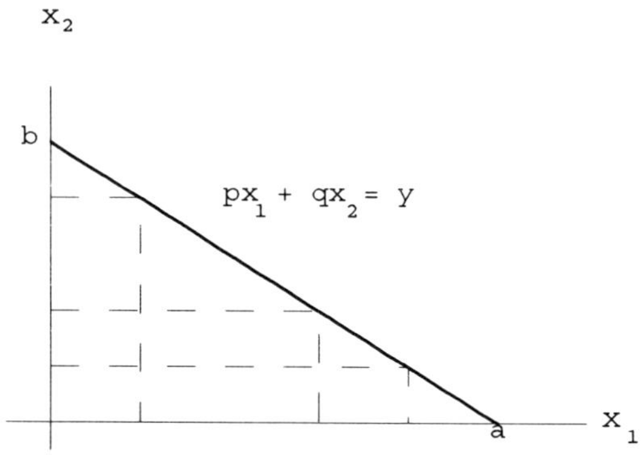

Graph 8b:

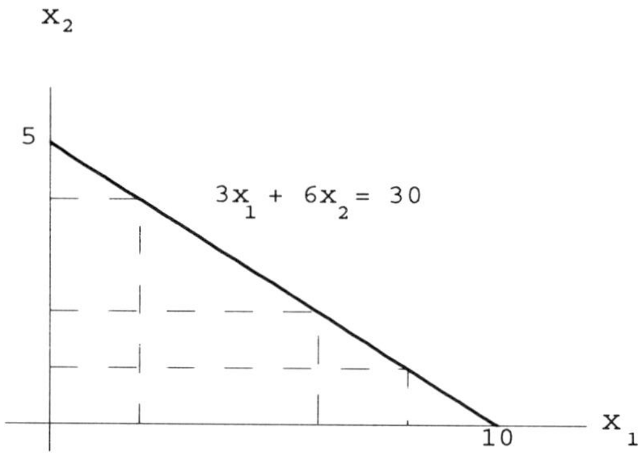

1.2.2. Polynome

Polynome werden unterschieden in die "geraden Polynome" $y = x^2$, $y = x^4$, $y = x^6$ usw. und die "ungeraden" Polynome $y = x^3$, $y = x^5$ usw.

Wir brauchen nähere Kenntnisse über die Polynome, weil wir mit ihnen einige der elementarsten und wichtigsten Funktionen in der Ökonomie wie Kostenkurven, Gewinnfunktionen etc. abbilden können. Haben Sie mit den Termen x^n Probleme, so lesen Sie erst Anhang 4.3. Die konkreten Rechnungen können Sie auf Ihrem Taschenrechner mit Hilfe der x^2-, x^3- und x^y-Taste durchführen.

Wie bei allen "unbekannten" Funktionen erstellen wir vor der Analyse zunächst einmal eine Wertetabelle:

x =	-3	-2	-1	-1/2	0	1/2	1	2	3
$y = x^2$	9	4	1	1/4	0	1/4	1	4	9
$y = x^3$	-27	-8	-1	-1/8	0	1/8	1	8	27
$y = x^4$	81	16	1	1/16	0	1/16	1	16	81
$y = x^5$	-243	-32	-1	-1/32	0	1/32	1	32	243

Gerade Polynome

Das einfachste gerade Polynom ist $y = x^2$ (das Sie aus Ihrer Schulzeit vielleicht schon unter dem Namen "Normalparabel" kennengelernt haben). Ob Sie bei -3 oder +3, bei -2 oder +2 in die Wertetabelle sehen, der y-Wert ist immer derselbe, d.h. die Funktion ist symmetrisch zur y-Achse; die Funktion ist ferner konvex und hat ihr Minimum in $x = 0$ - und damit ist schon alles über $y = x^2$ gesagt! (Vgl. Graph 9a)

Interessant wird es, wenn wir das nächsthöhere gerade Polynom $y = x^4$ vergleichen. Wie die Wertetabelle zeigt, ist $x^4 > x^2$, wenn $|x| > 1$ und $x^4 < x^2$, wenn $|x| < 1$ ist; gleiche Werte nimmt die Funktion für $x=-1, 0, +1$ an. Ansonsten ist auch $y = x^4$ symmetrisch zur y-Achse, hat ihr Minimum in $x = 0$ und ist konvex. (Vgl. Graph 9b!).

Graph 9a:

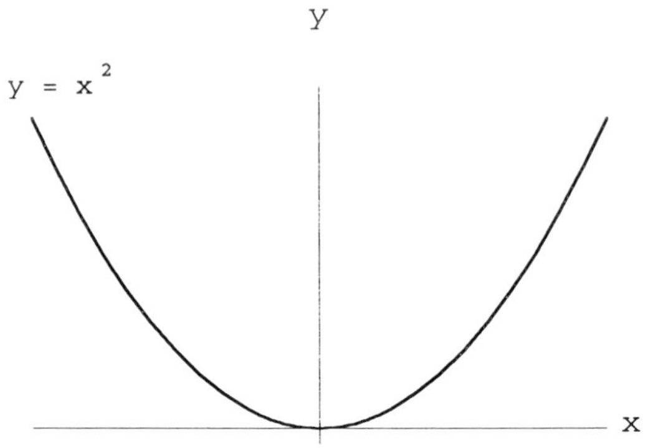

Graph 9b:

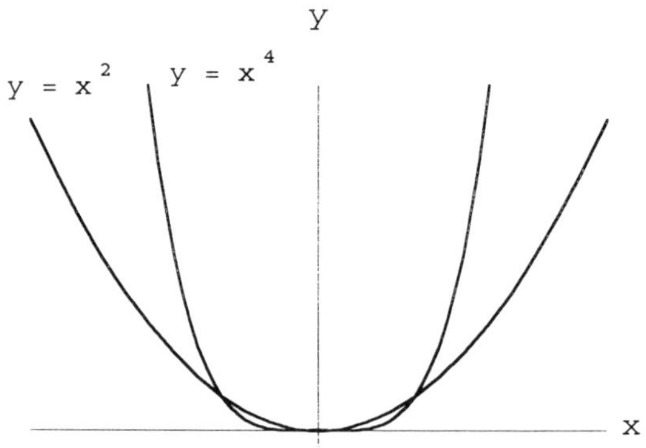

Analog würde sich x^6 zu x^4 verhalten - wir erhalten also die Erkenntnis: Kennst Du **ein** gerades Polynom, kennst Du **alle**!

Ungerade Polynome

Wir beginnen auch hier mit dem einfachsten, nämlich $y = x^3$. Der Symmetriecharakter ist hier komplizierter, denn für $x = -2$ z.B. erhalten wir $y = -8$ und für $x = +2$ erhalten wir $y = +8$, d.h. wir müßten unser Papier 2 mal falten (entlang der y-Achse **und** entlang der x-Achse), damit die Kurvenäste aufeinander zu liegen kommen. Die Kurve ist (von links nach rechts) monoton wachsend und die Krümmung wechselt in x = 0, d.h. x = 0 ist der Wendepunkt (vgl. Graph 10a).

Auch hier entdecken wir eine Analogie zu den geraden Polynomen: Schnittpunkte sind bei x = -1, 0, 1; zwischen -1 und +1 verläuft x^5 flacher als x^3, außerhalb dieses Bereiches steiler und x^5 ist wie x^3 monoton wachsend und hat einen Wendepunkt in x = 0.

Graph 10a:

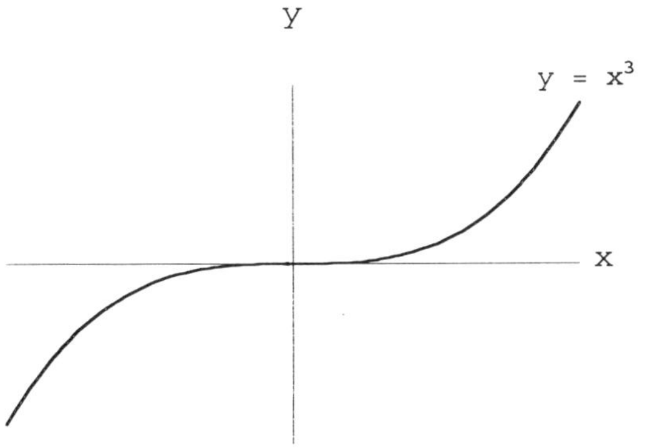

Graph 10b:

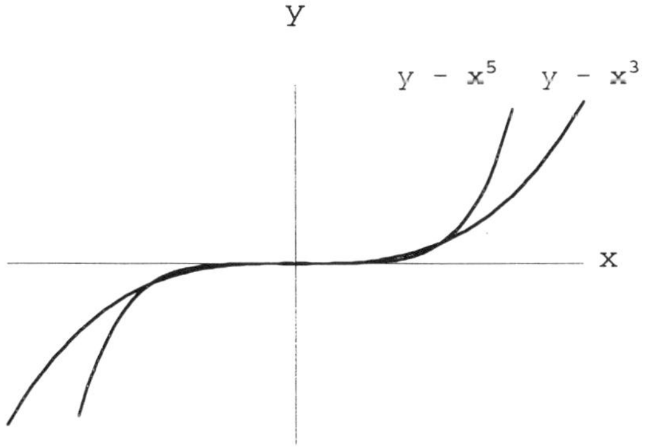

Für die Anpassung benötigen wir noch 3 "Veränderungen" an den Polynomen. Wir führen dies der Einfachheit halber am Beispiel von $y = x^2$ durch (überlegen Sie sich das Analoge für $y = x^3$)

1. Addition einer Konstanten: $y = x^2 + h$:

In der Wertetabelle müßte man zu jedem Wert + h addieren, d.h. die Funktion ist um h verschoben (in 11a ist dies gezeigt für h = 1 und h = -1).

2. Multiplikation mit einer positiven Konstanten h:

   Jetzt muß jeder Wert in der Wertetabelle mit h multipliziert werden, d.h. ist h > 1, werden die Werte größer (die Funktion verläuft steiler) und ist 0 < h < 1, so werden die Werte in der Tabelle kleiner (d.h. die Funktion verläuft flacher) - dies ist in Graph 11b gezeigt.

3. Multiplikation mit -1:

   Geht man von $y = x^2$ zu $y = -x^2$ über, so wird aus jedem positiven ein negativer Wert, d.h. die Funktion wird an der x-Achse gespiegelt (gekippt) - vgl. Graph 11c.

Graph 11a:

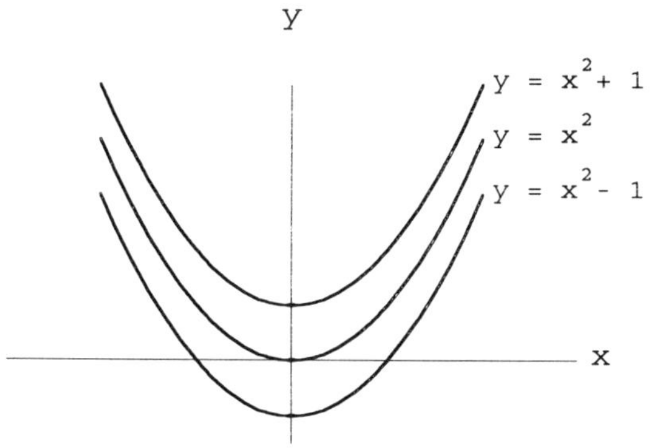

Graph 11b:

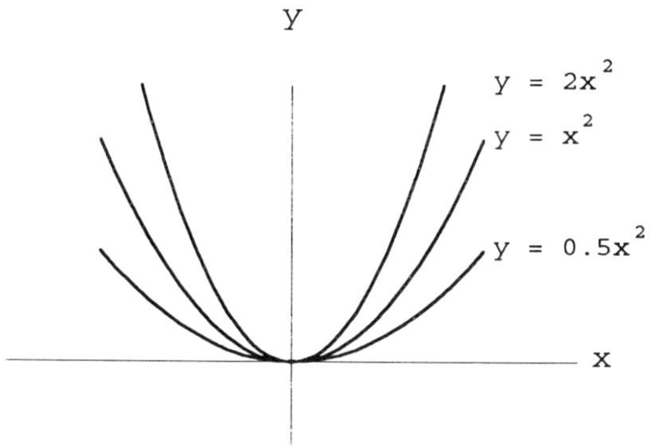

Graph 11c:

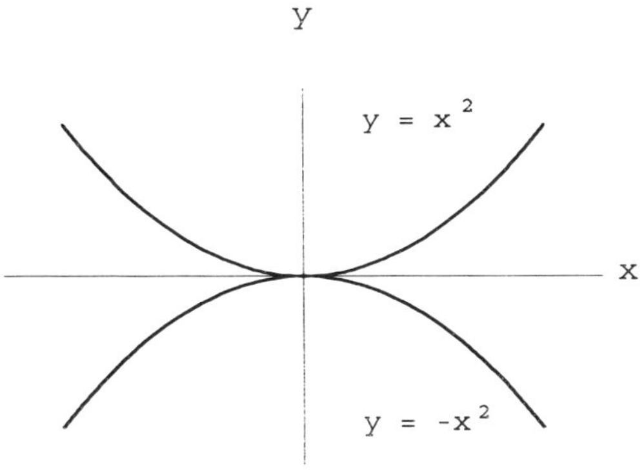

1.2.3. Exponential- und Logarithmusfunktion

Wir stehen vor dem Dilemma, daß diese beiden Funktionen zu den wichtigsten Funktionen gehören, die man in der Ökonomie "benützt" - die Mathematik, die allerdings dahinter steht, ist hier zu "aufwendig", d.h. hier können nur einige wesentliche Eigenschaften aufgelistet werden, ohne sie näher zu erklären.

a. Exponentialfunktion

Sie ist eine Funktion der Form $y = a^x$ (mit $a > 0$). (Sie haben auf ihrem Taschenrechner in der Regel die Wahl zwischen der Basis a = 10 - die Taste lautet dann 10^x, einer beliebigen Basis a = x - Taste x^y - und der Basis a = e - die Taste lautet dann e^x. e ist in der Mathematik eine Zahl, die so wichtig ist wie die Ihnen wohl besser bekannte Zahl π und wertmäßig gegeben ist durch e = 2,718...)

Wenn Sie auf Ihrem Rechner experimentieren, stellen Sie fest, daß etwa 10^1, 10^2, 10^3, ... sehr schnell anwächst, bzw. wenn Sie $0 < a < 1$, etwa $a = \frac{1}{10}$ wählen, diese Folge sehr schnell abnimmt.

b. Logarithmusfunktion

Die Logarithmusfunktion ist die Umkehrfunktion zur Exponentialfunktion; man gewinnt sie geometrisch, indem man die Exponentialfunktion an der Winkelhalbierenden (der 45°-Linie) spiegelt, d.h. je nach Basis bekommen Sie eine andere Logarithmusfunktion (die wesentlichen Verläufe sind alle ähnlich) - auf Ihrem Taschenrechner haben Sie für die Basis 10 die log x - Taste (wir sprechen auch vom sog. "10er-Logarithmus") und für die Basis e die ln x-Taste (den sog. "natürlichen Logarithmus"). Den geometrischen Verlauf der Exponential- und der Logarithmusfunktion sehen Sie (hier am Beispiel der Basis a = e):

Graph 12:

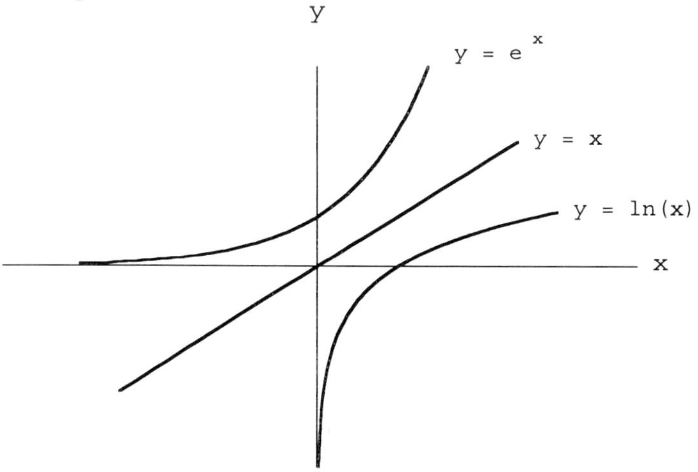

Warum etwa die Exponentialfunktion so wichtig ist, wird klar, wenn Sie Kap. 3.: Finanzmathematik gelesen haben. Die Aufzinsungsfaktoren - etwa bei der Zinseszinsrechnung - q^n ergeben (für a = q und n = x) ja genau die Exponentialfunktion, d.h. überall, wo wir "Wachstum" beschreiben, werden wir mit der Exponentialfunktion arbeiten, einige wichtige Eigenschaften werden wir allerdings erst mit Hilfe der Differentialrechnung herleiten können.

Die Umkehrfunktionseigenschaft der Logarithmus-Funktion ergibt sich - nicht wie oben geometrisch - logisch aus folgender Fragestellung (es ist hier die Basis a = 10 gewählt):

Exponentialproblem: Was ist $10^2 = x$ und der Taschenrechner bzw. unsere Multiplikationskünste geben uns die Antwort, daß $x = 10^2 = 100$ ist.

Logarithmus-Problem: Wir überlegen uns, mit welcher Zahl wir 10 potenzieren müssen (wir wollen 10^x bilden), um 100 zu erhalten, d.h. wir versuchen die Gleichung $10^x = 100$ zu lösen (aus den Aufgaben oben wissen wir, daß wir $x = 2$ wählen müssen, weil $10^2 = 100$ ist.

D.h. bei der Exponentialfunktion kenne ich Basis a und den Exponenten x und versuche das Ergebnis $y = a^x$ zu erhalten; bei der Logarithmusfunktion kenne ich die Basis a und das Ergebnis y und ich versuche, das x "herauszubekommen", so daß $a^x = y$ ist.

> Wir definieren darum: $\log_a b$ ist die Zahl, mit der man a potenzieren muß, um b zu erhalten bzw. als Definitionsgleichung:
>
> $$a^{\log_a b} = b$$

B: $\log_{10} 100 = 2$ weil $10^2 = 100$ ist

B: $\log_{10} 0{,}1 = -1$ weil $10^{-1} = \frac{1}{10} = 0{,}1$ ist

R: $\log_{10} 10.000 = \ldots$ (4)

Für den Logarithmus (egal, zu welcher Basis) gelten wichtige Rechenregeln

1) $\log (a \cdot b) = \log a + \log b$

   (B: $\log (10.000 \cdot 10) = \log 10.000 + \log 10 = 4 + 1 = 5$)

2) $\log \frac{a}{b} = \log a - \log b$

   (B: $\log \frac{10.000}{10} = \log 10.000 - \log 10 = 4 - 1 = 3$)

3) $\log a^n = n \cdot \log a$

   (B: $\log 10^2 = 2 \cdot \log 10 = 2 \cdot 1$)

Regel 1 macht die Logarithmus-Funktion für den Ökonomen interessant bzw. man kann dies auch von der graphischen Form herleiten: Da die log-Funktion so schwach wächst bzw. aus Multiplikationen "nur" Additionen macht, dient sie häufig dazu, Maßstäbe zu verkürzen, d.h. gehen ökonomische Aussagen über weite Wertebereiche (z.B. in der Theorie der Einkommensverteilung), so kann man damit den Bereich "zusammendrücken", "verkürzen".

Gleichung 3 wiederum macht die Logarithmus-Funktion anwendbar, wenn man versucht, eine Gleichung zu lösen, bei der die Unbekannte im Exponenten steht, weil man durch logarithmieren den Exponenten "herunterholen" kann - deshalb kommt sie in 3.2.: Zinseszinsrechnung etwa zur Anwendung, weil wir dort die Zeit n zu berechnen hatten, die im Exponenten der Formel stand.

1.3. Differentiation von Funktionen einer Veränderlichen

1.3.1. Der Anstieg als Grundproblem der Differentiation

Wir haben alle ein elementares Gefühl dafür, was wir unter dem "Anstieg" einer Geraden verstehen. Mathematisch läßt er sich am einfachsten über die Normalform $y = m \cdot x + b$ herleiten: gehen wir um 1 nach rechts, wächst y um m, d.h. die Steigung ist $\frac{m}{1}$ und zwar unabhängig davon, von wo ich um 1 nach rechts gehe und würde ich um 2 nach rechts gehen, würde eben y um $2 \cdot m$ steigen, aber es gilt $\frac{2 \cdot m}{2} = \frac{1 \cdot m}{1} = m$. D.h. der Anstieg ist also eine konstante Größe, die für den ganzen Verlauf der Gerade gültig ist (vgl. Graph 13a).

Haben wir es allerdings mit einer gekrümmten Kurve (Graph 13b) zu tun, so sagt uns ebenso unser Empfinden, daß der Anstieg etwa in A "irgendwie" anders ist als in B, d.h. daß der Anstieg sich von Punkt zu Punkt ändert. Damit geraten wir aber in ein logisches Problem: "Stehen" wir nämlich in einem Punkt, so "bewegen" wir uns ja nicht, und wenn wir uns nicht "bewegen", überwinden wir keinen Anstieg: D.h. wir verlieren dabei genau den Anstiegsgedanken!

Graph 13a:

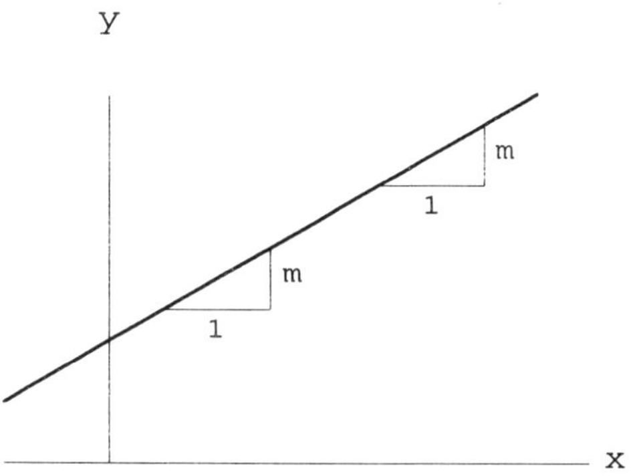

Graph 13b:

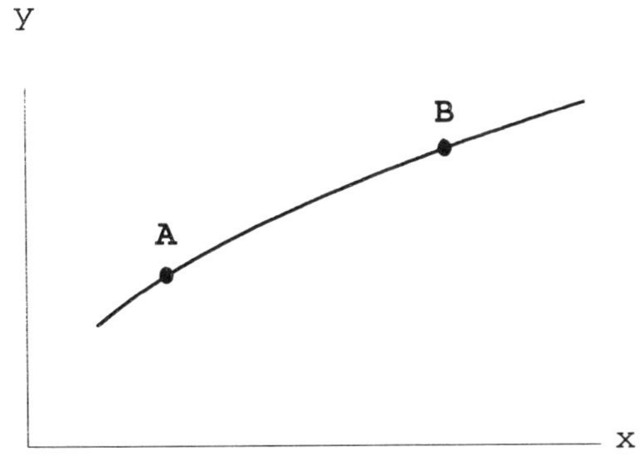

Aus diesem Dilemma hilft - zunächst nur theoretisch - folgender logischer "Trick" (vgl. Graph 14: Punkt A): Wir verstehen unter dem Anstieg in einem Punkt einer gekrümmten Kurve den Anstieg der Tangenten in diesem Punkt der gekrümmten Kurve, wobei die Tangente eine Gerade ist, die die Kurve in diesem Punkt berührt, aber nicht schneidet.

Damit haben wir unser Problem, wie man den Anstieg in einem Punkt einer gekrümmten Kurve definieren kann, logisch sauber gelöst - praktisch sind wir aber keinen Schritt weitergekommen, denn jetzt lautet das Problem: Wie bestimmt man den Anstieg der Tangenten in einem Punkt einer gekrümmten Kurve?

Graph 14:

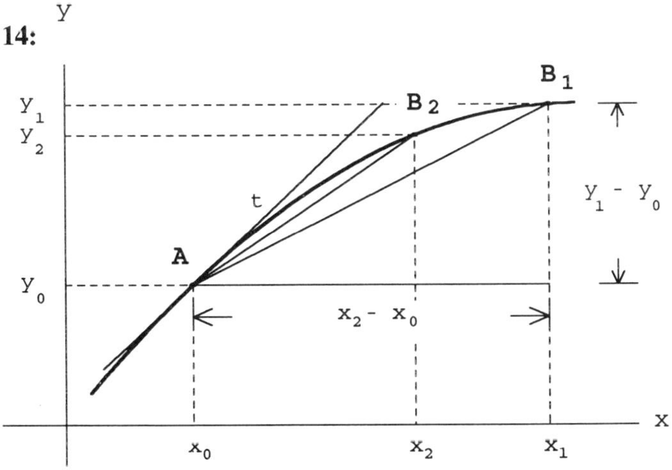

Wir tasten uns über eine "Näherungslösung" an das Problem heran. Wählen wir (Graph 14) einen benachbarten, d.h. nicht allzuweit entfernten Punkt B_1 mit den Koordinaten x_1, y_1 und ziehen wir die Sekante, d.h. die Gerade $\overline{A\,B_1}$ so können wir den Anstieg dieser Sekanten berechnen als (Höhenunterschied $y_1 - y_0$ dividiert durch den Grundunterschied $x_1 - x_0$)

$$\frac{y_1 - y_0}{x_1 - x_0} = \frac{f(x_1) - f(x_0)}{x_1 - x_0} = \frac{\Delta y}{\Delta x}$$

Dabei steht Δ für **"Differenz"**, d.h. das letzte Kurzsymbol soll anzeigen, daß man eine Differenz von y-Werten durch eine Differenz von x-Werten dividiert; man nennt $\frac{\Delta y}{\Delta x}$ auch den **"Differenzenquotienten"**. Wie die Zeichnung zeigt, ist der oben berechnete Wert sicher eine "Näherung" an den Wert des Tangentenanstiegs, allerdings ist es eine sehr grobe Annäherung. Würde man einen näher an A gelegenen Punkt B_2 wählen, d.h. würden wir den Sekantenanstieg $\overline{A\,B_2}$ berechnen, d.h.

$$\frac{y_2 - y_0}{x_2 - x_0} = \frac{f(x_2) - f(x_0)}{x_2 - x_0} = \frac{\Delta y}{\Delta x}$$

so wäre dies bereits eine wesentlich bessere Näherung.

D.h. je näher wir diese Hilfspunkte B1, B2, ... an A heranrücken, desto mehr drehen sich diese Sekanten an die - eigentlich zu berechnende - Tangente heran. Es liegt damit nahe, eine unendliche Folge von Hilfspunkten und damit Sekantenanstiegen zu bilden, die schlußendlich in A hineinkriechen, oder - mathematisch ausgedrückt - gegen A "konvergieren", sodaß damit auch die Sekantenanstiege gegen den Tangentenanstieg konvergieren.

(Dieses Verfahren braucht nicht zu funktionieren. Es gibt Funktionen, die in einzelnen Punkten, ja sogar in keinem Punkt differenzierbar sind - dies gilt glücklicherweise nicht für unsere Standardfunktionen in der Ökonomie).

Damit können wir folgende Schlußfolgerung ziehen: Eine Funktion heißt differenzierbar (oder: ihre Ableitung existiert), wenn die Folge der Differenzenquotienten gegen einen festen Wert strebt (oder: konvergiert); diesen festen Wert bezeichnet man als **Ableitung** der Funktion in diesem Punkt oder auch als **Differentialquotient** und er stellt dar den Anstieg der Tangenten in diesem Punkt. Man schreibt:

$$\lim_{x_n \to x_0} \frac{f(x_n) - f(x_0)}{x_n - x_0} = \lim_{\Delta x \to 0} \frac{\Delta y}{\Delta x} = f'(x_0) = y'(x_0) = \frac{d f(x)}{dx} = \frac{dy}{dx}$$

Die letzten 4 Ausdrücke sind synonym, d.h. sind nur unterschiedliche "Kürzel" für dasselbe: eben die Ableitung. Das Kürzel "lim" steht für "limes" und bezeichnet "Grenzwert".

1.3.2. Spezielle Differentiationsregeln

Diese "Problemlösungsmethode" - über eine Folge von Differenzenquotienten sich an den Differentialquotienten "heranzutasten" (bei wirklich schlimmen Funktionen etwa in den Ingenieurwissenschaften oder in der Statik muß man das tatsächlich so machen - allerdings nimmt einem der PC die Rechenarbeit ab) - sieht natürlich nach einer "schlimmen" Methode aus, hätten wir doch dann erst den Anstieg in **einem** Punkt einer Kurve und jede Kurve hat unendlich viele Punkte und außerdem gibt es unendlich viele Kurven ...

Glücklicherweise gibt es für die für uns wichtigen Kurven Ableitungsregeln, die für jeden Punkt der Kurve gelten.

In der linken Spalte ist jeweils eine allgemeine Formel, rechts - soweit möglich - jeweils ein Beispiel aufgeführt. Ein breiter interpretiertes Beispiel findet sich im übernächsten Kapitel.

	A		B	
1.	$y = x^n$	$\rightarrow y' = n \cdot x^{n-1}$	$y = x^5$	$\rightarrow y' = 5 \cdot x^4$
2.	$y = m \cdot x + b$	$\rightarrow y' = m$	$y = 2 \cdot x + 3$	$\rightarrow y' = 2$
	speziell: $y = x$	$\rightarrow y' = 1$		
3.	$y = e^x$	$\rightarrow y' = e^x$		
4.	$y = \ln x$	$\rightarrow y' = \frac{1}{x}$		
5.	$y = a^x$	$\rightarrow y' = \ln a \cdot a^x$	$y = 2^x$	$\rightarrow y' = \ln 2 \cdot 2^x$

1.3.3. Allgemeine Differentiationsregeln

Hier sind Differentiationsregeln aufgeführt, die gelten für jede beliebige differenzierbare Funktion, d.h. wir brauchen hier nicht zu spezifizieren, ob es sich um Polynome oder Exponentialfunktionen etc. handelt.

1. A: $y = a \cdot f(x) + b \rightarrow y' = a \cdot f'(x)$

B: $y = 2 \cdot x^3 + 5 \rightarrow y' = 2 \cdot 3 \cdot x^2$

Merksatz:	Konstante Faktoren (die die Steigerung ändern) bleiben beim Differenzieren erhalten, konstante Summanden (die die Funktionen nur verschieben), fallen beim Differenzieren weg.

2. A: $y = f(x) + g(x) \rightarrow y' = f'(x) + g'(x)$

B: $y = x^4 + x^6 \rightarrow y' = 4 \cdot x^3 + 6 \cdot x^5$

Merksatz:	Eine Summe wird differenziert, indem man jeden Summanden differenziert.

3. A: $y = f(x) \cdot g(x) \rightarrow y' = f'(x) \cdot g(x) + f(x) \cdot g'(x)$

B: $y = x \cdot e^x \rightarrow y' = 1 \cdot e^x + x \cdot e^x$

Merksatz:	Ein Produkt wird differenziert, indem ich erst den einen Faktor, dann den andern differenziere - und dann addiere.

4. A: $y = \dfrac{f(x)}{g(x)} \rightarrow \dfrac{f'(x) \cdot g(x) - f(x) \cdot g'(x)}{(g(x))^2}$

B: $y = \dfrac{e^x}{x} \rightarrow y' = \dfrac{e^x \cdot x - e^x \cdot 1}{x^2}$

Merksatz: Zu schwierig zu formulieren!

5. Dies ist eine schwierige Differentiationsregel, die Ihnen an der VWA aber - wie auch Regel 3 und 4 - wohl nur selten begegnen wird und sich mit "verschachtelten" Funktionen beschäf-

tigt, d.h. mit Funktionen der Form f(g(x)), d.h. mit Funktionen, die nicht direkt von der unabhängigen Variablen abhängig sind, sondern deren "Variable" selbst eine Funktion ist. Der "Trick" besteht hier darin, die Variablenfunktion g(x) in u umzutaufen, so aus der Funktion f(g(x)) eine Funktion f(u) zu machen. Dann gilt die Regel

A : $y = f(g(x)) = f(u)$ mit $g(x) = u \rightarrow y' = f'(u) \cdot g'(x)$

B : $y = e^{x^2} = e^u$ (mit $u = x^2$) $\rightarrow y' = e^u \cdot 2 \cdot x = e^{x^2} \cdot 2 \cdot u$

> Merksatz: Äußere Ableitung (f'(u)) mal Innere Ableitung (g'(x)).
> Man nennt diese Regel auch "Kettenregel".

1.3.4. Erläuterungen

Die Abfolge vieler Formeln nach der sicherlich etwas kurzen Einführung des Ableitungsbegriffs machen wohl einige Erläuterungen nötig - andererseits waren die Erläuterungen nicht möglich, solange nicht der Formalapparat zur Verfügung stand.

Zunächst zum Ableitungsbegriff:

Wählen wir das Beispiel der Funktion $y = x^2$:

Nach der Regel $y = x^n \Rightarrow y' = n \cdot x^{n-1}$ erhalten wir $y' = 2 \cdot x$.

$y' = 2 \cdot x$ gibt uns also für jeden x-Wert den Anstieg der Tangente an die Funktion an der Stelle x.

In der Zeichnung Graph 15 ist die Funktion $y = x^2$ dargestellt und auf dieser Funktion würden wir gerne im Punkt P(-1, 1) die Tangente anlegen. $y' = 2 \cdot (-1) = -2$ ist nach der Ableitungsregel der Anstieg der Tangente t im Punkt P - d.h. wenn Sie um 1 nach rechts gehen, fällt die Tangente um 2!

Graph 15:

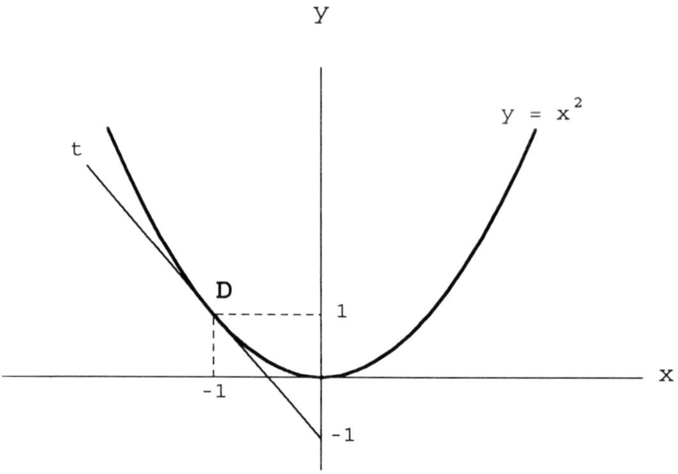

Zur Differentiation: Für Sie in den Anfangssemestern der VWA am wichtigsten ist die Differentiation "länglicher" Polynome, wie z.B.

B: $y = x^7 - 2 \cdot x^5 + 4 \cdot x^3 - 3 \cdot x^2 + 5 \cdot x - 4$

Sie wenden dabei folgende Regeln an:

1) die Regel $y = x^n \rightarrow y' = n \cdot x^{n-1}$
2) konstante Faktoren bleiben erhalten
3) konstante Summanden fallen weg
4) die Gerade $y = m \cdot x$ hat den Anstieg m

Wenden Sie diese Regeln an, dann erhalten Sie als Ableitung (unten stehen die Ziffern aus obiger Liste):

B: $y' = 7 \cdot x^6 - 2 \cdot 5 \cdot x^4 + 4 \cdot 3 \cdot x^2 - 3 \cdot x + 5 + 0$

(1) (2) (1) (2) (1) (2) (1) (4) (3)

R: Zeigen Sie, daß gilt:

$y = 2 \cdot x^8 - x^7 + 4 x^6 - 2 x^4 - 1 \cdot x + 4$

$(y' = 16 \cdot x^7 - 7 \cdot x^6 + 24 \cdot x^5 - 8 \cdot x^3 - 1)$

1.3.5. Höhere Ableitungen, Extrema und Wendepunkte

Haben wir z.B. das Polynom $y = x^4$ und wollen die Ableitung bilden, so ergibt sich $y' = 4 \cdot x^3$.

$y' = 4 \cdot x^3$ gibt uns für jeden Punkt x von $y = x^4$ den Anstieg der Tangente an.

Wir können natürlich auch $y' = 4 \cdot x^3$ als eine Funktion auffassen und danach fragen, wie groß **deren** Tangentenanstiege sind. Wir müssen nur y′ differenzieren, d.h. die sog. "zweite Ableitung" bilden, für die wir das Symbol y″ oder auch $\frac{d^2y}{dx^2}$ verwenden und bekämen $y'' = 12 \cdot x^2$.

Würden wir uns für den Anstieg von y″ interessieren, würden wir die dritte Ableitung y‴ bilden usw.

Mit Hilfe dieses Begriffs der zweiten und dritten Ableitung (jedenfalls im einfachen Fall, den wir nur behandeln) können wir uns mit der Frage beschäftigen, wie wir die für den Ökonomen entscheidend wichtigen Probleme lösen können, Extremwerte d.h. Maxima und Minima (Hoch- und Tiefpunkte) wie auch Wendepunkte finden zu können. (Hier muß eine Warnung angebracht werden: Das hier vorgestellte Verfahren funktioniert nur, wenn alle betrachteten Funktionen y, y′, y″ in der Umgebung des Maximums stetig sind - leider gibt es in der Ökonomie auch den Fall, daß genau an der Stelle des Maximums diese Bedingung nicht erfüllt ist!)

Wie man Graph 16 leicht entnimmt, **kann** ein Maximum (Graph 16a) oder ein Minimum (Graph 16b) nur vorliegen, wenn die Tangente im Extremum horizontal verläuft, d.h. wenn sie einen Anstieg von 0 hat (jetzt - in der Sprache der Differentialrechnung: wenn $f'(x_0) = 0$ ist). Aber man sieht, daß man mit der Bedingung $f'(x_0) = 0$ alleine nicht das Problem gelöst hat: man kann damit nicht zwischen Max/Min unterscheiden und außerdem (Graph 16c) könnte sich dahinter ja sogar der Fall "verstecken", daß in einem Wendepunkt die Tangente unglückseligerweise horizontal verläuft.

Graph 16a:

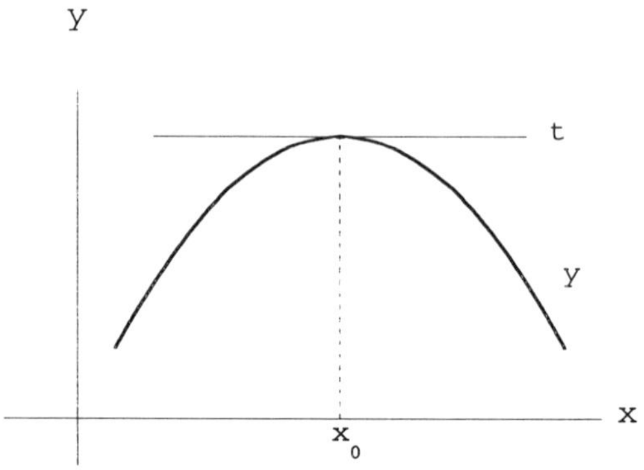

Graph 16b:

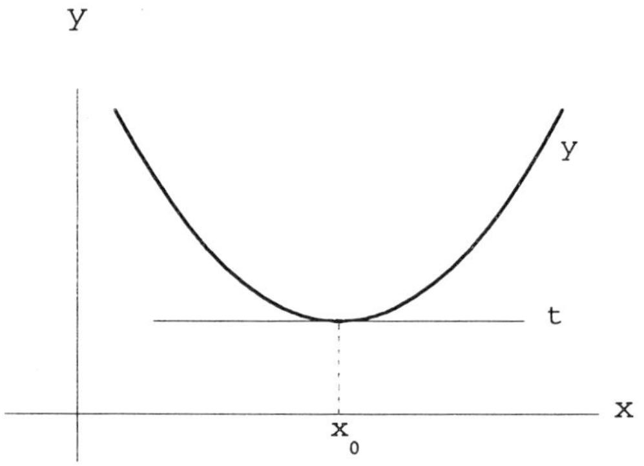

Graph 16c:

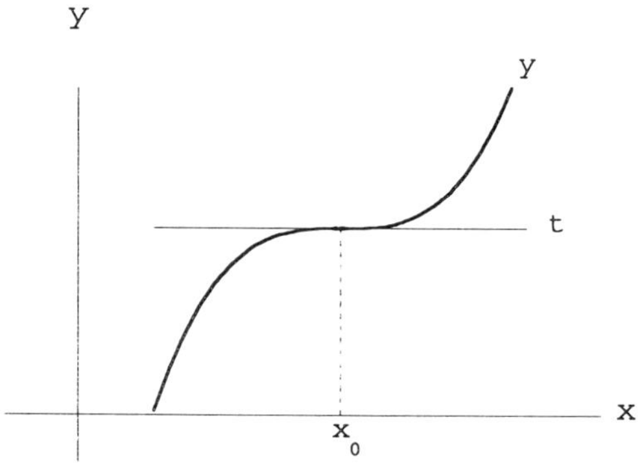

D.h. wir brauchen eine genauere Betrachtungsweise, um Extrema identifizieren zu können.

Hierzu dienen die gleichen Zeichnungen in Graph 17. Dort ist neben y auch jeweils die erste Ableitung y′ und die zweite Ableitung y″ eingetragen.

Wir sehen, daß bei einem Minimum bis zur Stelle x_0 die Kurve y erst fällt (d.h. ihr Anstieg - y′ - ist negativ) und von x_0 an steigt (d.h. der Anstieg y′ ist jetzt positiv). In x_0 ist $y' = 0$ - aber das wußten wir ja schon - generell gesehen ist also y′ eine wachsende Funktion, d.h. ihr Anstieg - y″ - ist also durchweg positiv.

Analog steigt bei einem Maximum die Funktion y zunächst, d.h. ihr Anstieg y′ ist zunächst positiv. Von x_0 an fällt die Funktion, y′ ist also von x_0 an negativ. Im Ganzen fällt also y′, d.h. ihr Anstieg y″ ist negativ.

Wir erhalten hier ein für den Ökonomen wichtiges Nebenergebnis:

1) Eine Kurve ist monoton wachsend (fallend), wenn $y'>0$ $(y'<0)$ ist.

2) Eine Kurve ist an einer Stelle x_0 konvex bzw. konkav, wenn $f''(x_0)>0$ bzw. $f''(x_0)<0$ ist.

Graph 17a:

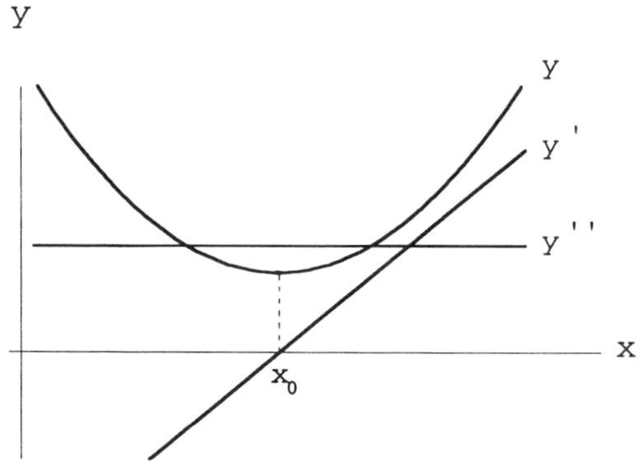

Graph 17b:

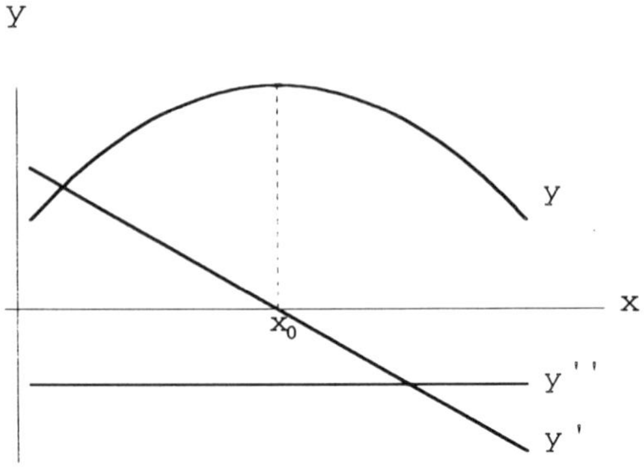

Wir können dieses Ergebnis zu einer "Rezeptur" zur Lösung der Max/Min-Aufgabe zusammenfassen: Notwendig für das Vorliegen eines Max/Min ist, daß die erste Ableitung y′ an der Stelle x_0 gleich Null ist und sich ein Maximum von einem Minimum (und einem Wendepunkt) nur dadurch unterscheidet, daß die zweite Ableitung y″ betrachtet wird.

In eine Rezeptur läßt sich dies wie folgt zusammenfassen:

	Notwendige Bedingung	Hinreichende Bedingung
MAX	$y' = 0$	$y'' < 0$
MIN	$y' = 0$	$y'' > 0$
WP	$y'' = 0$	$y''' \neq 0$

(Die WP-Wendepunkts-Zeile wird weiter unten erklärt)

B: Die Funktion $y = 2 \cdot x^2 - 8 \cdot x + 8$ soll auf Extremwerte untersucht werden.

Notwendige Bedingung: $y' = 4 \cdot x - 8 = 0 \Rightarrow 4 \cdot x = 8 \Rightarrow x = 2$

Wir wissen jetzt noch nicht, ob die Funktion ein Max. oder Min. hat. Wir wissen nur, daß wenn diese Funktion ein Extremum haben sollte, **nur** die Stelle $x_0 = 2$ in Frage kommt. Definitives erfahren wir nur durch:

Hinreichende Bedingung: $y'' = 4 > 0 \Rightarrow$ Min. laut Rezeptur.

D.h. jetzt wissen wir, daß die Funktion $y = 2 \cdot x^2 - 8 \cdot x + 8$ an der Stelle $x = 2$ ein Minimum hat. Den Wert des Minimums erhalten wir durch Einsetzen von $x_0 = 2$ in die Funktion $2 \cdot 2^2 - 8 \cdot 2 + 8 = 0$, d.h. die Funktion sieht aus wie in Graph 18 dargestellt.

Graph 18:

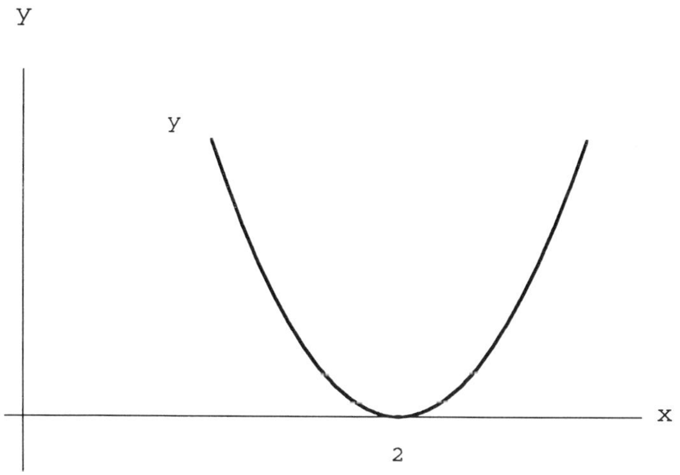

R: Zeigen Sie, daß die $y = -3 \cdot x^2 + 18 \cdot x - 26$ ihr Maximum an der Stelle $x_0 = 3$ annimmt und dort den Wert 1 hat.

Die letzte Zeile der Rezeptur für die Wendepunkte - WP - ist noch erklärungsbedürftig. Wir machen uns das einfach, indem wir Graph 19 betrachten, in denen die beiden möglichen Wendepunktsfunktionen y und ihre Ableitungen y' dargestellt sind. Wie man sieht, können wir die Frage, wo die Kurve y einen Wendepunkt hat, ändern in die Frage, wo die Kurve y' ein Maximum bzw. ein Minimum hat. D.h. wir brauchen nur die Rezeptur für Max./Min. auf die Kurve y′ anwenden und erhalten als Notwendige Bedingung $y'' = 0$ und als Hinreichende Bedingung $y'' < 0$ bzw. $y'' > 0$, d.h. $y'' \neq 0$.

Graph 19a:

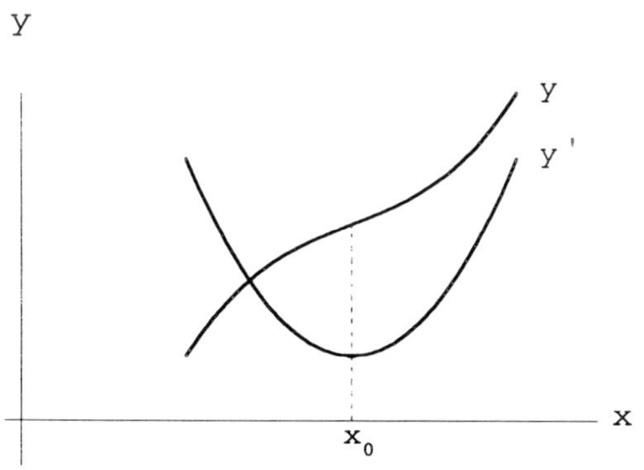

Graph 19b:

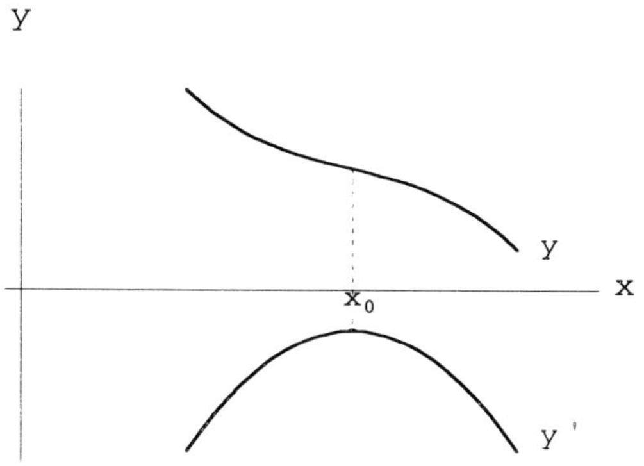

1.4. Ökonomische Anwendungsbeispiele

1.4.1. Kostenkurven

1.4.1.1. Grundlegende Definitionen

Wir behandeln hier nur sog. Ein-Produkt-Unternehmen, d.h. es werden nur Einheiten ein und desselben Produkts hergestellt (so daß hier alle Probleme der Kostenträger-Kostenstellen-Rechnung von vornherein ausgeschlossen sind).

Unter dieser Voraussetzung werden also alle anfallenden Kosten der einzig hergestellten Produktsorte zugerechnet.

Dann gelten folgende Definitionsgleichungen:

1) Gesamtkosten = Gesamte Fixe + Gesamte Variable Kosten:

$$K(x) = K_f + K_v(x)$$

2) Stückkosten = Gesamtkosten/Stückzahl d.h.

Gesamte Stückkosten: $k(x) = \frac{K(x)}{x}$

Fixe Stückkosten: $k_f(x) = \frac{K_f}{x}$ (Das Phänomen der Fixkostendegression wurde schon früher behandelt)

Variable Stückkosten: $k_v(x) = \frac{K_v(x)}{x}$

Und es gilt natürlich: $k(x) = k_f(x) + k_v(x)$

3) Grenzkosten: $K'(x) = \frac{dK(x)}{dx}$

Wurden bei den Durchschnittskosten die Gesamtkosten auf die gesamte Produktionsmenge verteilt, so werden bei den Grenzkosten der zuletzt produzierten (marginalen) Produktionseinheit die (marginalen) Kostenzuwächse zugerechnet, die durch diese letztproduzierte Einheit verursacht wurde. (Die Ökonomen verwenden die Bezeichnung "Grenz..." häufig statt "Ableitung von" - so ist z.B. Grenzumsatz = Ableitung des Umsatzes).

Da diese abstrakten Definitionen wenig interpretierbar sind, versuchen die Ökonomen, sie dadurch interpretierbar zu machen, daß sie gewisse typische Kostenverläufe für die Funktion K(x) unterstellen. Im weiteren werden zwei übliche "Prototypen" an Kostenkurven vorgestellt.

1.4.1.2. Die Lineare Kostenkurve

Hierbei unterstellt man einen linearen Verlauf der Gesamtkostenkurve bis zu einer "Kapazitätsgrenze" x_0 - ob man darüber hinaus noch produzieren kann, wie dann die Kostenkurve verläuft, ist zwar eine wichtige Frage, aber nicht hier!

Wir werden - wann immer wir es mit Kostenkurven in den nächsten Kapiteln zu tun haben - immer zwei untereinanderliegende Zeichnungen anfertigen, wobei in der oberen immer die Gesamtkostenkurven und in der unteren die Stück- und Grenzkostenkurven abgetragen sind.

Graph 20a:

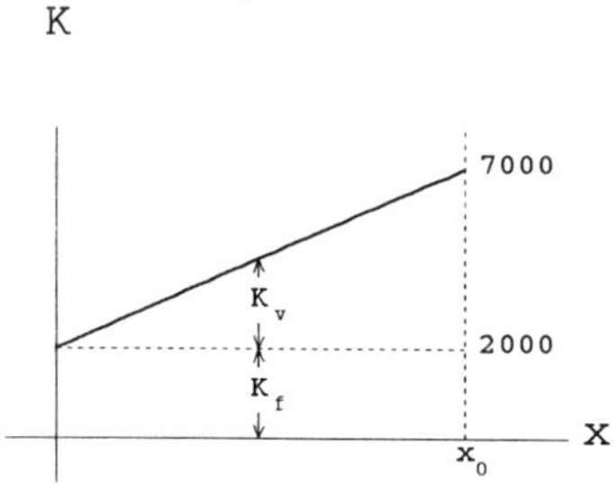

	A:	B:
	$K(x)=a+b\cdot x$	$K(x)=2000+50\cdot x$
	für $x \leq x_0$	für $x \leq 100$
	$K_f=a$	$K_f=2000$
	$K_v(x)=b\cdot x$	$K_v(x)=50\cdot x$

Graph 20b:

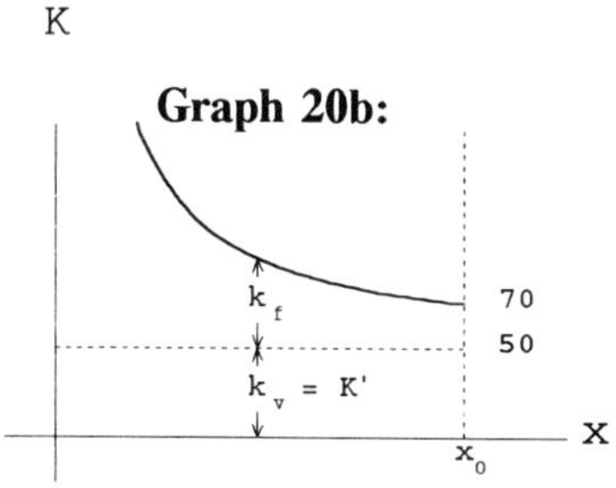

	A	B
	$k_v(x)=\frac{b\cdot x}{x}=b$	$k_v(x)=\frac{50\cdot x}{x}=50$
	$k_f(x)=\frac{a}{x}$	$k_f(x)=\frac{2000}{x}$
	$K'(x)=b=k_v(x)$	$K'(x)=50=k_v(x)$

Die "Mathematik" ist hier so einfach, daß das Beispiel für sich spricht, ohne daß es weiter kommentiert wird (die Zeichnung ist hier nicht maßstabsgetreu). Als eine wichtige Eigenschaft bei einer linearen Kostenkurve können wir hier festhalten, daß - bei einer **linearen** Kostenkurve - Grenzkosten und variable Stückkosten konstant und einander gleich sind, d.h. die zuletzt produzierte Einheit verursacht an variablen Kosten gleichviel, wie **im Schnitt** alle Einheiten variable Kosten verursacht haben.

1.4.1.3. Die Ertragsgesetzliche Kostenkurve

Ausgehend vom sog. "Ertragsgesetz" der Ökonomie - über das Sie in den Grundvorlesungen zur VWL ausgiebig informiert werden - arbeiten Ökonomen gerne mit einer Kostenkurve, wie sie in Graph 21a dargestellt ist, d.h. mit einer Kostenkurve, die mit einem konkaven Bereich beginnt und dann in einen konvexen Bereich übergeht, d.h. die also einen Wendepunkt besitzt. (Dies bedeutet, daß wir in den Beispielen im einfachsten Fall mit einem Polynom dritten Grades arbeiten müssen.) Die Aufgabe hier ist nicht, diesen Kostenkurvenverlauf zu hinterfragen, sondern von ihm ausgehend das mathematisch herzuleiten, was wichtig ist.

Wir werden zunächst aus Graph 21 die wichtigsten Eigenschaften geometrisch herleiten. Durchlaufen wir (wie immer von links nach rechts) die Gesamtkostenkurve, so nimmt der Anstieg bis zum Wendepunkt ab und dann - rechts vom Wendepunkt - wieder zu, d.h. hieraus folgt, daß die Grenzkostenkurve - die ja die Steigung angibt - zunächst fällt, und zwar bis zur Wendepunktsstelle und dann wieder ansteigt, d.h. die Grenzkostenkurve $K'(x)$ hat dort ihr Minimum, wo die Gesamtkostenkurve ihren Wendepunkt hat; Ökonomen sprechen hier davon, daß die Grenzkostenkurve U-förmig verläuft.

Versuchen wir uns geometrisch zu überlegen, wie die variablen Stückkosten verlaufen, so können wir von Punkt A ausgehend uns ein Steigungsdreieck an die Gesamtkostenkurve denken; wandern wir mit diesem Steigungsdreieck die Kostenkurve entlang, so stellen wir fest, daß die Steigung zunächst abnimmt und dann wieder zunimmt. Am geringsten ist die Steigung, wenn ich vom Punkt A aus die Tangente an die Gesamtkostenkurve anlege. Berechnet man den Anstieg (Höhendifferenz: Variable Kosten/Grunddifferenz: Stückzahl), so ergibt sich

$$\text{Steigung Dreieck} = \frac{K_v(x)}{x} = k_v(x)$$

d.h. die Steigung im Dreieck entspricht genau den variablen Stückkosten, d.h. wir haben hergeleitet, daß auch die Kurve der variablen Stückkosten U-förmig verläuft und ein Minimum hat, und zwar liegt das Minimum auf der Grenzkostenkurve, da an der Minimumsstelle der Wert der variablen Stückkosten gleich der Steigung der Kostenkurve, d.h. gleich den Grenzkosten an dieser Stelle ist (vgl. unterer Teil von Graph 21).

Hätten wir das Steigungsdreieck von Punkt 0 aus gezeichnet, so ergäbe sich

$$\text{Steigung Dreieck} = \frac{K(x)}{x} = k(x)$$

d.h. diese Steigung entspricht den totalen Stückkosten und analog können wir den U-förmigen Verlauf der Totalen Stückkosten herleiten und ebenso, daß auch das Minimum dieser Kurve auf der Grenzkostenkurve liegt.

Man kann die Minima von Variablen und Totalen Stückkosten natürlich auch analytisch herleiten; dies ist dann das erste ökonomische Beispiel für die Verwendung der Quotientenregel beim Differenzieren (vgl. Formel 5 aus 1.3.3.) und ein Beispiel für die Anwendung der Rezeptur zur Minimumsbestimmung.

Es ergibt sich:

$$k(x) = \frac{K(x)}{x} \Rightarrow \text{MIN}$$

Notwendige Bedingung: $$K'(x) = \frac{1 \cdot K(x) - x \cdot K'(x)}{x^2} \overset{!}{=} 0$$

$$\Rightarrow \quad K(x) - x \cdot K'(x) = 0$$

$$\Rightarrow \quad \frac{K(x)}{x} = K'(x)$$

und ersetzen Sie in dieser Herleitung k(x) durch $k_v(x)$ und K(x) durch $K_v(x)$, so haben Sie den Beweis auch für die Variablen Stückkosten.

Zusammenfassend kann festgehalten werden:

1. Verläuft eine Kostenkurve ertragsgesetzlich, so verlaufen Grenzkosten, Variable und Totale Stückkosten U-förmig, d.h. sie haben alle Minima.

2. Das Minimum der Grenzkosten liegt dort, wo die Gesamtkostenkurve ihren Wendepunkt hat. Die Minima von Variablen und Totalen Stückkosten liegen auf der Grenzkostenkurve und zwar (in der Reihenfolge) rechts vom Wendepunkt.

3. Die Kurven der Variablen und Totalen Stückkosten nähern sich wegen der Fixkostendepression für wachsendes x einander an.

Neben den beiden Graphen ist ein konkretes Beispiel durchgerechnet.

$$K(x) = 2 \cdot x^3 - 6 \cdot x^2 + 18 \cdot x + 8$$

Graph 21a:

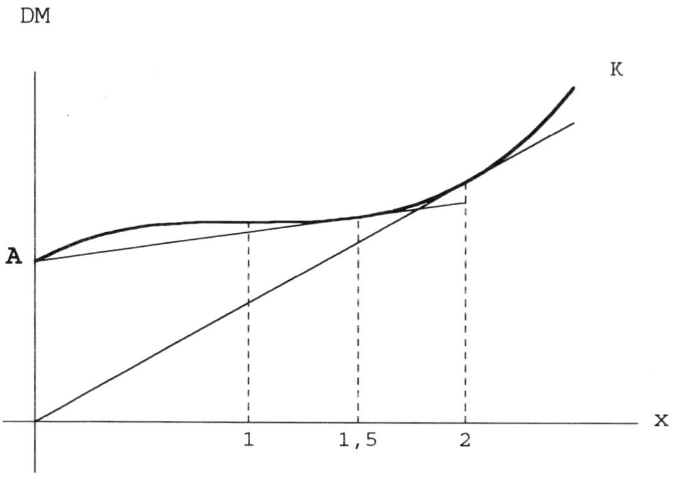

1. Grenzkosten

$K'(x) = 6 \cdot x^2 - 12 \cdot x + 18 \Rightarrow MIN$

Notwendige Bedingung

$K''(x) = 12 \cdot x - 12 = 0 \Rightarrow x_0 = 1$

Hinreichende Bedingung

$K'''(x) = 12 > 0$ MIN

$K'(1) = 6 \cdot 1^2 - 12 \cdot 1 + 18 = 12$

2. Variable Stückkosten

$$k_v(x) = \frac{2 \cdot x^3 - 6 \cdot x^2 + 18 \cdot x}{x} = 2 \cdot x^2 - 6 \cdot x + 18 \Rightarrow MIN$$

Notwendige Bedingung

$k_v'(x) = 4 \cdot x - 6 = 0 \Rightarrow x_1 = 1{,}5$

Hinreichende Bedingung

$k_v''(x) = 4 > 0$ MIN

$k_v(1{,}5) = 2 \cdot 1{,}5^2 - 6 \cdot 1{,}5 + 18 = 13{,}5$

Graph 21b:

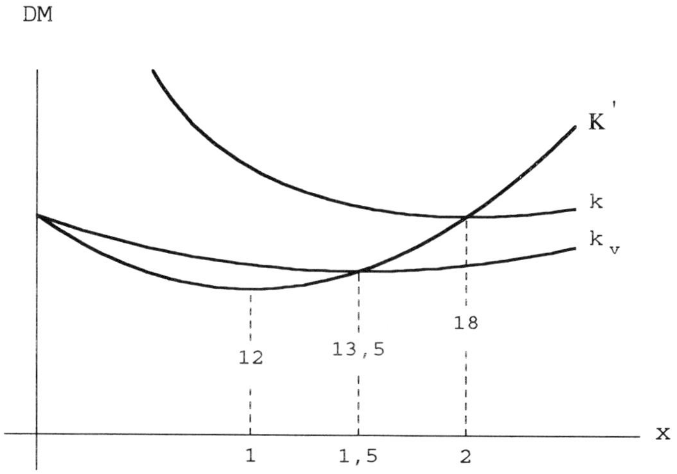

3. Totale Stückkosten

$$k(x) = 2 \cdot x^2 - 6 \cdot x + 18 + \frac{8}{x}$$

Das Minimum zu berechnen, ist schwierig (Gleichung 3. Grades). Hat man aber das "Gefühl", das Minimum könnte bei $x_3 = 2$ liegen, läßt es sich leicht bestätigen, da es ja gleich den Grenzkosten sein muß. Tatsächlich ergibt sich: $k'(2) = 18 = k(2)$

1.4.2. Wachstumsraten und Elastizität

1.4.2.1. Marktformen, Preis-Absatz-Funktionen und Umsatzkurven

Die Kostenseite eines Unternehmers haben wir beschrieben durch zwei verschiedene Kostenkurven, nämlich durch eine lineare und eine ertragsgesetzliche.

Um zur Größe "Gewinn" zu kommen, müssen wir auch eine Beschreibung der Erlössituation des Unternehmens liefern. In der Ökonomie geschieht dies in der sogenannten Marktformenlehre und der Preistheorie. Hier kann kein Exkurs geliefert werden über diese - breiten und schwierigen - Gebiete. Um für später aber Rechenbeispiele zur Verfügung zu haben, seien 2 Marktformen, jedenfalls was ihre "Preissituation" betrifft, kurz skizziert und die Umsatzkurven hergeleitet.

1. **Vollständige Konkurrenz**

Man geht aus von sehr vielen Anbietern und sehr vielen Nachfragern, von der Homogenität der Güter, von der Präferenzlosigkeit der Nachfrager, von Markttransparenz, von einem punktförmigen Markt und vom Rationalverhalten der Marktteilnehmer.

Daraus läßt sich logisch schlußfolgern, daß bei der fehlenden Marktmacht des Einzelnen ihm keine Beeinflussungsmöglichkeit in Bezug auf den Preis zur Verfügung steht, d.h. der Einzelne den Martkpreis übernehmen muß; man sagt, der Preis p_0 sei für ihn ein "Datum". Der Umsatz = Preis · Menge ergibt sich also für ihn zu $U(x) = p_0 \cdot x$ (d.h. eine Ursprungsgerade mit dem Anstieg p_0,vgl. Graph 22).

2. Angebotsmonopol (AT-Monopol)

Hier hat **ein** Anbieter zu entscheiden, ob er sein Produkt zu einem hohen Preis (bei vermutlich geringer Nachfrage) oder zu einem niedrigen Preis (bei vermutlich hoher Nachfrage) auf dem Markt anbieten soll, d.h. er kann im Gegensatz zum Anbieter in der vollständigen Konkurrenz den Preis bestimmen - die Nachfrager bestimmen allerdings die Nachfrage!

Wir drücken diesen Sachverhalt aus durch eine sog. Preis-Absatz-Funktion (PAF) $p = p(x)$, die - bei Rationalverhalten der Konsumenten - einen fallenden Verlauf hat.

In Graph 23 ist - der Einfachheit halber - eine lineare PAF unterstellt. Der Umsatz ist Null, wenn wir nichts verkaufen und er ist wieder Null, wenn $p = 0$ ist, d.h. wenn wir die Ware verschenken. Dazwischen muß der Umsatz ein Maximum annehmen (bei einer linearen PAF: genau in der Mitte)

Graph 22:

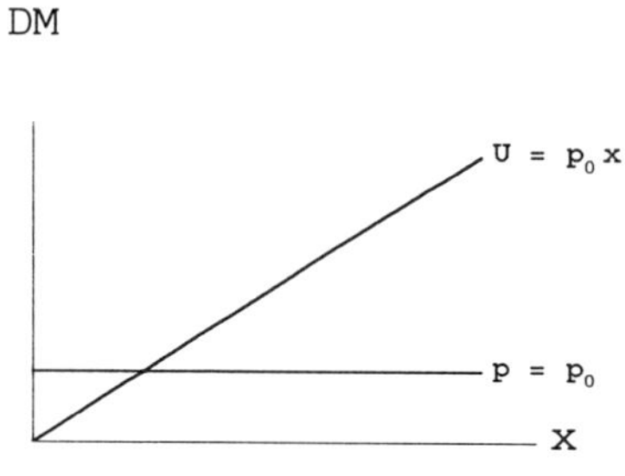

Graph 23:

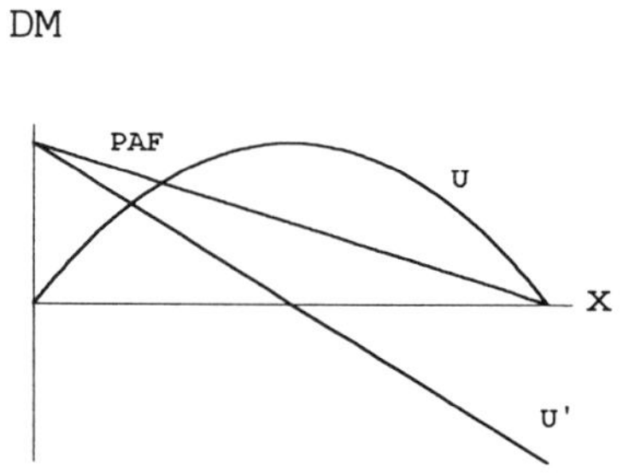

Auf eine "Eigenheit" sei hier hingewiesen: gegenüber der Gewohnheit der Mathematiker, auf der horizontalen Achse die unabhängige und auf der vertikalen Achse die abhängige Variable abzutragen, haben wir die Funktionen hier vertauscht: auf der horizontalen Achse wurde die abhängige Variable: Nachfrage und auf der senkrechten Achse die unabhängige Variable: Preis abgetragen.

B: Gegeben sei die Preis-Absatz-Funktion $p = 72 - 6 \cdot x$

Der Umsatz ergibt als

$U = p \cdot x = (72 - 6 \cdot x) \cdot x = 72 - 6 \cdot x^2$

$U \Rightarrow MAX$: Notwendige Bedingung: $U' = 72 - 12 \cdot x = 0 \Rightarrow x_0 = 6$

$U(6) = p(6) \cdot 6 = (72 - 6 \cdot 6) \cdot 6 = 216$

R: Zeigen Sie, daß bei der PAF: $p = 108 - 12 \cdot x$ das Umsatzmaximum 243 beträgt.

Eine wichtige Eigenschaft für **lineare** PAF's ergibt sich am einfachsten aus B: Wenn Sie die PAF: $p = 72 - 6 \cdot x$ vergleichen mit dem Grenzumsatz $U' = 72 - 12 \cdot x$, so sehen Sie, daß U' im selben Punkt beginnt, aber es mit ihr "doppelt so schnell bergab geht".

1.4.2.2. Elastizitäten und Wachstumsraten

In der Ökonomie stellt sich häufig das Problem, verschiedene Märkte oder verschiedene Länder miteinander vergleichen zu müssen. Da alle ökonomischen Größen aber Dimensionen haben, stellt sich das Äpfel - Birnen-Problem, d.h. die Größen sind schwer oder gar nicht ineinander umzurechnen. Für den Ökonomen wäre es also extrem nützlich, eine Größe zu definieren, die eben die Eigenschaft der Dimensionslosigkeit hat; natürlich müßte sie, damit man damit arbeiten kann, auch leicht interpretierbar sein.

Eine Vorüberlegung sei angestellt: sei gegeben eine Größe y (etwa Ihr Einkommen in DM) und die Einkommenserhöhung sei dy (auch in DM). Dann ist $\frac{dy[DM]}{y[DM]}$ die relative Einkommensänderung und - die DM-Einheiten kürzen sich ja heraus - als relative Veränderung dimensionslos.

Damit definieren wir den Begriff **"Elastizität"** und bezeichnen ihn mit dem griechischen Buchstaben $\epsilon_{y/x}$ wie folgt:

Gegeben sei die Funktion $y = y(x)$ mit der unabhängigen Veränderlichen x und der abhängigen Veränderlichen y.

$$\epsilon_{y/x} = \frac{dy/y}{dx/x} = \frac{dy}{y} \cdot \frac{x}{dx} = \frac{dy}{dx} \cdot \frac{x}{y} = \frac{y'}{y} \cdot x$$

(1) (2) (3) (4)

In der Definition (1) ergibt sich die Logik des Ansatzes: ϵ ist die relative Veränderung der abhängigen Variablen dividiert durch die relative Veränderung der unabhängigen Variablen und ist damit erstens eine dimensionslose Größe. Zweitens ist sie eine einfach zu interpretierende Größe, denn wäre $\epsilon = 3$ (z.B.), so ließe sich dieser Wert wie folgt interpretieren:

Erhöhe ich den Wert der unabhängigen Variablen um 1%, so erhöht sich der Wert der abhängigen Variablen um 3%. Wäre z.B. bei einer Kostenfunktion $\epsilon_{K/x} = 3$, so würde diese Zahl bedeuten: Erhöhe ich die produzierte Menge um 1%, so würden sich die Kosten um 3% erhöhen!

(2) ist ein Umrechnungsschritt (durch einen Bruch wird dividiert ...) und (3) bzw. (4) sind die Rechenmöglichkeiten. Man hat die Ableitung durch die Ausgangsfunktion zu dividieren und mit der Variablen zu multiplizieren.

Wir wollen dies allgemein und anhand eines Beispiels der PAF eines AT-Monopolisten am Beispiel der wichtigen "Preiselastizität der Nachfrage" nochmals konkret vorführen.

Die **"Preiselastizität der Nachfrage"** (genauer: Elastizität der Nachfrage im Bezug auf den Preis) gibt an, um wieviel % die Nachfrage sich ändert (erhöht/sinkt), wenn der Preis sich um 1% verändert (um 1% gesenkt (erhöht wird). Sie ist also

$$\epsilon_{x/p} = \frac{dx/x}{dp/p} = \frac{dx}{x} \cdot \frac{p}{dp} = \frac{dx}{dp} \cdot \frac{p}{x} = \frac{x'}{x} \cdot p$$

B: Gegeben sei die PAF $p = 72 - 6 \cdot x$, die wir im vorigen Kapitel schon erörtert haben. Da die Funktion hier gegeben ist in der Form p = ..., wir aber die Ableitung x′ brauchen, müssen wir die PAF erst nach x auflösen und erhalten:

$$p = 72 - 6 \cdot x \Rightarrow 6 \cdot x = 72 - p \Rightarrow x = 12 - \frac{1}{6} \cdot p$$

woraus sich ergibt: $\frac{dx}{dp} = -\frac{1}{6}$ und $\epsilon_{x/p} = -\frac{1}{6} \cdot \frac{72 - 6 \cdot x}{x}$

d.h. wir erhalten also einen recht komplizierten Ausdruck. Setzen wir nacheinander x = 12, 6, 0 ein, erhalten wir $\epsilon = 0$, $\epsilon = -1$, $\epsilon = -\infty$. Den Bereich $-\infty < \epsilon < -1$ nennen wir den elastischen Bereich (eine 1% Preissenkung ruft eine mehr als 1%ige Nachfrageerhöhung hervor) und analog nennen wir den Bereich $-1 < x < 0$ den unelastischen Bereich.

Der Zusammenhang zwischen elastisch/unelastisch und Steigen/Fallen der Umsatzkurve bzw. Positiven/Negativen Grenzumsätzen ergibt sich aus der gegenübergestellten Zeichnung Graph 24.

Graph 24a:

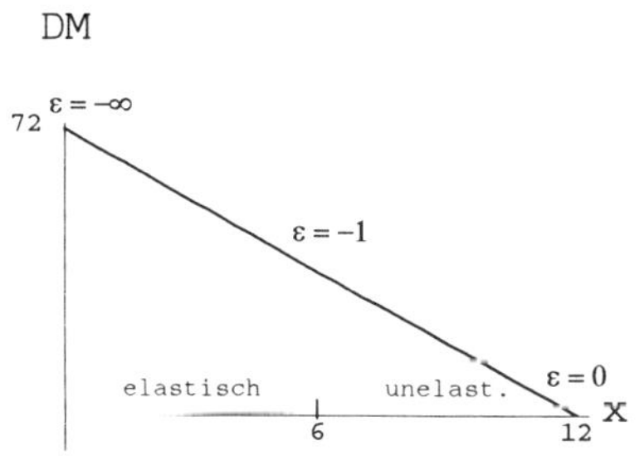

Graph 24b:

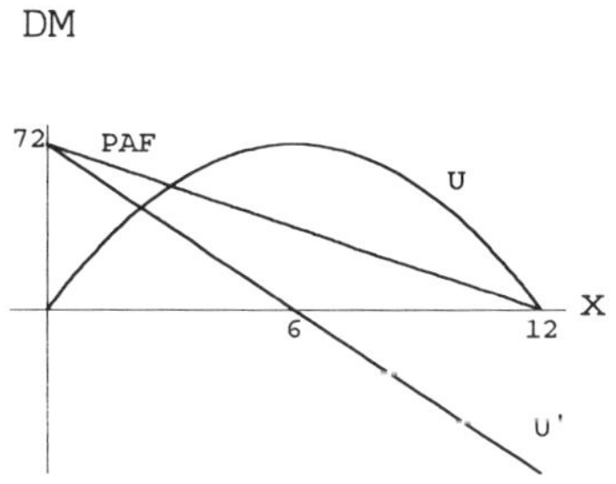

Der Ausdruck $\frac{y'}{y}$, der bei der Elastizität auftaucht, wird als "**Wachstumsrate**" bezeichnet.

B: Die Wachstumsrate der Funktion $y = x^n$ ist $\frac{y'}{y} = \frac{n \cdot x^{n-1}}{x^n} = \frac{n}{x}$

Die Elastizität der Funktion $y = x^n$ ist $\epsilon_{y/x} = \frac{y'}{y} \cdot x = \frac{n}{x} \cdot x = n$.

D.h. das Polynom x^n hat eine konstante Elastizität.

R: Berechnen Sie Wachstumsrate und Elastizität der Funktion $y = e^x$ (Lösung: Wachstumsrate 1, Elastizität x)

1.4.3. Die Gewinnmaximierung in einfachen Beispielen

1.4.3.1. Die Fragestellung

Hier soll nun die Gewinnmaximierungsfrage in den einfachen Fällen gelöst werden, die vorbereitet wurden:

Wir haben 2 "Erlössituationen" (vollständige Konkurrenz und Angebotsmonopol) und zwei Kostenkurven (ertragsgesetzliche und lineare) behandelt.

Es wird sich weisen, daß sich dabei 3 zu behandelnde Fälle ergeben werden

	Vollständige Konkurrenz	Angebots-monopol
Ertragsgesetzliche Kostenkurve	I	III
Lineare Kostenkurve	II	

Das Gewinnmaximierungsproblem selbst stellt sich mathematisch als die Aufgabe, die Differenz zwischen Umsatz U und Kosten K zu maximieren, d.h.

$G(x) = U(x) - K(x) = p \cdot x - K(x) \Rightarrow MAX$

1.4.3.2. Vollständige Konkurrenz und ertragsgesetzliche Kostenkurve

Der Preis ist in der vollständigen Konkurrenz für den Unternehmer ein Datum, d.h. $p = p_0$ und als Umsatzkurve ergibt sich - wie vorher dargelegt - die Ursprungsgerade $U = p_0 \cdot x$.

Die Aufgabe lautet also hier:

$$G = U - K = p_0 \cdot x - k(x) \Rightarrow MAX$$

Notwendige Bedingung: $G' = U' - K' = p_0 - K'(x) = 0$ d.h. $p_0 = K'(x)$

Dies ist die Entscheidungsregel für den Unternehmer: er wählt diejenige Produktionsmenge x_0, bei der der Preis p_0 gleich den Grenzkosten $K'(x_0)$ ist.

Macht übrigens auch ohne Mathematik Sinn: Die Grenzkosten sind die Kosten, die die zuletzt produzierte Einheit verursacht hat: ist der erzielbare Marktpreis höher, lohnt es sich, mehr zu produzieren und ist der Marktpreis niedriger, wäre es besser die Produktion zu reduzieren.

In Graph 25b sind 3 verschiedene Marktpreise p_0, p_0' und p_0'' eingetragen. Man sieht, daß bei p_0 ein positiver Stückgewinn erzielt wird, daß bei p_0'' gerade die gesamten Stückkosten gedeckt werden (hier ist p_0' gleich dem Minimum der totalen Stückkosten, das man - leicht einsichtig - auch als "Gewinnschwelle" bezeichnet, d.h. nur wenn der Preis höher ist als die Gewinnschwelle, erzielen wir einen positiven Gewinn) und daß bei p_0'' nur noch die variablen Stückkosten gedeckt werden (hier ist p_0'' gleich dem Minimum der variablen Stückkosten, das man - ebenfalls leicht einsichtig - als "Betriebsminimum" bezeichnet, d.h. nur wenn der Preis höher ist als das Betriebsminimum, erzielen wir einen positiven Deckungsbeitrag, d.h. für $p_0'' < p < p_0'$ wird nur ein Teil der Fixkosten durch den Preis getragen.).

In Graph 25a wird graphisch die Gesamtbetrachtung durchgeführt, d.h. U mit K verglichen. Der - erste - Schnittpunkt von U mit K wird als break-even-point bezeichnet, d.h. ab hier beginnt die Gewinnzone.

In dem Zahlenbeispiel aus Kapitel 1.4.1.3. ergibt sich, daß in diesem Beispiel das Betriebsminimum 13.5 und die Gewinnschwelle 18 ist.

Graph 25a:

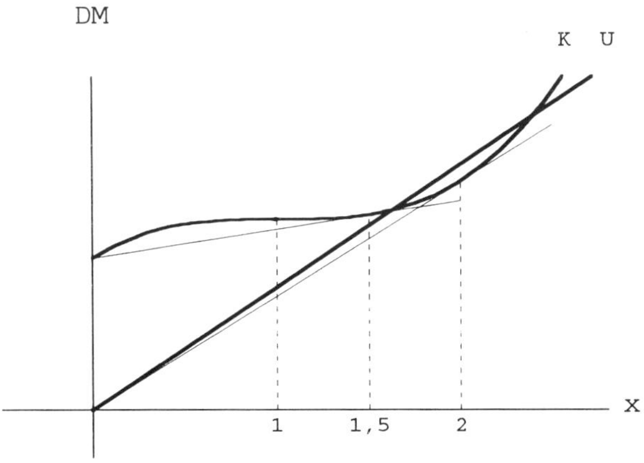

Graph 25b:

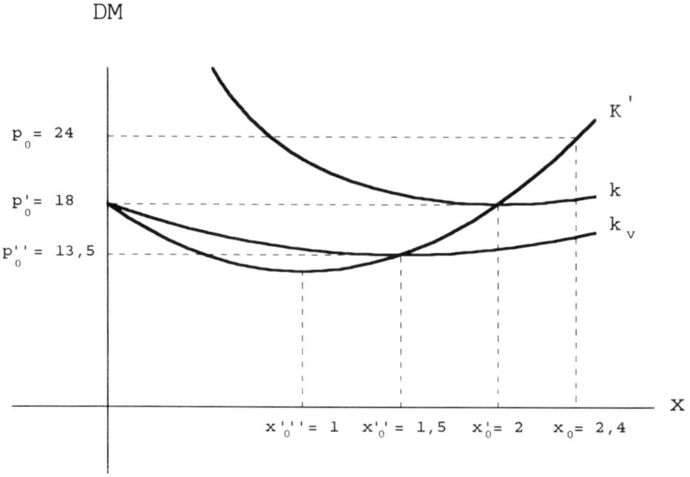

Wäre der Marktpreis $p_0 = 108$ für den Unternehmer mit

$K(x) = 2 \cdot x^3 - 6 \cdot x^2 + 18 \cdot x + 8$ gegeben, so ergäbe sich aus

$p = K' \Rightarrow \quad 108 = 6 \cdot x^2 - 12 \cdot x + 18$ d.h.

$6 \cdot x^2 - 12 \cdot x - 90 = 0$ d.h.

$x^2 - 2 \cdot x - 15 = 0$ d.h.

$x_{1/2} = 1 \pm \sqrt{1+15} = 5$

1.4.3.3. Vollständige Konkurrenz und Lineare Kostenkurve

Würden wir die Regel $p = K'(x)$ auch für eine lineare Kostenkurve anwenden (vgl. Graph 26b), so stellen wir fest, daß die Preisgerade (p_0 = konstant) **parallel** verläuft zur konstanten Grenzkostenkurve, d.h. daß die beiden Kurven sich **nicht** schneiden.

Gleichzeitig stellen wir fest, daß die Differenz zwischen p_0 und $K(x)$ an der Kapazitätsgrenze am größten ist, d.h. wir können die Schlußfolgerung ziehen, daß - wenn wir produzieren - wir an der Kapazitätsgrenze produzieren.

Die totalen Stückkosten an der Kapazitätsgrenze entsprechen dabei der Gewinnschwelle und die variablen Stückkosten (oder - im linearen Fall - die Grenzkosten) entsprechen dem Betriebsminimum. Im Beispiel aus 1.4.1.2. wäre also p = 50 das Betriebsminimum und p = 70 die Gewinnschwelle.

Graph 26a:

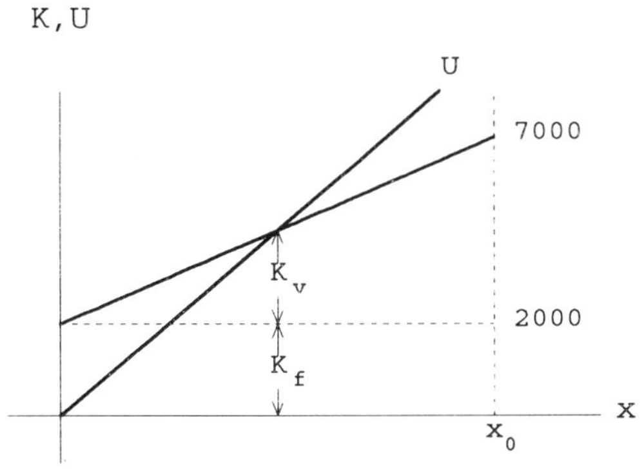

Graph 26b:

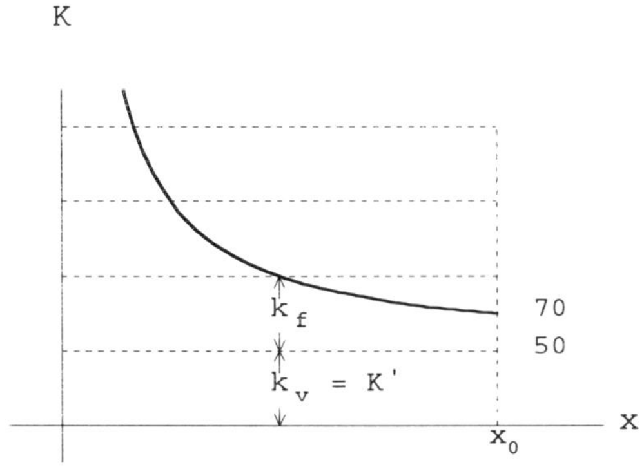

1.4.3.4. Angebotsmonopol

Wir leiten hier zwei Formulierungen der Entscheidungsregel für den AT-Monopolisten her.

a. Allgemeine Formulierung

$$G(x) = U(x) - K(x) \Rightarrow MAX \Rightarrow G'(x) = U'(x) - K'(x) = 0$$

d.h. $U'(x) = K'(x)$

D.h. wir formulieren: Der AT - Monopolist erzielt sein Gewinnmaximum, wenn er die Menge produziert, bei der der Grenzumsatz gleich den Grenzkosten ist.

b. Formel von Amoroso-Robinson

$$G(x) = U(x) - K(x) = p(x) \cdot x - K(x) \Rightarrow MAX$$

(Hier findet die Produktregel der Differentiation ihre Anwendung)

$$G'(x) = p(x) \cdot 1 + \frac{dp(x)}{dx}$$

Nun erfolgt der "Trick" des Ausklammerns:

$$p(x) \cdot 1 + \frac{dp(x)}{dx} \cdot x = K'(x)$$

$$p(x) \left\{1 + \frac{dp(x)}{dx} \cdot \frac{x}{p}\right\} = K'(x)$$

$$p(x) \left\{1 + \frac{1}{\frac{dx}{dp(x)} \cdot \frac{p}{x}}\right\} = K'(x)$$

$$p(x) \left\{1 + \frac{1}{\varepsilon_{x/p}}\right\} = K'(x)$$

d.h. in dieser Formel sieht man die "Macht" des Angebotsmonopolisten in Form der Preiselastizität der Nachfrage!

Suchen wir in Graph 27b den Schnittpunkt um K' und U', so stellen wir fest, daß der Schnittpunkt nur im elastischen Bereich liegen kann (und daß der Schnittpunkt existiert, egal welche Sorte von Kostenfunktion vorliegt). Der Punkt C auf der PAF heißt zu Ehren des "Erfinders" der "Cournot'sche Punkt". In Graph 27a

Graph 27a:

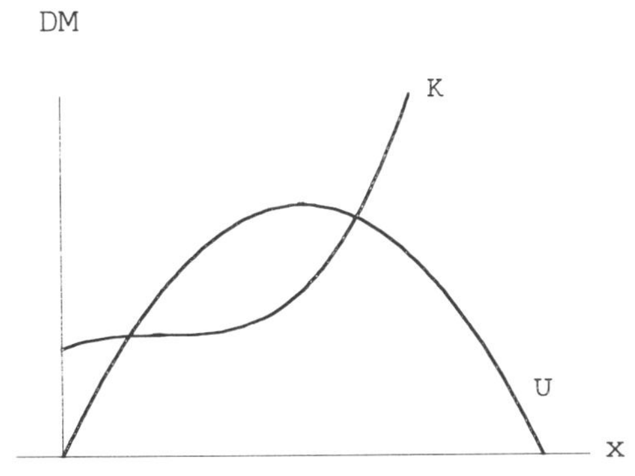

Graph 27b:

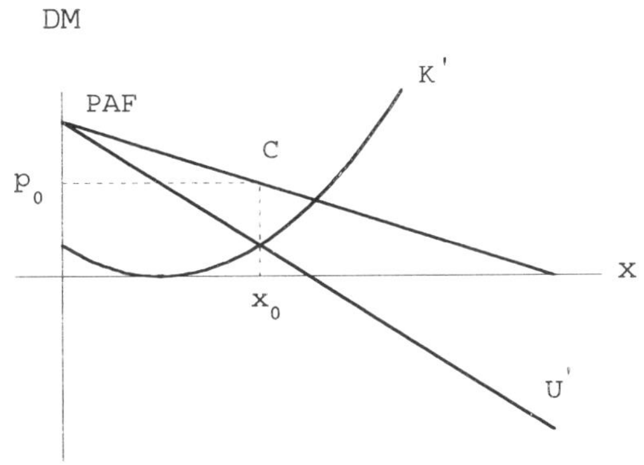

sehen wir die Gewinnzone (wo U > K gilt) und die Kurven haben dort den größten Abstand, wo sie weder auseinander - noch zusammenlaufen, d.h. parallel sind, d.h. denselben Anstieg haben, d.h. die Ableitungen K′ und U′ gleich sind! Ecco! Der erste Schnittpunkt von K und U heißt wiederum (unterer) break-even-point.

B: Verknüpfen wir das Kostenkurvenbeispiel aus 1.4.1.3.:

$$K(x) = 2 \cdot x^3 - 6 \cdot x^2 + 18 \cdot x + 8$$

mit dem Beispiel aus 1.4.2.1., nämlich der PAF

$$p = 72 - 6 \cdot x$$

erhalten wir $K' = U'$

$$6 \cdot x^2 - 12 \cdot x + 18 = 72 - 12 \cdot x$$

d.h. $6 \cdot x^2 = 54$

d.h. $x = 3$

$x = 3$ eingesetzt in die PAF ergibt den Cournot'schen Punkt C: $x_0 = 3$ und $p_0 = 54$

R: Zeigen Sie, daß ein AT-Monopolist mit der Kostenkurve $K(x) = 3 \cdot x^3 - 9 \cdot x^2 + 18 \cdot x + 12$ und der PAF $p = 99 - 9 \cdot x$ im Cournot Punkt C : $x_0 = 3$ und $p_0 = 81$ arbeitet.

2. Funktionen mehrerer Veränderlicher und ökonomische Anwendungen

2.1. Die partielle Ableitung und das totale Differential

Bei der Behandlung von Funktionen einer Variablen sind wir im Grunde genommen von einer bestimmen "Ideologie" ausgegangen: wir nahmen an, daß jede "Wirkung" y durch nur **eine** "Ursache" x zu erklären sei - im ökonomischen Bereich wird aber in der Regel jede "Wirkung" y durch mehrere "Ursachen" $x_1 \ldots x_n$ erklärt, d.h. wir müssen also davon ausgehen, daß Funktionen $y = f(x_1 \ldots x_n)$ abhängig sind von mehreren unabhängigen Veränderlichen $x_1 \ldots x_n$. Daraus ergibt sich ein Problem: Bereits im einfachsten Fall von 2 unabhängigen Veränderlichen $y = f(x_1, x_2)$ bräuchten wir ja 3 Achsen (y, x_1, x_2), um den Graph wiederzugeben, der dann auch keine Kurve, sondern eine Fläche wäre. Wie die Kartographen gehen hierbei die Ökonomen vor, d.h. man projiziert die Höhenlinien $y = 1, 2, \ldots$ etc. auf der Funktionsfläche in die (x_1, x_2)-Ebene; die Kurven, die dabei entstehen, heißen dann - je nach Anwendungsbereich - Isoquanten (in der Produktionstheorie) oder Indifferenzlinien (in der Haushaltstheorie).

Wollen wir für Funktionen von mehreren Veränderlichen den Ableitungsbegriff über den Anstieg einführen, so wird hier das Problem nochmals schwieriger als bei gekrümmten Funktionen einer Veränderlichen. Hatten wir uns dort beholfen mit dem Begriff der Tangenten, so sehen wir in Graph 28 am Beispiel einer Funktion $y = f(x_1, x_2)$, daß wir etwa im Punkt P_0 nicht etwa **eine** Tangente, sondern eine ganze Tagential**ebene** anlegen können, d.h. unendlich viele Tangenten und damit unendlich viele - unterschiedliche - Tangentenanstiege.

Graph 28: y

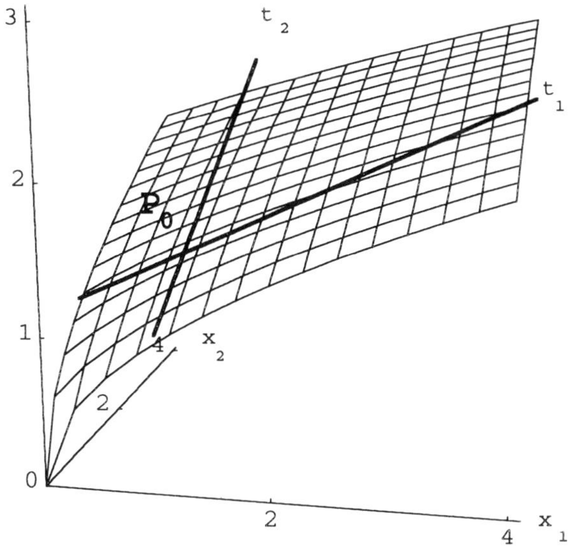

Wenn wir aus den unendlich vielen möglichen Tangenten "besonders wichtige" (in endlicher Zahl) heraussuchen sollen, so fallen uns in Graph 28 die beiden Tangenten t_1 und t_2 auf: sie laufen jeweils senkrecht zu einer Achse, d.h. entlang einer dieser Tangenten wird jeweils nur eine der beiden unabhängigen Variablen verändert, die jeweils andere wird dagegen konstant gelassen! Dies führt zum Begriff der sog. "Partiellen Ableitungen": Eine Funktion von n Veränderlichen y = $f(x_1 \ldots x_n)$ hat n partielle Ableitungen, die dadurch bestimmt werden, daß jeweils nur eine der Variablen $x_1 \ldots x_n$ verändert wird und alle anderen konstant gehalten werden. D.h. :

Eine Funktion von 2 Veränderlichen $y = f(x_1, x_2)$ hat zwei partielle Ableitungen:

- in x_1 - Richtung: $\frac{\partial y}{\partial x_1} = \frac{\partial f(x_1,x_2)}{\partial x_1} = y_{x_1} = f_{x_1}(x_1,x_2)$

- in x_2 - Richtung: $\frac{\partial y}{\partial x_2} = \frac{\partial f(x_1,x_2)}{\partial x_2} = y_{x_2} = f_{x_2}(x_1,x_2)$

Hier sind angeführt die vier gebräuchlichen Schreibweisen für die partiellen Ableitungen; die Verwendung des Zeichens ∂ statt des d ist nur ein "Merkzeichen", daß wir "nur" die partiellen Ableitungen berechnet haben, denn inhaltlich brauchen wir - glücklicherweise - keine neuen Differentiationsregeln zu lernen. Denn betrachten wir für die Berechnung der partiellen Differentiation nur jeweils eine Variable als variabel und die anderen Variablen als konstant, so sind diese eben als konstante Faktoren oder konstante Summanden zu betrachten und wir brauchen nur unsere alten Differentiationsregeln anzuwenden.

B: $y = x_1^2 + 2 \cdot x_1 \cdot x_2 + x_2^3$

$$\frac{\partial y}{\partial x_1} = 2 \cdot x_1 + 2 \cdot x_2$$

(hier ist x_2 in $2x_1 \cdot x_2$ als konstanter Faktor und in x_2^3 als konstanter Summand zu betrachten)

$$\frac{\partial y}{\partial x_2} = 2 \cdot x_1 + 3 \cdot x_2^2$$

(hier ist x_1 in x_1^2 als konstanter Summand und in $2x_1 \cdot x_2$ als konstanter Faktor zu betrachten)

Die partiellen Anstiege geben die relativen Anstiege in der x_1- und x_2-Richtung an. Häufig ist es aber wichtig zu wissen, wie hoch die absolute Höhenänderung dy ist, wenn ich von einem Punkt zu einem anderen Punkt auf der Funktionsfläche wandere. Folgendes logische Gedankenexperiment kann die Definition des sog. "vollständigen Differentials" plausibel machen. Die BRD sei überzogen mit einem perfekten System von Nord-Süd- und von Ost-West-Straßen. Wenn Sie um Freiburg (Höhe 300 m) zum Feldberg (Höhe 1500 m) wollen, müssen Sie zuerst auf Nord-Süd-Straßen und dann auf Ost-West-Straßen fahren. Wüßten Sie, daß Sie in N-S-Richtung 3% Steigung und in O-W-Richtung 8% Steigung zu überwinden haben, dann kennen Sie den insgesamt überwundenen Höhenunterschied dy = 1500 - 300 erst, wenn Sie wissen, wieviel km Sie in N-S- und wieviel km sie in O-W-Richtung gefahren sind, d.h. jetzt können Sie berechnen dy = 3% · 12 km + 8% · 10,5 km = 1200 m. Daraus ergibt sich die folgende Definition für das "Totale Differential".

Die absolute Veränderung dy einer Funktion von n bzw. 2 Variablen ist gegeben durch:

$$dy = \frac{\partial f}{\partial x_1} \cdot dx_1 + \ldots + \frac{\partial f}{\partial x_n} \cdot dx_n \quad \text{bzw.:}$$

$$dy = \frac{\partial f}{\partial x_1} \cdot dx_1 + \frac{\partial f}{\partial x_2} \cdot dx_2$$

und hieraus ergibt sich logisch, daß das totale Differential **entlang einer Höhenlinie** immer gleich Null sein muß, da dort ja keine Höhenänderung eintritt, d.h.:

Die Gleichung einer Isoquanten/Indifferenzlinie kann angegeben werden als:

$$dy = \frac{\partial f}{\partial x_1} \cdot dx_1 + \frac{\partial f}{\partial x_2} \cdot dx_2 = 0$$

2.2. Extremwerte ohne Nebenbedingung

Wie die Funktionen einer Veränderlichen läßt sich auch hier die Frage nach Minima bzw. Maxima - vgl. Graph 29a - stellen und so wie bei Funktionen einer Veränderlichen es das Problem des Wendepunkts gibt, so gibt es hier das Problem des Sattelpunkts - vgl. Graph 29b. Logisch ergibt sich wieder, daß ein Maximum bzw. Minimum nur dort vorliegen kann, wo die Tangentialebene horizontal verläuft und die Tangentialebene verläuft nur horizontal, wenn die partiellen Ableitungen gleich null sind. D.h. wir erhalten als

Graph 29a:

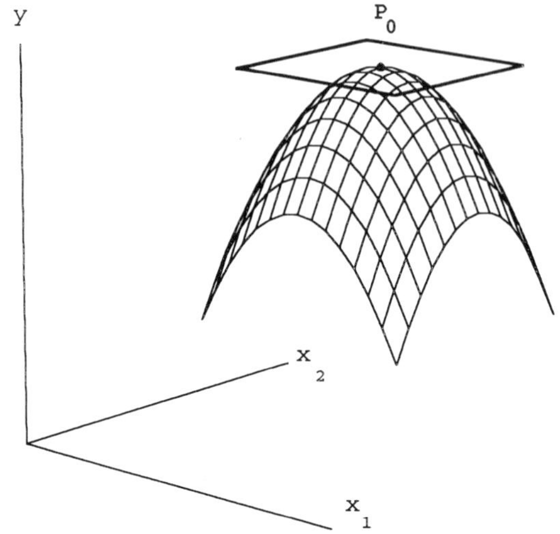

Graph 29b:

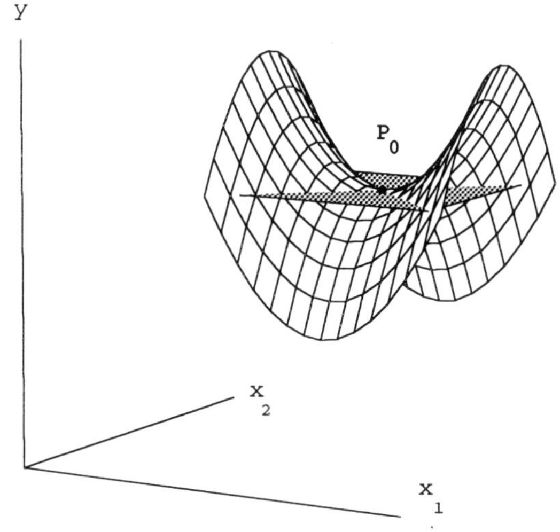

Notwendige Bedingung:

$y = f(x_1 \ldots x_n)$ bzw. $y = f(x_1, x_2)$ kann nur dort ein Max/Min haben, wo die partiellen Ableitungen

$$f_{x_1} = f_{x_2} = \ldots = f_{x_n} = 0 \quad \text{bzw.} \quad \frac{\partial y}{\partial x_1} = \frac{\partial y}{\partial x_2} = 0 \quad \text{sind.}$$

Da die ebenfalls notwendige hinreichende Bedingung für mehr als zwei Variable recht "häßlich" wird, sei - bei aller Betonung ihrer Wichtigkeit - hier ganz darauf verzichtet.

B: $y = x_1^2 - 2 \cdot x_1 + x_2^2$

Notwendige Bedingung: $\frac{\partial y}{\partial x_1} = 2 \cdot x_1 - 2 = 0 \quad \Rightarrow x_1 = 1$

$\frac{\partial y}{\partial x_2} = 2 \cdot x_2 = 0 \quad \Rightarrow x_2 = 0$

d.h.: y hat ein Minimum (dies ergibt sich aus der hinreichenden Bedingung) in $x_1 = 1$ und $x_2 = 0$.

R: Zeigen Sie, daß $y = - x_1^2 + 2 \cdot x_1 - x_2^2 + 4 \cdot x_2$ ein Extremum hat in ($x_1 = 1$, $x_2 = 2$).

2.3. Extremwerte mit Nebenbedingung

2.3.1. Problemstellung und "graphische" Lösung

Wir haben in der Ökonomie - leider! - selten Extremwertaufgaben ohne Nebenbedingung(en): Als "Nutzenmaximierer" in der Kneipe stehen wir immer unter der "Budgetrestriktion", daß wir nur soviel bestellen können, wie wir Geld dabeihaben! Und sollten wir die Produktionskosten minimieren, stehen wir sicher unter der Restriktion, daß wir eine bestimmte Menge produzieren sollen, denn sonst bestünde die kostengünstigste Lösung sicherlich darin, überhaupt nichts zu produzieren! D.h. eigentlich machen erst die Nebenbedingungen das Problem zu einem **ökonomischen** Problem!

In der Analyse und im Beispiel wird dabei eine Nutzenmaximierungsaufgabe verwendet.

Sei die Entscheidung eines Individuums beschrieben durch seine Nutzenfunktion $N(x_1, x_2)$; x_1, x_2 seien die Mengen der zwei Güter, die der Betreffende konsumiert und $N(x_1, x_2)$ soll seinen Nutzen angeben.

p und q seien die Preise der Güter, y sei die Summe Geldes, die für die beiden Güter ausgegeben werden sollen.

In Graph 30a ist die Budgetlinie $p \cdot x_1 + q \cdot x_2 = y$ angegeben und in 30b die Nutzenfunktion, verkörpert durch die Indifferenzlinien. Da die Achsenbezeichnung (x_1, x_2) in beiden Zeichnungen dieselbe ist, können wir beide Zeichnungen (in der rechten Zeichnung) zusammenfügen und sehen, daß die höchste Indifferenzlinie, die wir erreichen können, diejenige ist, die die Budgetlinie gerade berührt (In Graph 30c ist dies die Indifferenzlinie I_2; auf I_1 hätten wir ein niedrigeres Nutzenniveau und I_3 können wir uns nicht leisten!).

Graph 30a

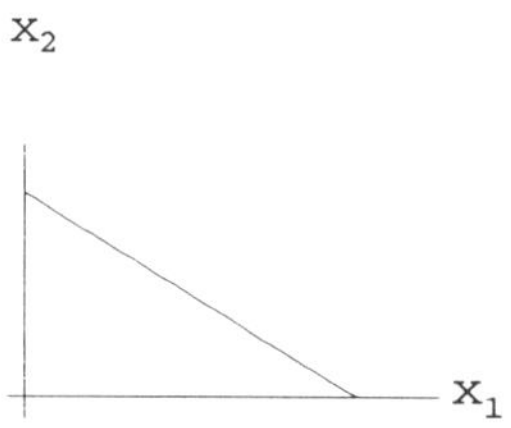

Graph 30b

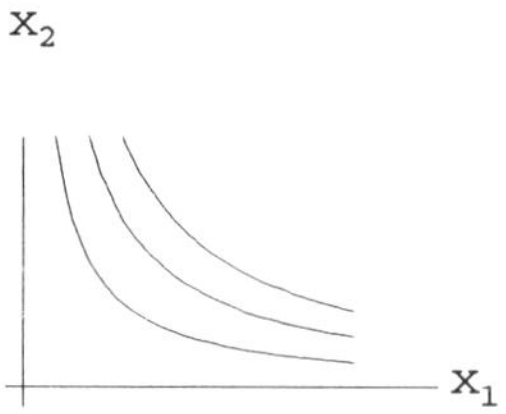

Graph 30c

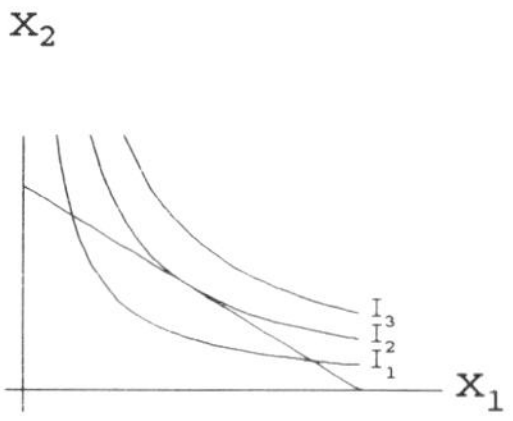

Wenn die Budgetlinie und die Indifferenzkurve sich berühren sollen, müssen ihre Anstiege gleich sein:

a: Anstieg der Budgetlinie

Aus $p \cdot x_1 + q \cdot x_2 = y$ folgt $q \cdot x_2 = -p \cdot x_1 + y$ d.h.

$x_2 = -\frac{p}{q} \cdot x_1 + \frac{y}{q}$ d.h. der Anstieg ist $-\frac{p}{q}$.

b: Anstieg der Indifferenzlinie

Aus 3.1. wissen wir, daß entlang einer Indifferenzlinie das totale Differential gleich Null ist, d.h. für $N(x_1, x_2)$ gilt:

$$dN = \frac{\partial N}{\partial x_1} \cdot dx_1 + \frac{\partial N}{\partial x_2} \cdot dx_2 = 0$$

$\left(\frac{\partial N}{\partial x_1}, \frac{\partial N}{\partial x_2}\right.$ sind dabei die sog. "Grenznutzen der Güter"$\left.\right)$

Daraus folgt:

$$\frac{\partial N}{\partial x_2} \cdot dx_2 = -\frac{\partial N}{\partial x_1} \cdot dx_1$$

$$\frac{dx_2}{dx_1} = -\frac{\frac{\partial N}{\partial x_1}}{\frac{\partial N}{\partial x_2}}$$

Wegen $\frac{dx_2}{dx_1} = -\frac{p}{q}$ ergibt sich als "Entscheidungsregel":

$\frac{p}{q} = \frac{\frac{\partial N}{\partial x_1}}{\frac{\partial N}{\partial x_2}}$: wir konsumieren **"nutzenoptimal"**, wenn wir so konsumieren, daß die Grenznutzen der Güter sich verhalten wie die Preise der Güter, bzw. wenn:

$-\frac{dx_2}{dx_1} = \frac{p}{q}$: Den Ausdruck $-\frac{dx_2}{dx_1}$ bezeichnet man auch als **"Grenzrate der Substitution"**, die angibt, wie ein Mehr an x_1 durch ein weniger an x_2 so ausgewogen wird, daß das Nutzenniveau konstant bleibt.

B: Sei gegeben die Nutzenfunktion $N(x_1, x_2) = x_1^2 \cdot x_2^2$

Die Grenznutzen sind

$\frac{\partial N}{\partial x_1} = 2x_1 \cdot x_2^2$ und $\frac{\partial N}{\partial x_2} = 2x_1^2 \cdot x_2$, d.h.

$$\frac{\frac{\partial N}{\partial x_1}}{\frac{\partial N}{\partial x_2}} = \frac{2x_1 \cdot x_2^2}{2x_1^2 \cdot x_2} = \frac{x_2}{x_1}$$

Seien gegeben die Preise der Güter und das Einkommen durch die Budgetlinie $4 \cdot x_1 + 8 \cdot x_2 = 40$

d.h. das Preisverhältnis ist $\frac{p}{q} = \frac{4}{8} = \frac{1}{2}$

Im Nutzenoptimum muß gelten:

Preisverhältnis = Grenznutzenverhältnis, d.h.:

$\frac{x_2}{x_1} = \frac{1}{2}$ d.h.

$x_2 = ½ \cdot x_1$, d.h. mengenmäßig konsumieren wir von x_2 die Hälfte von x_1. Setzt man dies in $4 \cdot x_1 + 8 \cdot x_2 = 40$ ein, ergibt sich $4 \cdot x_1 + 8 \cdot ½ \cdot x_2 = 40$ d.h. $x_1 = 5$ und $x_2 = 2{,}5$

2.3.2. Der Ansatz von Lagrange

Hier bedient man sich eines mathematischen Tricks, um aus dem Problem: "Maximierung unter Nebenbedingung" ein Problem: "Maximierung ohne Nebenbedingung" zu machen - denn dafür haben wir aus 2.2. die Lösungsmethode: alle partiellen Ableitungen müssen Null sein, weil die Tangentialebene horizontal verlaufen muß!

Unsere Zielfunktion (wir sind Nutzenmaximierer) $N(x_1, x_2)$ wird ergänzt um $\lambda \cdot (p \cdot x_1 + q \cdot x_2 - y)$. Es gilt $p \cdot x_1 + q \cdot x_2 - y = 0$ wenn wir die Budgetrestriktion einhalten, λ ist der sog. "Lagrange-Multiplikator", der uns im weiteren aber nicht interessiert. D.h. wir haben die Zielfunktion $N(x_1, x_2)$ ergänzt um 0 (sofern wir die Budgetrestriktion einhalten), allerdings haben wir in unserer Zielfunktion neben x_1 und x_2 jetzt noch eine neue Variable λ, d.h. wir haben jetzt eine Funktion - die sog. Lagrangefunktion - mit drei Variablen, aber keine Nebenbedingung mehr und können jetzt unser "Optimierungskalkül - alle drei partiellen Ableitungen nach x_1, x_2 und λ müssen Null sein - wieder verwenden!

A: $L(x_1, x_2, \lambda) = N(x_1, x_2) + \lambda \cdot (p \cdot x_1 + q \cdot x_2 - y)$

A	B
$L(x_1, x_2, \lambda) =$	$L(x_1, x_2, \lambda) =$
$N(x_1, x_2) + \lambda \cdot (p \cdot x_1 + q \cdot x_2 - y)$	$x_1^2 \cdot x_2^2 + \lambda \cdot (4 \cdot x_1 + 8 \cdot x_2 - 40)$
$\frac{\partial L}{\partial x_1} = \frac{\partial N}{\partial x_1} + \lambda \cdot p = 0$	$\frac{\partial L}{\partial x_1} = 2x_1 \cdot x_2^2 + \lambda \cdot 4 = 0$
$\frac{\partial L}{\partial x_2} = \frac{\partial N}{\partial x_2} + \lambda \cdot q = 0$	$\frac{\partial L}{\partial x_2} = 2x_1^2 \cdot x_2 + \lambda \cdot 8 = 0$
$\frac{\partial L}{\partial \lambda} = p \cdot x_1 + q \cdot x_2 - y = 0$	$\frac{\partial L}{\partial \lambda} = 4 \cdot x_1 + 8 \cdot x_2 - 40 = 0$

d.h. die Budgetgerade - die vorher eine Nebenbedingung war - taucht jetzt auf als partielle Ableitung! D.h. die Einhaltung der Budgetrestriktion ist also gewährleistet.

B: Lösen Sie die beiden Gleichungen $\frac{\partial L}{\partial x_1}$ und $\frac{\partial L}{\partial x_2}$ nach λ auf und setzen Sie die beiden gleich, so erhalten Sie dasselbe Ergebnis wie in 2.3.1.

3. Finanzmathcmatik

3.1. Ökonomische Grundfragen, die einfache Zinsrechnung und elementare Formeln zur Geometrischen Reihe

In den ersten beiden Kapiteln haben wir nur "zeitlose" ökonomische Fragen in unseren Optimalkalkülen behandelt, d.h. die Variable "Zeit" tauchte unter unseren Variablen nie auf. Diese Ansätze klammern damit wichtigste - und gerade für die Praxis besonders relevante - Fragestellungen aus.

Zwei formale Probleme tauchen dabei auf.

Das erste soll betrachtet werden am Beispiel der sog. Einfachen Zinsrechnung. Der Zinssatz p % kann betrachtet werden als Entgelt für die leihweise Überlassung eines Geldbetrags, d.h. überlassen Sie Ihrer Bank ein (Anfangskapital) K_0 für ein Jahr, so wollen Sie mehr als das einbezahlte Kapital K_0 nach einem Jahr zurückhaben, nämlich Sie wollen für die Überlassung des Kapitals K_0 ein Entgelt eben in Form der Zinszahlung.

Die Zinsen Z werden berechnet als Prozentsatz auf das entliehene Geld, d.h. $Z = K_0 \cdot \frac{p}{100}$.

Damit erhalten Sie nach einem Jahr (hoffentlich) von der Bank zurück

1. das einbezahlte Kapital K_0 und

2. die Zinsen $K_0 \cdot \frac{p}{100}$,

also insgesamt (K_1 steht für den Wert Ihres Kapitals nach 1 Jahr):

$$K_1 = K_0 + K_0 \cdot \frac{p}{100} = K_0 \cdot (1 + \frac{p}{100})$$

B: Sie zahlen auf ein Festgeldkonto bei Ihrer Bank das Anfangskapital $K_0 = 500.000$ DM ein zu einem Zinssatz von $\frac{p}{100} = 10\%$ (Der Zinssatz ist gewählt aus Gründen der Rechenfreundlichkeit, nicht der Realitätsnähe). Sie erhalten also nach einem Jahr zurück

$$K_1 = 500.000 + \frac{10}{100} \cdot 500.000$$

$$= 500.000 \cdot (1+0,1) = 500.000 \cdot 1,1$$

$$= 550.000$$

Da es nach diesem Beispiel schon klar ist, daß die Größe $1+\frac{p}{100}$ eine zentrale Rolle spielen kann, wird für den Term $1+\frac{p}{100}$ der Term q verwendet, der als "Aufzinsungsfaktor" (im Beispiel ist $q = 1,1$) bezeichnet wird und das "Wachstum" des Kapitals durch die Verzinsung angibt.

Die Formel für die Einfache Verzinsung lautet damit:

$$K_1 = K_0 \cdot (1 + \frac{p}{100}) = K_0 \cdot q \quad \text{mit } q = 1 + \frac{p}{100}$$

Ein zweiter Aspekt, der eine "andere" Mathematik verlangt, ergibt sich etwa aus folgender Überlegung: Wir tätigen eine Investition, die eine betimmte Summe kostet und uns über mehrere Jahre Erträge bringt. Wir müssen also den Wert der Erträge vergleichen mit den Investitionskosten, obwohl die Kosten heute und die Erträge ja jeweils in verschiedenen Jahren anfallen.

Beide Aspekte - daß in der Ökonomie Größen auftauchen, die mit einem Faktor q multipliziert werden und daß wir in der Ökonomie Zahlungsbeträge aufsummieren müssen, die zu unterschiedlichen Zeitpunkten anfallen - können behandelt werden mit Hilfe der sog. Geometrischen Folge und der Geometrischen Reihe.

Eine "Folge" in der Mathematik ist einfach eine geordnete Folge von Zahlen $a_1, a_2, a_3, \ldots, a_n$ (n endlich). (In der Ökonomie werden wir die Indizes k natürlich als Monats-, Quartals- oder Jahresdaten interpretieren, d.h. a_k ist z.B. der Ertrag, der im Jahr k anfiel). Man nennt eine Folge "geometrisch", wenn ein Glied der Folge aus dem vorhergehenden dadurch hervorgeht, daß man den vorhergehenden Wert mit einem - konstanten - Faktor q multipliziert, d.h. $a_{k+1} = a_k \cdot q$. Somit kann man aus dem Wert für das erste Jahr $a_1 = a$ den Wert für das 2. Jahr $a_2 = a \cdot q$ und aus dem Wert des 2. Jahrs den Wert für das 3. Jahr $a_3 = a_2 \cdot q = a \cdot q \cdot q = a \cdot q^2$ usw. berechnen. Die Geometrische Folge stellt sich also wie folgt dar: $a, a \cdot q, a \cdot q^2, \ldots, a \cdot q^{n-1}$ (wenn die geometrische Folge n Glieder umfaßt). Zur Berechnung eines beliebigen Gliedes der Folge aus dem Anfangswert a mit dem Faktor q dient die Formel:

$$a_h = a \cdot q^{h-1} \qquad h = 1, \ldots, n-1$$

Das Wachstum der einzelnen Glieder der Folge ist natürlich bestimmt durch das q. Wie man zeigen kann, werden die Glieder der Folge immer größer, wenn $q > 1$ und immer kleiner, wenn $0 < q < 1$ ist. (Testen Sie das mit Hilfe des Taschenrechners für $q = ½$ und $q = 2$ und verfolgen Sie die Entwicklung ½, ¼, ... bzw. 2, 4, 8, ...).

Man spricht von einer "Geometrischen Reihe", wenn man die Glieder einer geometrischen Folge aufaddiert; der Wert der Geometrischen Reihe, die die n Glieder der geometrischen Folge zusammenfaßt, sei mit S_n bezeichnet, d.h.

$$S_n = a + a \cdot q + \ldots + a \cdot q^{n-1}$$

Um den Wert der Geometrischen Reihe zu berechnen, schreiben wir den mit dem Faktor q multiplizierten Wert der Reihe gerade darunter (fängt die Reihe S_n an mit den Gliedern $a + a \cdot q + a \cdot q^2 + \ldots$, so fängt die Reihe $q \cdot S_n$ an mit $a \cdot q + a \cdot q^2 + a \cdot q^3 + \ldots$), d.h. wir finden

$$S_n = a + a \cdot q + a \cdot q^2 + \ldots + a \cdot q^{n-1}$$

$$q \cdot S_n = \quad a \cdot q + a \cdot q^2 + \ldots + a \cdot q^{n-1} + a \cdot q^n$$

Wir subtrahieren nun die untere von der oberen Zeile und stellen (vermutlich entzückt) fest, daß die mittleren Glieder alle sich aufheben, so daß nur verbleibt:

$$S_n - q \cdot S_n = a - a \cdot q^n$$

bzw. $$S_n \cdot (1 - q) = a \cdot (1-q^n)$$

Formel: $$S_n = a \cdot \frac{1 - q^n}{1 - q}$$

Wir können für das Wachstum dieser sog. "Summenformel der endlichen Geometrischen Reihe" die Ergebnisse Ihres Taschenrechnerexperiments benützen: ist $q > 1$, wird der Wert der Geometrischen Reihe bei wachsendem n immer größer werden und für $n \to \infty$ alle Grenzen überschreiten, während für $0 < q < 1$ der Ausdruck q^n bei wachsendem n gegen Null strebt und wir erhalten damit (unter Verwendung des Limes-Zeichens, das wir früher eingeführt hatten)

Formel: $$S = \lim_{n \to \infty} S_n = a \cdot \frac{1}{1 - q} \quad \text{für } 0 < q < 1$$

Die 3 Grundaufgaben der Finanzmathematik sind nichts als Anwendungen dieser - einfachen - Formeln zu den geometrischen Folgen und Reihen.

3.2. Die Zinseszinsrechnung

Wir haben schon die einfache Zinsrechnung behandelt, bei der ein Kapitalbetrag K_0 (Anfangskapital) zum Zinssatz $\frac{p}{100}$ ein Jahr lang bei einer Bank einbezahlt war und nach einem Jahr auf den Betrag

$$K_1 = K_0 \cdot (1 + \frac{p}{100}) = K_0 \cdot q$$

angewachsen war. Würde man diesen Kapitalbetrag K_1 (d.h. Anfangskapital K_0 **und** die Zinserträge des 1. Jahres) ein weiteres Jahr bei der Bank belassen, so würde dieser Betrag anwachsen auf:

$$K_2 = K_1 \cdot (1 + \frac{p}{100}) = K_1 \cdot q = K_0 \cdot q \cdot q = K_0 \cdot q^2$$

bzw. nach n Jahren

> Grundformel: $K_n = K_0 \cdot q^n$ mit $q = 1 + \frac{p}{100}$

Wie man sieht, folgt damit das Wachstum des Kapitals durch den Zinseszins genau der Grundformel der Geometrischen Folge. In der Gleichung stehen mit K_n, K_0, q und n vier Größen; damit kann man logischerweise die Gleichung jeweils nach einer der vier Größen auflösen und erhält damit jeweils die Antwort auf eine andere ökonomische Grundfrage. Im weiteren ist aufgelistet jeweils die Formel, die ökonomische Fragestellung, ein Beispiel und eine Rechenaufgabe:

> Formel 1: $K_n = K_0 \cdot q^n$: Auf welchen Betrag wächst ein Anfangskapital K_0 an, wenn ich es für n Jahre zum Zinssatz p bei einer Bank - inklusive Zinsen - anlege?

B: Sie legen ein Kapital $K_0 = 500.000$ DM zum Zins von 10% bei einer Bank an. Nach 5 Jahren ist der Betrag angewachsen auf $K_5 = 500.000 \cdot 1{,}1^5$

(Hinweis: Sie brauchen nicht 5 mal 1,1 mit sich selbst multiplizieren. Auf Ihrem Taschenrechner finden Sie eine x^y -Taste, d.h. Sie drücken 1.1 - x^y - 5 = ... x 500.000 = 805.255).

R: Sie legen ein Kapital von 20.000 DM für n = 10 Jahre zum Zins $p = \frac{4{,}5}{100}$ an.

$K_{10} = \ldots$ (31.060 DM)

> Formel 2: $K_0 = \frac{K_n}{q^n}$: Dies ist die sog. Barwertformel. Sie gibt an, was ein Geldbetrag, der erst nach n Jahren fällig wird, heute wert ist. So wie q^n als "Aufzinsungsfaktor" bezeichnet wird, wird $\frac{1}{q^n}$ als "Abzinsungsfaktor" bezeichnet.

B: Ihre Oma (in guten Verhältnissen lebend) übergibt Ihnen eine notariell beglaubigte Schenkungsurkunde, nach der Sie in 5 Jahren 100.000 DM erhalten. Sie wollen nicht warten, sondern brauchen das Geld jetzt und "verkaufen" die Schenkungsurkunde Ihrer Bank. Diese berechnet Ihnen unfreundliche 10% Sollzinsen und diskontiert ab auf $K_0 = \frac{100.000 DM}{1{,}1^5} = 62.092$ DM.

R: Eine in 2 Jahren fällige Schuld von 10.000 DM wird heute zurückbezahlt. Bei einem Zins von 5% ergibt sich ein Rückzahlungsbetrag von: ... (9070 DM)

> Formel 3: $q = \sqrt[n]{\frac{K_n}{K_0}}$: Sie zahlen K_0 ein und erhalten nach n Jahren K_n und wollen wissen, welcher Verzinsung das entspricht.

B: Sie geben einem Freund 5.000 DM und erhalten nach 5 Jahren 6.000 DM zurück. Sie setzen in die Formel ein

$q = \sqrt[5]{\frac{6.000}{5.000}} = \sqrt[5]{1{,}2} = 1.037$, d.h. er hat Ihnen einen Zins von 3,7% bezahlt. (Hinweis: Um die fünfte Wurzel zu berechnen, müssen Sie bei den meisten gebräuchlichen Taschenrechnern die $x^{1/y}$ - Taste mit Hilfe der inv- oder shift-Taste drücken, d.h. für das Beispiel drücken Sie 6000 : 5000 = ... shift $x^{1/y}$ 5 =)

R: Zero-Bonds sind über die Laufzeit abgezinste Wertpapiere. Welcher Verzinsung entspräche es, wenn Sie für das Papier bei einer Laufzeit von 10 Jahren 50% des Nennwerts zu zahlen hätten?

p = ... (7,2%)

Formel 4: $n = \frac{\log K_n - \log K_0}{\log q}$: Sie legen das Kapital K_0 bei der Bank zum Zinsfaktor q an und wollen das Kapital K_n ansparen; die Formel beantwortet Ihnen die Frage, wie lange Sie warten müssen.

B: Sie haben 10.000 DM und wollen Millionär werden; Ihre Bank gewährt Ihnen 4% Zinsen. (Vielleicht ist Ihnen das Zeichen "log" unbekannt - sollte es aber nicht, es wurde kurz in Kap. 1. behandelt. An dieser Stelle ist es für Sie einfach eine Taste am Taschenrechner).

$$n = \frac{\log 1.000.000 - \log 10.000}{\log 1{,}04} = 117 \text{ Jahre!}$$

(Sie drücken 1.000.000/log/=/ - 10000/log/=/:/1.04/log/=)

3.3. Rentenrechnung

Das Wort "Rente" bezeichnet eine regelmäßige, konstante, in gleichen Zeitabständen erfolgende Zahlung bzw. Leistung (z.B. Einzahlungen zur Lebensversicherung oder Bausparkasse). Erfolgt die Zahlung jeweils am 1.1. eines Jahres, so spricht man von "vorschüssiger" Rente (oder "praenumerando") und erfolgt die Zahlung jeweils zum 31.12. des Jahres, so nennt man dies "nachschüssig" (oder "postnumerando"). Die zentrale Frage lautet damit, wie groß der Wert der Leistung ist, wenn während n Jahren jährlich die Summe r bei der Lebensversicherung/Bausparkasse etc. einbezahlt wurde und ein Zinssatz $\frac{p}{100}$ (wir werden wieder mit dem Zinsfaktor q arbeiten) vereinbart wurde. Der sog. "Rentenendwert" wird natürlich davon beeinflußt sein, ob wir prae- oder postnumerando einzahlen, wird doch jede einbezahlte Rente r bei der Zahlung praenumerando ein Jahr länger verzinst.

Es ergibt sich als Wert der Zahlungsreihe:

Jahre	1	2	...	n	Rentenendwert
praenumerando	$r \cdot q^n$	$+ r \cdot q^{n-1}$	$+ \ldots$	$+ r \cdot q =$	s_n
postnumerando	$r \cdot q^{n-1}$	$+ r \cdot q^{n-2}$	$+ \ldots$	$+ r =$	s_n'

Wie man sieht, taucht hier die sog. "Geometrische Reihe" auf, sodaß wir das Ergebnis aus 3.1. zur Berechnung des Werts der Summe verwenden können, und es ergibt sich damit:

	Rentenendwert vorschüssig	Rentenendwert nachschüssig
Formel 1	$s_n = r \cdot q \cdot \frac{q^n - 1}{q - 1}$	$s_n' = r \cdot \frac{q^n - 1}{q - 1}$

Diese "Rentenendwerte" stellen also den Wert der Rentenzahlung nach n Jahren dar. Will man - etwa weil man die Rente beleihen will - wissen, wie hoch der Wert dieser Rentenzahlungsreihe **heute** ist, so berechnet man durch Abzinsung den "Barwert" durch

Formel 2 $B = \frac{r \cdot q}{q^n} \cdot \frac{q^n - 1}{q - 1}$ $\qquad B' = \frac{r}{q^n} \cdot \frac{q^n - 1}{q - 1}$

(Hinweis: in älteren Büchern oder in Ihrer Bank finden Sie noch Tafeln für die $\frac{q^n - 1}{q - 1}$ - Werte - durch Betätigung einiger Tasten des Taschenrechners sind die Tafeln heute überflüssig). In der Rentenendwertformel sind wiederum vier Größen (s_n bzw. s_n', r, q und n) enthalten, d.h. die Auflösung nach jeweils einer anderen Größe beantwortet jeweils eine andere ökonomische Frage.

Die Auflösung nach r beantwortet die Frage, wie hoch die jährlichen Einzahlungen sein müssen, wenn der Zeitraum n, die Verzinsung q und der Rentenendwert (die Summe, über die man z.B. eine Lebensversicherung abschließt) feststeht.

Formel 3 $r = \frac{s_n}{q} \cdot \frac{q - 1}{q^n - 1}$ $\qquad r = s_n' \cdot \frac{q - 1}{q^n - 1}$

Die Auflösung nach n beantwortet die Frage, wie lang man warten muß, wenn man eine bestimmte Summe (s_n') bei gegebenem Zinsfaktor q ansparen will.

Formel 4: $n = \frac{\log\left\{\frac{s_n}{r \cdot q} \cdot (q-1) + 1\right\}}{\log q}$ $\qquad n = \frac{\log\left\{\frac{s_n}{r} \cdot (q-1) + 1\right\}}{\log q}$

Leider gibt es keine Möglichkeit, die Rentenendwertformel nach q in "geschlossener Form", d.h. so aufzulösen, daß sich dabei eine Formel ergibt. Tatsächlich ist das mathematische Problem so geschaffen, daß man sich über Näherungsverfahren "herantasten" muß (oder - noch einfacher - man gibt dies Problem einem Mathematiker!). Das ist vor allem darum schade, als damit die Frage nach dem sog. "Internen Zinsfuß" nicht einfach zu lösen ist - wir werden dies bei Beispiel B 2 sehen.

B1: Sie planen, eine Lebensversicherung mit einem Auszahlungswert (Rentenendwert) von 250.000 DM abzuschließen, die Laufzeit sei n = 30 Jahre und der Zins sei 4%. Bei diesen Konditionen müßten Sie bei Zahlung praenumerando zahlen (Formel 3)

$$r = \frac{250.000}{1{,}04} \cdot \frac{1{,}04 - 1}{1{,}04^{30} - 1} = 4.286 \text{ DM}$$

Sie stellen fest, daß Sie pro Jahr das Doppelte zahlen könnten, d.h. r = 8.600 DM für Sie zahlbar wären, dann könnten Sie die Laufzeit reduzieren auf (Formel 4)

$$n = \frac{\log\left\{\frac{250.000}{8.600 \cdot 1{,}04} \cdot 0{,}04 + 1\right\}}{\log 1{,}04} = 20$$

d.h. Sie können die Laufzeit auf 20 Jahre verkürzen.

B2: Sie können eine Investition tätigen, die Sie in der Anschaffung 500.000 DM kostet. Mit dieser Maschine können Sie während der nächsten 5 Jahre Ihren Ertrag um jährlich 131.900 DM erhöhen (dann fällt diese Maschine zusammen). Der Wert dieser Ertragsreihe - 5 Jahre lang jährlich am Jahresende 131.900 DM - ergibt sich nach Formel 1 zu (wir nehmen einen Zins von 10% an):

$$s_n' = 131.900 \cdot \frac{1{,}1^5 - 1}{1{,}1 - 1} = 805.263 \text{ DM}$$

Barwert nach Formel 2 zu $B' = \frac{805.263}{1{,}1^5} = 500.000$ DM

D.h. - wir folgten hier einer höheren Eingebung - wir haben mit einem Zins von 10% "zufällig" den Zinssatz gewählt, der den Barwert des Ertrags der Investition gleich den Investitionskosten macht; diesen Zins nennt man den "Internen Zinsfuß" d.h. er gibt an, wie "rentierlich" die Anlage in unserem eigenen Unternehmen ist.

R: Sie können aus der Portokasse eine Maschine für 1 Mio erwerben, die Ihnen einen jährlichen Nettogewinn von 182.000 DM über 5 Jahre abwirft, nach dieser Zeit können Sie diese Maschine zu einem Wiederverkaufswert von 500.000 DM veräußern. Ein Ihnen verbundener Bankier empfiehlt Ihnen stattdessen die Anlage als Festgeld in Luxemburg zu 10%. Wie entscheiden Sie sich? (Es kommt bei beiden Anlagemöglichkeiten etwa 1.611.000 DM heraus).

3.4. Tilgungsrechnung

Bei der Tilgungsrechnung soll eine Schuld nicht einmalig, sondern in Teilbeträgen, in "Raten" zurückbezahlt werden. Darüber hinaus wollen erstaunlicherweise die meisten Kreditgeber nicht nur, daß der Kredit getilgt wird, sondern daß der Kreditnehmer auch noch Zinsen auf den noch nicht getilgten Teil des Kapitals bezahlt, d.h. auf die Restschuld. Die Gesamtbelastung des Kreditnehmers wird als "Annuität" bezeichnet. Damit ergibt sich folgende Grundgleichung.

$$\text{Annuität } A = \text{Zinslast } Z + \text{Tilgung } T$$

Wir unterscheiden 2 Tilgungsformeln:

1. **Ratentilgung**

   Bei dieser Tilgungsform wird das aufgenommene Kapital K_0 in n Jahren in jährlich gleichhohen Tilgungsraten $T = K_0 / n$ zurückbezahlt. Die grundlegende Logik ist so einfach, daß man hierfür keine Formeln braucht, sondern ein Beispiel vorführt und zwar anhand eines sog. "Finanzplans".

   Ein Kredit von 50.000 DM soll in 5 Jahren zurückbezahlt werden bei einem Zins von 10%

Finanzplan Ratentilgung

Jahr	Kreditkonto	T	Z	A
1	50.000	10.000	5.000	15.000
2	40.000	10.000	4.000	14.000
3	30.000	10.000	3.000	13.000
4	20.000	10.000	2.000	12.000
5	10.000	10.000	1.000	11.000

Das "Problematische" an dieser Tilgungsform ergibt sich aus der Annuitätenspalte: Die Belastung des Kreditnehmers ist genau zu dem Zeitpunkt am höchsten, wo er eh gezwungen war, einen Kredit aufzunehmen. Deshalb wird die Bank bei Kleinkrediten oder Hypothekendarlehen die 2. Form, die

2. **Annuitätentilgung** anbieten, bei der jetzt die Gesamtbelastung, d.h. die Annuität konstant bleibt. Der Kreditnehmer zahlt also über n Jahre jährlich den Betrag A, so daß (Rentenendwertformel) er den Betrag $A \cdot \frac{q^n - 1}{q - 1}$ aufgebracht hat, während die Bank (Zinseszinsformel) den Betrag $K_0 \cdot q^n$ nach den n Jahren zurückhaben will. Setzt man diese beiden Ausdrücke gleich und löst nach A auf, erhält man die sogenannte

Annuitätenformel: $A = K_0 \cdot q^n \cdot \frac{q - 1}{q^n - 1}$

B: bei den Werten aus dem Beispiel oben ($K_0 = 50.000$, $q = 1{,}1$, $n = 5$) ergibt sich

$$A = 50.000 \cdot 1{,}1^5 \cdot \frac{1{,}1 - 1}{1{,}1^5 - 1} = 13.190 \text{ DM}$$

d.h. jetzt müßte der Kreditnehmer 5 Jahre lang jeweils 13.190 DM abbuchen lassen.

4. Anhang

4.1. Das Rechnen mit Klammern

Werden Zahlen (Variable, Parameter) in "länglichen" Ausdrücken durch die Zeichen der 4 Grundrechnungsarten (+, -, ·, :) miteinander verbunden, so gilt die zentrale

Regel 1: " Punktrechnung geht vor Strichrechnung"

also $4 + 6 \cdot 2 - 8 : 4 = 4 + 12 - 2 = 14$

Regel 2: "Wird zu einer Zahl eine Summe addiert, die in einer Klammer zusammengefaßt ist, so kann man die Klammer weglassen"

A: $a + (b - d) = a + b - d$

B: $2 + (4 - 3) = 2 + 4 - 3 = 3$

R: $4 + (8 - 2 + 4) =$ (14)

Regel 3: "Wird von einer Zahl eine Summe subtrahiert, die in einer Klammer zusammengefaßt ist, so kann man die Klammer weglassen, nachdem man die Vorzeichen **in der Klammer** umgekehrt hat."

A: $a - (b - d) = a - b + d$

B: $2 - (4 - 3) = 2 - 4 + 3 = 1$

Regel 4: "Eine Summe, die in einer Klammer zusammengefaßt ist, wird mit einer Zahl multipliziert (wird durch eine Zahl dividiert), indem man jede Zahl in der Klammer mit dieser Zahl multipliziert (durch diese Zahl dividiert) und die Klammer wegläßt."

A1: $a \cdot (b + d) = a \cdot b + a \cdot d$

B1: $2 \cdot (2 + 3) = 2 \cdot 2 + 2 \cdot 3 = 10$

R1: $3 \cdot (5 + 2 - 1) = \dots$ (18)

A2: $(b + d) : a = b : a + d : a$

B2: $(2 + 4) : 2 = 2 : 2 + 4 : 2 = 1 + 2 = 3$

R3: $(18 - 12 + 6) : 3 = \dots$ (4)

Regel 5: "Wenn man Regel 4 in der umgekehrten Richtung liest, so erhält man die entsprechende Regel für das Ausklammern."

A: $a \cdot b + a \cdot d = a \cdot (b + d)$

B: $4 + 6 = 2 \cdot 2 + 2 \cdot 3 = 2 \cdot (2 + 3) = 2 \cdot 5 = 10$

R: Klammere die Zahl 4 aus in dem Ausdruck

$16 + 20 + 12 = \dots$ $(4 \cdot 12)$

Regel 6: "Zwei Klammern werden miteinander multipliziert, indem man jede Zahl der einen mit jeder Zahl der andern Klammer multipliziert und die Teilergebnisse addiert."

A: $(a + b) \cdot (c + d) = a \cdot c + b \cdot c + a \cdot d + b \cdot d$

B: $(2 + 3) \cdot (3 - 1) = 2 \cdot 3 + 3 \cdot 3 - 1 \cdot 2 - 1 \cdot 3 = 10$

R: $(a + b) \cdot (a - b) = \ldots$ $(a^2 - b^2)$

4.2. Das Rechnen mit Brüchen

Ein "Bruch" ist ein Quotient zweier ganzer Zahlen, d.h. ein Ausdruck von der Form A: $\frac{a}{b}$ (Bsp.: $\frac{2}{3}$)

> **Regel 1:** "Der Wert eines Bruches ändert sich nicht, wenn man Zähler **und** Nenner mit derselben Zahl multipliziert (durch dieselbe Zahl dividiert)."

A: $\frac{a}{b} = \frac{a \cdot c}{b \cdot c} = \frac{a/d}{b/d}$

B: $\frac{4}{6} = \frac{4 \cdot 4}{6 \cdot 4} = \frac{4/2}{6/2}$

> **Definition 1:** Multipliziert man Zähler und Nenner mit einer Zahl, heißt das "Erweitern".
>
> (Im obigen Beispiel: $\frac{4}{6} = \frac{4 \cdot 4}{6 \cdot 4} = \frac{16}{24}$)
>
> Kürzt man Zähler und Nenner durch eine Zahl, nennt man das "Kürzen".
>
> (Im obigen Beispiel: $\frac{4}{6} = \frac{4/2}{6/2} = \frac{2}{3}$).

Zum Erweitern und zum Kürzen von Brüchen sind zwei Begriffe nützlich:

> **Definition 2:** Der "größte gemeinsame Teiler (ggT)" ist die größte ganze Zahl, die man findet, um Zähler und Nenner zu kürzen.

B: $\frac{4}{6} = \frac{4/2}{6/2} = \frac{2}{3}$

R: Suche den ggT von $\frac{18}{24}$ ... (6)

Beim Erweitern taucht nicht die Suche nach einem größten Faktor auf (man kann ja Zähler und Nenner mit einer beliebig großen Zahl multiplizieren), sondern umgekehrt sucht man nach einer kleinsten Zahl und zwar in der folgenden Fragestellung: man hat zwei Brüche und will durch die Multiplikation mit einer Zahl (also durch Erweitern) dafür sorgen, daß beide Brüche denselben Wert im Nenner haben (man nennt das "gleichnamig machen").

A: Die beiden Brüche seien $\frac{a}{b}$ und $\frac{c}{d}$. Erweitert man den ersten Bruch mit d, erhält man $\frac{a}{b} = \frac{a \cdot d}{b \cdot d}$ und erweitert man den zweiten Bruch mit b, so erhält man $\frac{c}{d} = \frac{c \cdot b}{d \cdot b}$ und es ergibt sich damit, daß $\frac{a \cdot d}{b \cdot d}$ und $\frac{c \cdot b}{d \cdot b}$ dieselben Nenner haben, d.h. gleichnamig sind.

B: Seien die beiden Brüche $\frac{1}{3}$ und $\frac{3}{2}$ gegeben.

$\frac{1}{3} = \frac{1 \cdot 2}{3 \cdot 2} = \frac{2}{6}$ und $\frac{3}{2} = \frac{3 \cdot 3}{2 \cdot 3} = \frac{9}{6}$

$\frac{1}{3}$ und $\frac{3}{2}$ haben verschiedene Nenner, aber $\frac{2}{6}$ und $\frac{9}{6}$ sind gleichnamig. Daraus folgt:

Definition 3:	Das "kleinste gemeinsame Vielfache (kgV) ist die kleinste Zahl als gemeinsamer Nenner zweier gleichnamig gemachter Brüche. (Im obigen Beispiel: 6 ist das kgV von 2 und 3 - es gibt keine kleinere Zahl als gemeinsamer Nenner der Brüche $\frac{1}{3}$ und $\frac{3}{2}$)

R: Suche das kgV und mache die beiden Brüche $\frac{5}{6}$ und $\frac{4}{15}$ gleichnamig ... (kgV = 30).

Nach diesen Vorbereitungen ergeben sich die restlichen Rechenregeln wie folgt:

Regel 2:	"Gleichnamige Brüche werden addiert, indem man die Zähler addiert und den Nenner beibehält."

A: $\frac{a}{b} + \frac{c}{b} = \frac{a+c}{b}$

B: $\frac{1}{5} + \frac{2}{5} = \frac{3}{5}$

Regel 3:	"Ungleichnamige Brüche können nur addiert werden, indem man sie vorher gleichnamig gemacht hat und dann obige Regel anwendet."

A: $\frac{a}{b} + \frac{c}{d} = \frac{a \cdot d}{b \cdot d} + \frac{c \cdot d}{b \cdot d} = \frac{a \cdot d + c \cdot d}{b \cdot d}$

B: $\frac{1}{3} + \frac{3}{2} = \frac{1 \cdot 2}{3 \cdot 2} + \frac{3 \cdot 3}{2 \cdot 3} = \frac{2}{6} + \frac{9}{6} = \frac{11}{6}$

R: $\frac{1}{4} + \frac{5}{6} = \ldots$ $\left(\frac{13}{12}\right)$

Regel 4:	"Zwei Brüche werden multipliziert, indem man Zähler mit Zähler und Nenner mit Nenner multipliziert."

A: $\frac{a}{b} \cdot \frac{c}{d} = \frac{a \cdot c}{b \cdot d}$

B: $\frac{2}{3} \cdot \frac{5}{6} = \frac{2 \cdot 5}{3 \cdot 6} = \frac{10}{18} = \frac{5}{9}$

R: $\frac{4}{3} \cdot \frac{7}{12} = \ldots$ $\left(\frac{7}{9}\right)$

Regel 5:	"Durch einen Bruch wird dividiert, indem man mit dem Kehrwert multipliziert."

A: $\frac{a}{b/c} = a \cdot \frac{c}{b} = \frac{a \cdot c}{b}$

B: $\frac{1/3}{2/5} = \frac{1}{3} \cdot \frac{5}{2} = \frac{5}{6}$

R: $\frac{3/8}{3/4} = \ldots$ $\left(\frac{1}{2}\right)$

4.3. Das Rechnen mit Potenzen und Wurzeln

"Potenzrechnen" ist nichts anderes als ein Rechnen mit (speziellen) Produkten in "Kürzelform" (so wie Steno eine Kürzelform des Schreibens in der Normalsprache ist).

Die Definition dieses Kürzels (wobei n = 1, 2, 3, ... eine natürliche Zahl symbolisiert) ist gegeben durch

A: $a^n = a \cdot a \cdot a \cdot \ldots \cdot a$ (a wird n-mal mit sich selbst multipliziert)

B: $2^5 = 2 \cdot 2 \cdot 2 \cdot 2 \cdot 2 = 32$

R: $3^4 = \ldots$ (81)

Die Regeln für das Potenzrechnen ergeben sich im Wesentlichen aus der Definition bzw. sind logische Ergänzungen

Regel 1:	A: $a^0 = 1$
	B: $2^0 = 1$

Regel 2:	A: $a^1 = a$

B: $2^1 = 2$

Regel 3: A: $a^n \cdot a^m = a^{n+m}$

B: $2^3 \cdot 2^5 = (2 \cdot 2 \cdot 2 \cdot 2 \cdot 2 \cdot 2 \cdot 2 \cdot 2) = 2^8 = 256$

R: $3^2 \cdot 3^3 = \ldots$ (243)

Regel 4: A: $a^{-n} = \frac{1}{a^n}$

B: $2^{-3} = \frac{1}{2^3} = \frac{1}{8}$

Regel 5: A: $\frac{a^n}{a^m} = a^{n-m}$

B: $\frac{2^8}{2^5} = 2^{8-5}$

R: $\frac{3^5}{3^3} = \ldots$ (9)

Regel 6: A: $a^n \cdot b^n = (a \cdot b)^n$

B: $2^3 \cdot 3^3 = 2 \cdot 2 \cdot 2 \cdot 3 \cdot 3 \cdot 3$

$= 2 \cdot 3 \cdot 2 \cdot 3 \cdot 2 \cdot 3 = (2 \cdot 3)^3 = 6^3 = 216$

R: $3^2 \cdot 4^2 = \ldots$ (144)

Regel 7: A: $\frac{a^n}{b^n} = \left(\frac{a}{b}\right)^n$

B: $\frac{2^4}{4^4} = \frac{2 \cdot 2 \cdot 2 \cdot 2}{4 \cdot 4 \cdot 4 \cdot 4} = \left(\frac{2}{4}\right)^4 = \left(\frac{1}{2}\right)^4 = \frac{1}{16}$

R: $\frac{2^3}{6^3} = \ldots$ $\left(\frac{1}{27}\right)$

"Wurzeln" können aufgefaßt werden als Potenzen mit "gebrochenen" Exponenten, d.h.

Definition 4: **A:** $\sqrt[n]{a} = a^{1/n}$

B: $\sqrt{4} = 4^{1/2} = 2$

Sie entsprechen der Umkehrung der Aufgabenstellung beim Potenzieren.

Suche ich bei der Aufgabe $2^3 = a$ (natürlich ist $a = 8$) die Zahl, die sich ergibt, wenn ich 2 dreimal mit sich selbst multipliziere, so suche ich bei der Wurzel-Aufgabe $a^3 = 8$ die Zahl, die ich dreimal mit sich selbst multiplizieren muß, um 8 zu erhalten (aus der Aufgabe oben ergibt sich natürlich, daß $a = 2$ sein muß), d.h. $\sqrt[3]{8} = 8^{1/3} = 2$.

Es gibt auch Potenzen mit gebrochenen Exponenten (Hochzahlen), d.h. Ausdrücke von der Form $a^{m/n}$. Man versteht defintionsgemäß darunter folgendes: die Größe a muß in die m-te Potenz gesetzt werden und dann muß die n-te Wurzel daraus gezogen werden.

B: $3^{4/2} = (3^4)^{1/2} = 81^{1/2} = 9$

R: $2^{3/2} = \ldots$ $(\sqrt{8})$

4.4. Binomische Formeln und Quadratische Ergänzung

Die sogenannten binomischen Formeln sind einerseits eine Anwendung der Multiplikation von Summen (vgl. 4.1.), andererseits werden diese Formeln benötigt für die Lösung quadratischer Gleichungen. Binome sind Ausdrücke der Form a + b bzw. a - b. Es gibt 3 Formeln:

$$(a+b)^2 = (a+b)\cdot(a+b) = a^2 + a\cdot b + b\cdot a + b^2 = a^2 + 2\cdot a\cdot b + b^2$$

$$(a-b)^2 = (a-b)\cdot(a-b) = a^2 - a\cdot b - b\cdot a + b^2 = a^2 - 2\cdot a\cdot b + b^2$$

$$(a+b)\cdot(a-b) = a^2 + a\cdot b - a\cdot b - b^2 = a^2 - b^2$$

Man kann damit sogar "große" Quadrate ohne Taschenrechner berechnen!

B: $1002^2 = (1000 + 2)^2 = 1000^2 + 2 \cdot 1000 \cdot 2 + 2^2$

$= 1.000.000 + 4.000 + 4 = 1.004.004$

B: $998^2 = (1000 - 2)^2 = 1000^2 - 2 \cdot 1000 \cdot 2 + 2^2$

$= 1.000.000 - 4000 + 4 = 996.004$

B: $(2 \cdot x + 4 \cdot y) \cdot (2 \cdot x - 4 \cdot y) = 4 \cdot x^2 - 16 \cdot y^2$

R: $(105)^2 = \ldots$ (11.025)

R: $(95)^2 = \ldots$ (9.025)

R: $(3 \cdot a + 5 \cdot b) \cdot (3 \cdot a - 5 \cdot b) = \ldots$ $(9 \cdot a^2 - 25 \cdot b^2)$

Wichtig - für das Lösen quadratischer Gleichungen - ist der Begriff der "Quadratischen Ergänzung". Es geht dabei darum, daß man einen - gegebenen - Ausdruck gerne in der Form $(a + b)^2$ oder $(a - b)^2$ schreiben würde, daß einem aber dazu "etwas fehlt" und das, was man dann hinzufügen muß, nennt man eben quadratische Ergänzung, weil sie das ganze zu einem Quadrat "ausfüllt", "ergänzt". Die Logik ergibt sich am einfachsten aus einem Beispiel.

B: Sei gegeben der Ausdruck $x^2 + 2 \cdot x \cdot y$, den ich gerne in die Form $(x + ?)^2$ umwandeln würde.

Von der Binomform weiß ich, daß gilt:

$a^2 + 2 \cdot a \cdot b + b^2 = (a + b)^2$

Ich habe:

$x^2 + 2 \cdot x \cdot y = (x + ?)^2 + ?$

Die Ergänzung ist klar, ich muß den gegebenen Ausdruck ergänzen um y^2; andererseits darf ich nicht einfach etwas hinzufügen, denn dann verändere ich ja den Wert des Ausdrucks. Wir wenden folgenden "Trick" an:

$x^2 + 2 \cdot x \cdot y + y^2 - y^2 = (x + y)^2 - y^2$

D.h. die quadratische Ergänzung $+ y^2$ habe ich gleich wieder abgezogen, damit den Wert des Ausdrucks nicht verändert, aber ich kann gleichzeitig einen Binom "erschaffen".

B: Finde die quadratische Ergänzung zu dem Term

$25 \cdot u^2 + 50 \cdot u \cdot v$

$a^2 + 2 \cdot a \cdot b + b^2 \quad = \quad (a + b)^2$

$25 \cdot u^2 + 50 \cdot u \cdot v \quad = \quad (\qquad)^2 + \ldots$

Da $a^2 = 25 \cdot u^2$ ist, ist $a = 5 \cdot u$

Da $2 \cdot a \cdot b = 50\, u \cdot v$, d.h. $2 \cdot 5 \cdot u \cdot 6 = 50\, u \cdot v$ ist, muß $b = 5 \cdot v$ sein, d.h. die quadratische Ergänzung ist $25 \cdot v^2$ und wir erhalten

$25 \cdot u^2 + 50 \cdot u \cdot v + 25 \cdot v^2 - 25 \cdot v^2 = (5 \cdot u + 5 \cdot v)^2 - 25 \cdot v^2$

R: Finde die quadratische Ergänzung zu dem Term

$16\, x^2 + 24\, xy$ ($9\, y^2$)

4.5. Quadratische Gleichungen

Eine "quadratische Gleichung" ist eine Gleichung, bei der die Unbekannte, deren Wert ich bestimmen will, in der zweiten Potenz auftaucht. Im allgemeinen Fall lautet die Gleichung also:

$$a \cdot x^2 + b \cdot x + c = 0$$

und wir wollen den Wert der Unbekannten x wissen. Wir können die Gleichung natürlich von vornherein durch a dividieren, so daß vor dem x^2 eine 1 steht, also

A: $a \cdot x^2 + b \cdot x + c = 0 \qquad |:a$

$\frac{a}{a} \cdot x^2 + \frac{b}{a} \cdot x + \frac{c}{a} = 0$

$x^2 + p \cdot x + q = 0 \qquad$ mit $p = \frac{b}{a}$ und $q = \frac{c}{a}$

B: $2 \cdot x^2 + 16 \cdot x + 24 = 0 \quad |:2$

$x^2 + 8 \cdot x + 12 = 0$

Die Form der Quadratischen Gleichung $x^2 + p \cdot x + q = 0$ nennen wir die "Normalform der quadratischen Gleichung", von der wir im weiteren immer ausgehen (Also: immer zuerst durch das a dividieren!).

Wir können hierbei 3 Fälle unterscheiden:

1) $p = 0$: unsere Gleichung lautet also $x^2 + q = 0$. Man nennt diese Gleichungsform auch eine rein-quadratische Gleichung.

   Die Behandlung dieser Gleichung ist einfach, allerdings gibt es nicht immer eine Lösung. Wir behandeln das Problem zunächst ganz formal, die Schritte sind jeweils klar:

   A: $x^2 + q = 0$

   $x^2 = -q$

   $x = \pm \sqrt{-q}$

   Nun kommt es darauf an: ist der Ausdruck unter dem $\sqrt{\ }$ - Zeichen positiv, erhalten wir 2 Lösungen, ist der Ausdruck negativ, gibt es **keine** Lösung unserer Gleichung.

   B: $x^2 - 4 = 0$ d.h. $x^2 = 4$ d.h. $x = 2$ oder $x = -2$

   B: $x^2 + 4 = 0$ d.h. $x^2 = -4$ d.h. keine Lösung

2) $q = 0$ d.h. $x^2 + p \cdot x = 0$

   Die Behandlung dieser Gleichung ist einfach und diese Gleichung hat immer 2 Lösungen. Um die Gleichung zu lösen, klammern wir x aus und erhalten

   $x^2 + p \cdot x = 0$ d.h. $x \cdot (x + p) = 0$

   Die Gleichung hat die Form eines Produkts angenommen und ein Produkt ist dann Null, wenn einer der Faktoren Null ist, d.h.

A: $x^2 + p \cdot x = 0$

$x \cdot (x + p) = 0$

hat die Lösungen $x = 0$ und $x = -p$

B: $4 \cdot x^2 + 16 \cdot x = 0$ $\quad |:4$

$x^2 + 4 \cdot x = 0$

$x \cdot (x + 4) = 0$ d.h. 2 Lösungen $x = 0$ und $x = -4$ (Probe!)

R: $9 \cdot x^2 - 81 \cdot x = 0$ $\quad (x = 0$ und $x = 9)$

3) $x^2 + p \cdot x + q = 0$ d.h. p und q sind beide von Null verschieden. Wir wenden jetzt den "Trick" mit der quadratischen Ergänzung aus 4.4. an, um einen binomischen Ausdruck zu schaffen (vorher 4.4. nachlesen!)

$a^2 + 2a \cdot b + b^2$

$x^2 + p \cdot x + q = 0$

Wenn x^2 dem a^2 entspricht (d.h. x dem a), dann muß $2 \cdot a \cdot b$ dem $p \cdot x$ entsprechen, d.h. $2 \cdot x \cdot b = p \cdot x$ d.h. $b = ½ \cdot p$ sein. Damit haben wir die quadratische Ergänzung $(½ \cdot p)^2 = \frac{p^2}{4}$, mit der wir die Gleichung ergänzen:

A: $x^2 + p \cdot x + q = 0$

$$x^2 + p \cdot x + \frac{p^2}{4} - \frac{p^2}{4} + q = 0$$

$$x^2 + \left(\frac{p}{2}\right)^2 - \frac{p^2}{4} + q = 0$$

Wir bringen den Term rechts vom Binom auf die andere Seite und erhalten

$$\left(x + \frac{p}{2}\right)^2 = \frac{p^2}{4} - q$$

Wir ziehen die Wurzel und beachten auf der rechten Seite - vgl. 1 - daß wir 2 Werte beim Wurzelziehen bekommen (können):

$$x + \frac{p}{2} = \pm \sqrt{\frac{p^2}{4} - q}$$

Das Wurzelziehen auf der linken Seite (beim Binom) ist unproblematisch, auf der rechten Seite bekommen wir 2 Lösungen, sofern $\frac{p^2}{4} - q > 0$ ist bzw. keine Lösung, wenn $\frac{p^2}{4} - q < 0$ ist.

> Die quadratische Gleichung $x^2 + p \cdot x + q = 0$ hat entweder
>
> 2 Lösungen $x = -\frac{p}{2} + \sqrt{\frac{p^2}{4} - q}$ und $x = -\frac{p}{2} - \sqrt{\frac{p^2}{4} - q}$
>
> oder eine Lösung $x = -\frac{p}{2}$ wenn $\frac{p^2}{4} - q = 0$ oder keine
>
> Lösung, wenn $\frac{p^2}{4} - q < 0$ ist.

B: $x^2 + 8 \cdot x + 12 = 0$

Wir setzen in die Formel ein (hier ist $p = 8$ und $q = 12$) und erhalten

$x = -\frac{8}{2} + \sqrt{\frac{64}{4} - 12}$ und $x = -\frac{8}{2} - \sqrt{\frac{64}{4} - 12}$

d.h.

$x = -4 + \sqrt{4}$ und $x = -4 - \sqrt{4}$

d.h.

$x = -2$ und $x = -6$

R: Zeige, daß die Gleichung $x^2 - 4 \cdot x + 3 = 0$ zwei Lösungen hat ($x = 3$ und $x = 1$), daß die Gleichung $x^2 - 4 \cdot x + 4$ eine Lösung hat ($x = 2$) und daß die Gleichung $x^2 - 4 + 5 = 0$ keine Lösung hat.

TEIL II

Ausgewählte Methoden der Statistik

von

Dietrich Lüdeke

0. Einleitung

"Es gibt drei Arten von Lügen: Die gewöhnliche Lüge, die infame Lüge und die Statistik."

Benjamin Disraeli, Britischer Premierminister (1868, 1874-1880)

"Traue keiner Statistik, die du nicht selbst gefälscht hast."

Winston S. Churchill, Britischer Premierminister (1940-1945, 1951-1956)

Beide sarkastischen Aussprüche beruhen sicherlich auf enttäuschenden Erfahrungen mit der Statistik. Und wer von den Leserinnen und Lesern des folgenden Beitrages hat nicht auch schon einmal Probleme mit statistischen Ergebnissen gehabt. Aber ist dafür wirklich die Statistik, d.h. die statistische Methodik die Schuldige oder sitzt der Schuldige im Verborgenen? In der Tat ist der Schuldige immer der Anwender statistischer Verfahren, wenn er sie entweder unbewußt falsch anwendet oder sie sogar bewußt mißbraucht, um für seine Zwecke genehme Ergebnisse zu erlangen, und damit die Statistik in Verruf bringt. Hier kann die Palette von der kleinen bis zur großen Lüge reichen. Die Statistik selbst bleibt darüber erhaben. Um mit ihren Methoden aussagekräftige Ergebnisse zu erlangen, ist es erforderlich, daß die Anwender die Verfahren entsprechend ihren Voraussetzungen anwenden. Die Vermittlung des hierfür notwendigen Wissens ist mit ein Hauptziel des folgenden Beitrags.

Im heutigen Zeitalter der Massen von Informationen, die auf die Unternehmen und ihre Betriebe einwirken und die dort auszuwerten sind, haben neben den Verfahren der elektronischen Datenverarbeitung (EDV) insbesondere die Analysemethoden der Statistik mehr denn je große Bedeutung erlangt. Umso erforderlicher ist es, daß sich die in der Wirtschaft und in der öffentlichen Verwaltung Tätigen während ihrer weiterführenden Ausbildung mit diesen Methoden vertraut machen. Hierzu soll die folgende Abhandlung dienen. Der Beitrag umfaßt den Lehrstoff der Statistik, der für das Lehrprogramm der VWA verbindlich ist. Im methodischen Teil stellt er eine Auswahl an Verfahren aus der **beschreibenden Statistik** dar, die in der Wirtschafts- und

Verwaltungspraxis am meisten angewendet werden.

Zur Förderung des Verständnisses werden sämtliche Begriffe und Verfahren anhand von Beispielen erläutert. Darüber hinaus sollen insbesondere die methodischen Anwendungsbeispiele die Leserinnen und Leser dazu anregen und befähigen, ähnliche Aufgabenstellungen in ihrem Tätigkeitsbereich selbst zu bewerkstelligen. Damit ist man aber auch in der Lage, statistische Ergebnisse anderer kritisch zu bewerten, und man muß nicht jeder anderen Statistik mißtrauen, wie es Churchill leider noch mußte.

Viel Erfolg bei der Lektüre!

Abschließend sei Herrn Diplom-Mathematiker Wolfgang Hummel für die gewissenhafte und umsichtige äußere Gestaltung meines Manuskripts, insbesondere der Formeln herzlich gedankt. Mein Dank gilt auch Herrn Diplom-Volkswirt Martin Würth, der bei der Beschaffung der Zahlen für die Beispiele behilflich war.

Dietrich Lüdeke

1. Allgemeines

Bevor wir uns dem methodischen Kapitel 2. zuwenden, wollen wir einige mit der Statistik zusammenhängende allgemeinbildende Fragen kurz behandeln. So die Fragen nach der Herkunft des Wortes **Statistik**, nach den geschichtlichen Wurzeln der Statistik, was wir unter Statistik begrifflich zu verstehen haben und schließlich die Frage, aus welchen Teilbereichen heute die Statistik besteht.

1.1. Woher kommt das Wort Statistik?

Es wäre sicher nicht zufriedenstellend, wenn jemand sich mit einem Fach zu beschäftigen beginnt, aber nicht weiß, woher der Name des Faches kommt. Der Name **Statistik** hat seinen Ursprung in dem neulateinischen Wort **status** = Staat oder Zustand. Aus diesem Wort hat sich zunächst das italienische Wort **statista** = Staatsmann gebildet, aus dem schließlich die Worte **Statist**, **Statistik** und **statistisch** abgeleitet wurden. In der Literatur wurde das Wort Statistik zum ersten Mal im 18. Jahrhundert von dem deutschen Universitätsstatistiker Gottfried Achenwall gebraucht. Einige Autoren meinen aber auch, daß das Wort Statistik bereits im 17. Jahrhundert von Hermann Conring, dem Begründer der deutschen Universitätsstatistik, verwendet wurde. (Zur Universitätsstatistik vgl. nächsten Abschnitt.)

Statistik wurde seinerzeit als Wissenschaft von den sog. **Staatsmerkwürdigkeiten** aufgefaßt, die zunächst anumerisch, d.h. ohne Erhebung von Zahlen rein verbal beschreibend erfaßt und analysiert wurden. Unter Staatsmerkwürdigkeiten verstand man die merkenswerten Zustände in einem Staat.

1.2. Zur Geschichte der Statistik

Das heutige umfangreiche Lehr- und Forschungsgebiet der Statistik hat sich aus 4 geschichtlichen Wurzeln entwickelt. Diese sind:

1. **Volkszählungen**, 2. die Begründung der deutschen **Universitätsstatistik**, 3. die Begründung der **Politischen Arithmetik** und 4. die Entdeckung der **Wahrscheinlichkeitsrechnung**.

1. Volkszählungen

Volkszählungen oder ähnliche statistische Erhebungen wurden (wenn auch in recht einfacher Form) schon vor beinahe 5000 Jahren in den alten Kulturstaaten China und Ägypten durchgeführt. Sie dienten seinerzeit vor allem militärischen und finanzwirtschaftlichen Belangen, d.h. zur Erfassung der militärischen Stärke und der Finanzkraft dieser Staaten.

Hochentwickelt waren bereits die Volkszählungen und Vermögensstatistiken im Römischen Reich (der römische Zensus), die periodisch wiederkehrend durchgeführt wurden.

In der Neuzeit wurden für die Politik in den modernen Staaten Volkszählungen und ähnliche Erhebungen unverzichtbar. Insbesondere bei Neugründungen bzw. beim Neubeginn von Staaten standen Volkszählungen am Anfang. So z.B. 1790 die erste Volkszählung in den USA kurz nach ihrer Gründung oder die deutschen Volkszählungen: 1871 nach Gründung des Kaiserreiches, 1946 nach dem zweiten Weltkrieg (die letzte gesamtdeutsche Volkszählung vor der Trennung Deutschlands) und 1950 ein Jahr nach Gründung der Bundesrepublik Deutschland.

2. Deutsche Universitätsstatistik

Im 17. Jahrhundert fand durch Hermann Conring die Statistik als Wissenschaft von den Staatsmerkwürdigkeiten in Form einer rein verbal beschreibenden Staatswissenschaft Eingang in Forschung und Lehre des deutschen Universitätsbereichs. Conring war Professor für Philosophie, Medizin und Politische Wissenschaften in Helmstedt und begann dort 1660 seine Vorlesungen über das neue Wissenschaftsgebiet. Daraus bildete sich bald eine Schule der Universitätsstatistiker. Ein weiterer herausragender und ebenfalls schulebildender Universitätsstatistiker war Gottfried Achenwall, der im 18. Jahrhundert wirkte.

3. Politische Arithmetik

Etwa zur gleichen Zeit, als in Deutschland von Conring die Universitätsstatistik begründet wurde, entwickelte sich in England die Statistik pragmatischer, und zwar in Form der Politischen Arithmetik. Begründer dieser Richtung, die man als Grundstein der modernen Bevölkerungsstatistik ansehen kann, waren der englische Tuchmacher und spätere Oberbürgermeister von London, John Graunt und der englische Physiker und Arzt William Petty. Graunt stieß bei einer Untersuchung der Geburten- und Sterberegister auf das interessante Ergebnis, daß bei den Geburten im Durchschnitt 107 Knabengeburten 100 Mädchengeburten gegenüberstehen. Dieses Verhältnis, das als **Sexualproportion** bezeichnet wird, ist bis heute gültig und stellt gleichsam eine bevölkerungsstatistische Konstante dar. Graunt ermittelte die Sexualproportion auch für verschiedene Altersgruppen.

Des weiteren fand er heraus, daß von 100 Geborenen vor Erreichung des 6. Lebensjahres 36, vor Erlangung des 16. Lebensjahres bereits 60 und vor Erreichung des 36. Lebensjahres 84 gestorben sind. Mit dieser Betrachtungsweise wurde der Grundstein für die heutigen Sterbetafeln gelegt, die z.B. in der Versicherungsbranche für die zu kalkulierenden Prämien der Lebensversicherungen unabdingbar sind.

William Petty gab die Schriften von Graunt heraus und veröffentlichte selbst ein Werk über Politische Arithmetik mit weiteren bevölkerungsstatistischen Ergebnissen.

Im 18. Jahrhundert wurden in Deutschland die Ergebnisse von Graunt durch den Hallenser Theologen Johann Peter Süßmilch aufgegriffen und anhand von deutschem Datenmaterial analysiert und erweitert. Süßmilch erkannte auch als erster empirisch das Prinzip der großen Zahlen, d.h. daß sich erst aus großen statistischen Massen Gesetzmäßigkeiten ermitteln lassen.

4. Wahrscheinlichkeitsrechnung

Wahrscheinlichkeitsrechnung läßt sich heute - wenn auch vereinfacht - als Lehre von den Verteilungsgesetzen des Zufalls definieren. Diese Verteilungsgesetze ermöglichen es, die Wahrscheinlichkeiten für das Eintreffen bestimmter zufälliger Ereignisse zu berechnen. So z.B. die Wahrscheinlichkeit, daß bei 2 gleichzeitig auszuspielenden Spielwürfeln 2 mal die 6 erscheint oder daß bei 100 aus einer großen Produktion zufällig herausgegriffenen Produktionsstücken nicht mehr als 5 defekt sind.

Die Wahrscheinlichkeitsrechnung verdankt ihre Entdeckung den Glücksspielen an den französischen Höfen des 17. Jahrhunderts. Hier befaßte sich der eifrige Spieler Chevalier de Méré auch theoretisch und experimentell mit den Gewinnaussichten bei Würfelspielen. Dabei stieß er auf einen scheinbaren Widerspruch, den er dem berühmten Mathematiker Blaise Pascal vorlegte. Pascal löste diesen Widerspruch auf und legte dabei den Grundstein der Wahrscheinlichkeitsrechnung. Weitere Begründer der Wahrscheinlichkeitsrechnung waren Jacob Bernoulli und Pierre Simon Laplace. Bernoulli verfaßte unter dem Titel "Ars conjectandi" das erste Buch über das neue Gebiet, das 1713, erst 8 Jahre nach seinem Tode, veröffentlicht wurde. Laplace publizierte 1812 das erste systematische Werk über Wahrscheinlichkeitsrechnung mit dem Titel: "Théorie analytique des Probabilitées". Die Wahrscheinlichkeitsrechnung, die heute ein umfangreiches Teilgebiet der Mathematik darstellt, hat die meisten Wissenschaften, insbesondere die Naturwissenschaften und Ingenieurwissenschaften, aber auch die modernen Wirtschaftswissenschaften grundlegend geprägt. Ohne die Wahrscheinlichkeitsrechnung und ihre Theorie wären die modernen technischen Errungenschaften und damit verbunden der moderne Lebensstandard nicht denkbar.

1.3. Begriff der Statistik

Es gibt viele begriffliche Definitionen der Statistik bzw. Beschreibungen dessen, was heutzutage unter Statistik verstanden werden soll. Mit zu den anschaulichsten dieser begrifflichen Fassungen gehört immer noch die von H. Kellerer, "Statistik im modernen Wirtschafts- und Sozialleben", Rohwolts Taschenbuch Verlag, 1964, S. 13. Danach ist Statistik eine Hilfswissenschaft. "*Ihre Aufgabe ist es, Methoden für die Sammlung, Aufbereitung, Analyse und Interpretation numerischer Daten bereitzustellen, um die Struktur von Massenerscheinungen zu erkennen.*"

Hilfswissenschaft heißt, daß Statistik eine Wissenschaft ist, die andere Wissenschaften unterstützt, soweit es sich um Erkenntnisgewinnung aus größeren Anzahlen bzw. Massen an numerischen, d.h. in Zahlen gemessenen Daten handelt.

Nachdem vorangehend kurz gesagt worden ist, was heute unter Statistik zu verstehen ist, soll im folgenden Abschnitt noch auf die einzelnen Teilbereiche der Statistik etwas näher eingegangen werden.

1.4. Einteilung der Statistik

Das Gebiet der Statistik läßt sich zunächst einteilen in die zwei Bereiche:

Theoretische Statistik und **angewandte Statistik**

Die theoretische Statistik umfaßt die Entwicklung der statistischen Methoden, wobei die Problemstellungen und Anregungen häufig aus den Anwendungsgebieten der Statistik kommen.

Die angewandte Statistik besteht aus den Anwendungen der theoretischen Statistik, also der statistischen Methoden auf Aufgabenstellungen in den einzelnen statistischen Anwendungsgebieten. Anwendungsgebiete sind z.B. die Biologie und hier insbesondere die Biometrie, des weiteren die Physik, die Medizin, der Bereich der Technik - hier z.B. das große Gebiet der Qualitätskontrolle - und die weiten Anwendungsgebiete im Bereich der Wirtschaft, hier z.B. die Wirtschafts- und Bevölkerungsstatistik, die Ökonometrie und die Marktforschung.

Die theoretische Statistik gliedert sich in 3 Bereiche:

Die **deskriptive (beschreibende) Statistik**, die **Wahrscheinlichkeitsrechnung** und die **induktive (schließende) Statistik**.

Die **deskriptive Statistik** umfaßt alle statistischen Methoden zur Analyse von Gesamtheiten, deren interessierende Daten **vollständig** erhoben und von den Methoden **vollständig** verarbeitet werden.

Beispiel 1.4.1: Angenommen, die Leitung eines Unternehmens interessiere sich für die Gehaltsstruktur ihrer Angestellten, also für die Frage, wie sich die Angestellten auf die einzelnen Gehaltsgruppen prozentual aufteilen. Werden hierfür die Gehälter sämtlicher Angestellten des Unternehmens erhoben und wird dann die Strukturuntersuchung an sämtlichen erhobenen Gehältern durchgeführt, so handelt es sich um eine Anwendung deskriptiver Statistik.

Bei der **induktiven Statistik** handelt es sich um wahrscheinlichkeitstheoretisch begründete schließende Verfahren, mit denen es möglich ist, von einer Auswahl (**Stichprobe**) aus einer Gesamtheit auf die Charakteristika dieser Gesamtheit zu schließen.

Beispiele 1.4.2: Z.B. läßt sich mit induktiven statistischen Verfahren bereits kurz nach Schließung der Wahllokale das Wahlergebnis nur mit geringen Abweichungen gegenüber dem Endergebnis voraussagen. - Ein anderes Beispiel kommt aus dem Bereich der Qualitätskontrolle. Angenommen, in einem Betrieb werden Produktionslose von jeweils 10 Tsd. Stück gefertigt. Die Betriebsleitung möchte etwas über die Höhe des Ausschußanteils (prozentualer Anteil defekter Stücke) in den einzelnen Produktionslosen erfahren. Auch hier ist es möglich, mit Hilfe von Stichproben - genauer - aufgrund des Ausschußanteils in der Stichprobe auf den unbekannten Ausschußanteil im zugehörigen Produktionslos zu schließen.

Die schließende Statistik basiert auf der Wahrscheinlichkeitstheorie. Da diese Theorie nicht im Lehrprogramm der VWA enthalten ist, lassen sich hier auch nicht Methoden der induktiven Statistik behandeln. Insofern beschränkt sich das folgende Kapitel auf die Darlegung von Methoden der beschreibenden Statistik, und zwar auf solche Verfahren, die in der Wirtschaftspraxis mit zu den am meisten angewendeten Methoden gehören. Die meisten statistischen Maßzahlen, die in diesem Zusammenhang behandelt werden, spielen aber auch in der induktiven Statistik eine Rolle, nur daß sie dort mit schließenden Verfahren kombiniert werden.

2. Verfahren der beschreibenden Statistik

2.1. Grundlegende Begriffe

Im folgenden sollen zunächst einige Begriffe definiert werden, die für eine einheitliche Sprachregelung in die statistische Literatur eingeführt wurden.

2.1.1. Merkmale, Merkmalsausprägungen, Merkmalswerte, Merkmalsträger, Statistische Gesamtheit

1. Merkmale

Der Gegenstand, der in einer statistischen Untersuchung interessiert, wird in der statistischen Fachsprache allgemein als **Merkmal** bezeichnet.

Beispiele 2.1.1: Statistische Merkmale können sein: Der Umsatz der einzelnen Unternehmen einer Branche in der BRD während eines bestimmten Zeitraumes oder die Qualität der einzelnen Produktionsstücke einer bestimmten Produktionsserie oder das Alter der einzelnen Produktionsanlagen eines Unternehmens an einem bestimmten Stichtag oder das jährliche Nettoeinkommen der einzelnen privaten Haushalte eines Landes in einem bestimmten Jahr.

Wie man an der Formulierung der Beispiele sieht, ist es für eine statistische Untersuchung stets erforderlich, das zu untersuchende Merkmal sachlich, räumlich und zeitlich genau abzugrenzen.

2. Merkmalsausprägungen, Merkmalswerte

Bei einer statistischen Untersuchung drücken sich Merkmale naturgemäß entweder in Zahlen oder in verbal formulierbaren Eigenschaften aus. Beide Erscheinungsformen werden allgemein **Merkmalsausprägungen** genannt.

Beispiele 2.1.2: Für den Umsatz ergeben sich bei den einzelnen Unternehmen DM - Beträge, die Qualität der Produktionsstücke drückt sich z.B. in brauchbar oder nicht brauchbar oder in erster, zweiter Wahl und Ausschuß aus.

Prägen sich die Merkmale in Zahlen aus, so spricht man auch von **Merkmals-** oder **Beobachtungswerten.**

3. Merkmalsträger, statistische Gesamtheit (statistische Grundgesamtheit)

Mit der sachlichen Abgrenzung eines Merkmals werden auch die Einheiten festgelegt, an denen die Merkmalsausprägungen ermittelt werden sollen. Diese Einheiten werden als **Merkmalsträger** oder **statistische Einheiten** bezeichnet. Sämtliche Merkmalsträger einer vom Merkmal her abgegrenzten statistischen Untersuchung bilden die **statistische Gesamtheit** oder **statistische Grundgesamtheit**.

Beispiel 2.1.3: So stellen bei der statistischen Erhebung der Umsätze der Unternehmen einer Branche für einen bestimmten Zeitraum die einzelnen Unternehmen die Merkmalsträger dar. Sämtliche Unternehmen dieser Branche bilden die statistische Gesamtheit.

2.1.2. Quantitative, qualitative Merkmale und ihre Skalierung

1. Quantitative und qualitative Merkmale

Wie in Abschnitt 2.1.1. bereits erwähnt, prägen sich die Merkmale entweder in Zahlen oder in verbal formulierbaren Eigenschaften aus. Dementsprechend spricht man im ersteren Fall von **quantitativen** und im letzteren Fall von **qualitativen Merkmalen.**

Beispiele 2.1.4: Zu den quantitativen Merkmalen zählen alle Merkmale, deren Ausprägungen z.B. in Geldeinheiten (wie Umsätze, Kosten und Gewinne) oder in physikalischen Meßsystemen, z.B. in Gewichts-, Längen- oder Zeiteinheiten gemessen werden. Aber auch Merkmale, deren Ausprägungen sich durch reine Zählvorgänge ergeben, wie z.B. die Anzahl der zu einem Haushalt gehörenden Personen oder die Anzahl der Fluggäste, die täglich eine bestimmte Fluglinie benutzen, sind quantitative Merkmale. Qualitative Merkmale sind alle Merkmale, die sich naturgemäß nicht in Zahlen ausdrücken. Z.B. die Qualität mit den Ausprägungen: gut oder schlecht oder die Meinung bei einer Meinungsbefragung mit den Ausprägungen: zustimmend, dagegen, unentschieden oder der Familienstand mit den Ausprägungen: ledig, verheiratet, verwitwet, geschieden.

Aus Gründen der Zweckmäßigkeit, z.B. für die Datenverarbeitung, werden den Ausprägungen der qualitativen Merkmale vielfach Zahlen zugeordnet.

Beispiele 2.1.5: So kann man den Ausprägungen der qualitativen Merkmale in den Beispielen 2.1.4 wie folgt Zahlen zuordnen. Bei der Qualität: schlecht = 0, gut = 1 oder bei der Meinungsbefragung: zustimmend = 0, dagegen = 1, unentschieden = 2.

2. Skalierung der Merkmale

Wie die Beispiele 2.1.4 und 2.1.5 zeigen, sind wir offenbar mit zwei Kategorien von statistischen Zahlen konfrontiert. Zum einen bei den quantitativen Merkmalen mit Zahlen, die sich durch objektive Meßvorgänge ergeben und zum anderen bei den qualitativen Merkmalen mit Zahlen, die willkürlich zugeordnet werden. Beide Kategorien von Zahlen genügen verschiedenen Maßstäben oder - wie man in der Fachsprache sagt - verschiedenen **Skalierungen**. In diesem Zusammenhang unterscheidet man 3 Hauptarten von Skalierungen:

1. **Die Nominalskala.** Hier dienen die den Merkmalsausprägungen zugeordneten Zahlen lediglich zur Unterscheidung.

2. **Die Ordinal- oder Rangskala.** Hier bringen die den Merkmalsausprägungen zugeordneten Zahlen nicht nur eine Unterscheidbarkeit sondern auch eine Rangordnung zum Ausdruck.

   Beispiele 2.1.6: So drücken die Zahlen, die wir in den Beispielen 2.1.5 den Meinungsausprägungen bei einer Meinungsbefragung zuordneten, lediglich eine Unterscheidbarkeit aus. Anders verhält es sich mit den Ausprägungen der Qualität mit schlecht = 0 und gut = 1 oder mit Prüfungsnoten: sehr gut = 1, gut = 2, befriedigend = 3 usw. Hier vermitteln die Zahlen nicht nur eine Unterscheidbarkeit sondern auch eine Rangordnung.

3. Die **Kardinal-** oder **metrische Skala**. Ein Merkmal genügt einer kardinalen oder metrischen Skalierung, wenn seine Ausprägungen die Anforderungen der Rangskala erfüllen und das Ausmaß des Unterschieds zwischen zwei verschiedenen Ausprägungen bestimmt werden kann.

Die kardinale oder metrische Skalierung erfüllen nur die quantitativen Merkmale. Deshalb nennt man diese Merkmale auch **metrische Merkmale**. Die qualitativen Merkmale genügen dieser Skalierung nicht, da hier die Ausprägungen qualitative Eigenschaften darstellen, deren Unterschiede naturgemäß nicht meßbar sind. Daran ändern auch die den Ausprägungen willkürlich zugeordneten Zahlen nichts.

Bei der Kardinalskala lassen sich drei Arten von Skalen unterscheiden:

a) Die **Intervallskala**: Bei dieser Skala können die Abstände zwischen den Merkmalsausprägungen bestimmt werden.

b) Die **Verhältnisskala**: Hier genügen die Merkmalsausprägungen nicht nur der Intervallskala, sondern besitzen zusätzlich noch einen natürlichen Nullpunkt.

c) Die **Absolutskala**: Bei dieser Skala erfüllen die Merkmalsausprägungen nicht nur die Verhältnisskala, sondern haben auch noch eine natürliche Einheit.

Beispiele 2.1.7: So ist die Temperatur, z.B. in Celsius oder Fahrenheit gemessen, intervallskaliert. Diese Maßskalen haben weder eine natürliche Einheit, noch ist ihr Nullpunkt ein natürlicher Nullpunkt. Wohl kann man aber die Unterschiede zwischen verschiedenen Temperaturen bestimmen. - Löhne, Preise, Umsätze genügen der Verhältnisskala. Zu einer Meßbarkeit der Unterschiede tritt noch ein natürlicher Nullpunkt hinzu. Dagegen besitzen diese Merkmale keine natürliche Einheit, sondern nur künstliche Einheiten, nämlich die Einheiten (z.B. DM, £ , $) der Währungen, in denen sie gemessen werden. - Merkmalsausprägungen, die sich aus Zählvorgängen ergeben, liegt eine Absolutskala zugrunde. Z.B. Produktionsstückzahlen, Anzahl der zu einem Haushalt gehörenden Personen, Zahl der Beschäftigten in den Betrieben einer Branche usw. Diese Ausprägungen haben auch eine natürliche Einheit.

2.1.3. Diskrete und stetige Merkmale

Eine weitere Einteilung von Merkmalen ist die in **diskrete** und **stetige** Merkmale.

Ein Merkmal ist **diskret**, wenn seine Ausprägungen nur bestimmter Werte fähig, also die Werte dazwischen nicht sinnvoll sind.

Ein Merkmal heißt **stetig**, wenn seine Ausprägungen jeden Wert zwischen zwei Merkmalwerten annehmen können.

Beispiele 2.1.8: So sind alle nominalskalierten Merkmale diskrete Merkmale, denn die hier den Merkmalsausprägungen zugeordneten Zahlen sind ganz bestimmte Werte, wobei die Werte dazwischen keine Bedeutung haben. Weitere Beispiele für diskrete Merkmale sind alle Merkmale, deren Ausprägungen sich aus Zählvorgängen ergeben, z.B. Anzahl der defekten Maschinen, die an den einzelnen Werktagen in das Reparaturwerk einer Unternehmung eingeliefert werden. - Stetige Merkmale sind z.B. alle Merkmale, die in Gewichts- oder Längen- oder Zeiteinheiten gemessen werden.

Je nach Genauigkeit der Messung können in der statistischen Praxis die Grenzen zwischen diskreten und stetigen Merkmalen fließend sein. Wird z.B. bei der Ermittlung des Alters der Produktionsanlagen eines Betriebes auf volle Jahre abgestellt und ergeben sich hierbei nicht viele verschiedene Werte, so wird ein stetiges Merkmal gleichsam zu einem diskreten Merkmal. In diesem Fall spricht man besser von einem **quasidiskreten Merkmal**. Treten andererseits bei einem diskreten Merkmal viele verschiedene Werte auf (z.B. bei dem Merkmal Anzahl der täglichen Paketeinlieferungen in einem größeren Postamt), so wird ein solches Merkmal in der statistischen Praxis wie ein stetiges Merkmal behandelt. Man bezeichnet ein solches Merkmal dann besser als **quasistetiges Merkmal**. (vgl. hierzu G. Bamberg, F. Baur, Statistik, 1980, S. 7/8)

2.2. Das Summenzeichen und seine Rechenregeln

Im folgenden wollen wir ein Symbol kennenlernen, das in der Mathematik, insbesondere in der statistischen Methodenlehre zur Kurzschreibweise von Summen, aber auch als Rechenoperator verwendet wird. Bei diesem Symbol handelt es sich um das sog. **Summenzeichen**.

Angenommen, wir haben allgemein n Zahlen x_1, x_2, ..., x_n vorliegen, wobei n eine natürliche (ganze positive) Zahl ist. Wollen wir jetzt von diesen n Zahlen die Summe bilden, so läßt sich diese Summe formal wie folgt kurz ausdrücken:

(2.2.1)	$\sum_{i=1}^{n} x_i = x_1 + x_2 + \ldots + x_n$

Dabei ist Σ das große griechische Sigma, das in der Mathematik als Summenzeichen dient. Man spricht den Ausdruck auf der linken Seite von (2.2.1): Summe x_i, i = 1 bis n.

Für das Summenzeichen lassen sich folgende Rechenregeln aufstellen:

Angenommen, wir multiplizieren jede der n Zahlen x_1, x_2, ..., x_n mit einer beliebigen Konstanten c und addieren dann diese multiplizierten Zahlen, so können wir diese Summe wie folgt schreiben:

$$\sum_{i=1}^{n} cx_i = cx_1 + cx_2 + \ldots + cx_n$$

$$= c\,(x_1 + x_2 + \ldots + x_n)$$

$$= c \cdot \sum_{i=1}^{n} x_i$$

Es gilt also folgende Regel:

(2.2.2)	$\sum_{i=1}^{n} cx_i = c \cdot \sum_{i=1}^{n} x_i$

Beispiel 2.2.1: Angenommen, die x_1, x_2, ..., x_n seien Kapitalbestände und c sei ein einheitlicher Zinsfuß (Zinssatz in % dividiert durch 100). Dann erhält man die Gesamtzinsen aller Kapitalbestände zum einen dadurch, daß man jeden Kapitalbestand mit dem Zinsfuß c multipliziert und anschließend die so erhaltenen Zinsen addiert, oder zum anderen dadurch, daß man zuerst die Kapitalbestände addiert und diese Summe mit dem Zinsfuß c multipliziert.

Wir wollen die Konstante c n-mal addieren. Dies wird mit dem Summenzeichen wie folgt ausgedrückt:

$$(2.2.3) \qquad \sum_{i=1}^{n} c = n \cdot c$$

Die dritte Rechenregel wollen wir an einem Beispiel erläutern.

Beispiel 2.2.2: Ein Betrieb beschäftige n Arbeiter. Für jeden dieser Arbeiter liegen für einen bestimmten Monat die Angaben über den ausgezahlten Nettolohn und die einbehaltenen Abzüge vor. Für die n Arbeiter ergibt sich somit eine Reihe $x_1, x_2, \ldots, x_n$ der Nettolöhne und eine andere Reihe $y_1, y_2, \ldots, y_n$ der jeweiligen Abzüge. Beide Reihen sind in der folgenden Tabelle eingetragen:

Tabelle 2.2.1: Beispiel für Summenregel

Arbeiter i	Nettolohn x_i	Abzüge y_i	Bruttolöhne $(x_i + y_i)$
1	x_1	y_1	$(x_1 + y_1)$
2	x_2	y_2	$(x_2 + y_2)$
.	.	.	.
.	.	.	.
.	.	.	.
n	x_n	y_n	$(x_n + y_n)$
	$\sum_{i=1}^{n} x_i$	$\sum_{i=1}^{n} y_i$	$\sum_{i=1}^{n} (x_i + y_i)$

Wie gelangen wir zur Bruttolohnsumme des betreffenden Monats? Diese Größe können wir auf zwei Wegen erhalten. Einerseits dadurch, daß wir die Bruttolöhne $(x_1 + y_1)$, $(x_2 + y_2)$, ..., $(x_n + y_n)$ der einzelnen Arbeiter ermitteln und aus diesen Bruttolöhnen die Summe $\sum_{i=1}^{n} (x_i + y_i)$ bilden. Andererseits können wir zur gesamten Bruttolohnsumme dadurch gelangen, daß wir zunächst aus den Nettolöhnen $x_1, x_2, \ldots, x_n$ die Summe $\sum_{i=1}^{n} x_i$ und aus den Abzügen $y_1, y_2, \ldots, y_n$ die Summe $\sum_{i=1}^{n} y_i$ und schließlich aus den beiden Summen die Summe

$\sum_{i=1}^{n} x_i + \sum_{i=1}^{n} y_i$ bilden.

Es gilt also

(2.2.4)	$\sum_{i=1}^{n} (x_i + y_i) = \sum_{i=1}^{n} x_i + \sum_{i=1}^{n} y_i$

In der folgenden Rechenaufgabe werden alle drei Rechenregeln angewendet.

$$\sum_{i=1}^{n} (x_i + by_i + c) = \sum_{i=1}^{n} x_i + \sum_{i=1}^{n} by_i + \sum_{i=1}^{n} c$$
$$= \sum_{i=1}^{n} x_i + b \sum_{i=1}^{n} y_i + nc \, .$$

2.3. Das Produktzeichen und seine Rechenregeln

Ähnlich wie bei der Summation läßt sich auch eine Multiplikation, also eine Produktbildung von Zahlen in einer Kurzschreibweise ausdrücken. Angenommen, es sollen die n Zahlen $x_1, x_2, \ldots, x_n$ miteinander multipliziert werden, dann läßt sich diese Produktbildung in der folgenden Kurzform ausdrücken:

(2.3.1)	$\prod_{i=1}^{n} x_i = x_1 \cdot x_2 \cdots x_n$

Dabei ist Π im griechischen Alphabet das große Pi, das in der Mathematik als **Produktzeichen** verwendet wird. Verbal lautet (2.3.1): Produkt der x_i, $i = 1$ bis n.

Für das Produktzeichen Π lassen sich die folgenden drei Rechenregeln herleiten:

Angenommen, jede der Zahlen $x_1, x_2, \ldots, x_n$ werden mit der Konstanten c multipliziert. Damit entstehen die neuen Zahlen $cx_1, cx_2, \ldots, cx_n$. Die Multiplikation dieser neuen Zahlen läßt sich nun wie folgt schreiben:

$$\prod_{i=1}^{n} cx_i = cx_1 \cdot cx_2 \cdots cx_n \quad = c \cdot c \cdots c \cdot x_1 \cdot x_2 \cdots x_n$$
$$= c^n \cdot x_1 \cdot x_2 \cdots x_n \quad = c^n \cdot \prod_{i=1}^{n} x_i$$

Es gilt also:

(2.3.2.)	$\prod_{i=1}^{n} c x_i = c^n \cdot \prod_{i=1}^{n} x_i$

Angenommen, die Konstante c wird n - mal mit sich selbst multipliziert. Dies läßt sich mit dem Produktzeichen wie folgt ausdrücken:

(2.3.3.)	$\prod_{i=1}^{n} c = c^n$

Wir wollen davon ausgehen, daß die Zahlen zweier Zahlenfolgen gleicher Länge $x_1, x_2, \ldots, x_n$ und $y_1, y_2, \ldots, y_n$ miteinander multipliziert werden sollen. Dann ist

$$\prod_{i=1}^{n} x_i \cdot y_i = x_1 \cdot y_1 \cdot x_2 \cdot y_2 \cdots x_n \cdot y_n$$

$$= x_1 \cdot x_2 \cdots x_n \cdot y_1 \cdot y_2 \cdots y_n$$

$$= \prod_{i=1}^{n} x_i \cdot \prod_{i=1}^{n} y_i \,.$$

Es gilt also

(2.3.4)	$\prod_{i=1}^{n} x_i \cdot y_i = \prod_{i=1}^{n} x_i \cdot \prod_{i=1}^{n} y_i$

2.4. Der Aufbau und das Lesen einer statistischen Tabelle

Die **statistische Tabelle** ist das in der Statistik am häufigsten verwendete Instrument zur Darstellung statistischer Information. Bei einer **statistischen Tabelle** handelt es sich um eine rechteckige Zahlenanordnung, die statistisch gewonnene sachlogische Erkenntnisse vermittelt.

Damit statistische Tabellen interpersonell einheitlich gelesen und verstanden werden können, sollten bei ihrer Anfertigung die Empfehlungen im Normblatt DIN 55301 berücksichtigt werden. Die Wesentlichen dieser Empfehlungen werden im folgenden näher behandelt. Zu diesem Zweck diene das nachstehende Beispiel.

Beispiel 2.4.1: Die statistische Abteilung einer Unternehmung mit drei Betrieben habe eine statistische Tabelle erstellt, in der für den Monat Mai 1993 die Kosten der Unternehmung nach Kostenarten und Betriebseinheiten aufgegliedert sind. Im folgenden sei diese Tabelle nur in ihren wesentlichen Bestandteilen wiedergegeben.

Tab. 2.4.1: Kostenaufgliederung der Unternehmung XY nach Kostenarten und Betrieben für Mai 1993 (in Tsd. DM)

	Betrieb I		Betrieb II		Betrieb III	
	absolut	i. %	absolut	i. %	absolut	i. %
Personal	350	55,3	423	49,6		
davon:						
Löhne	181					
Gehälter	155					
Provisionen	14					
Zinsen						
Abschreibungen						
Material						
usw.						
insgesamt		100		100		100

Quelle: Abteilung Kostenrechnung

Das gestrichelte Feld, in welchem die Kostenarten aufgeführt sind, nennt man die **Tabellenvorspalte**. Das zweifach umrandete Feld, in welchem die Betriebe stehen, heißt **Tabellenkopf**.

Das gekreuzte Feld kann alternativ auf 4 Arten Verwendung finden:

1. für die Überschrift des Tabellenkopfes, in unserem Beispiel:

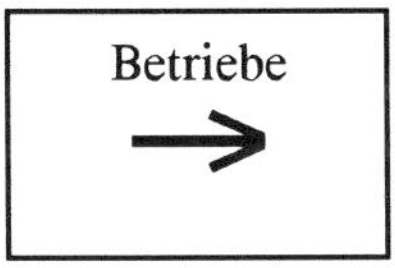

2. für die Überschrift der Tabellenvorspalte, in unserem Beispiel:

3. für die Überschriften des Tabellenkopfes und der Tabellenvorspalte, in unserem Beispiel:

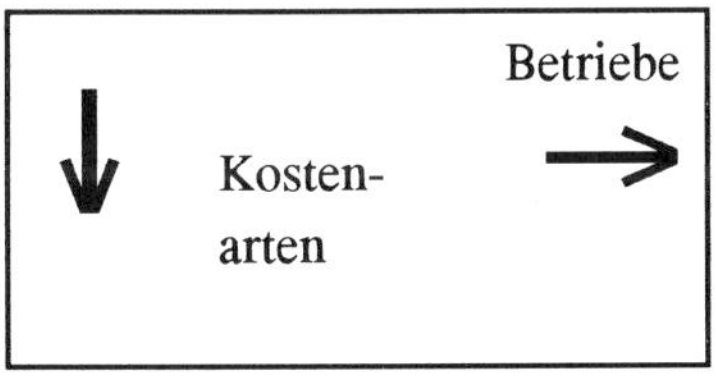

4. es kann auch leer bleiben, allerdings nur dann, wenn dadurch keine Mißverständnisse entstehen.

Jede Tabelle muß überschrieben werden. In der Überschrift ist der Tabellengegenstand sachlich, regional und zeitlich abzugrenzen. Dabei können auch noch Zusätze, wie beispielsweise in der obigen Tabelle die Recheneinheit Tsd. DM, aufgenommen werden.

Wird in einer Tabelle eine Gesamtposition **vollständig** in Teilpositionen aufgegliedert, so setzt man vor die Aufgliederung das Wort **davon**. In unserer Beispieltabelle 2.4.1 (S. 108) steht vor der Aufgliederung der Personalkosten das Wort davon, da die drei Teilpositionen Löhne, Gehälter und Provisionen in der Addition die Gesamtposition Personalkosten ergeben.

Handelt es sich dagegen nur um eine **teilweise** Aufgliederung einer

Gesamtposition, so schreibt man vor die Aufgliederung das Wort **darunter**.

Leere Tabellenfelder sind in einer statistischen Tabelle strikt zu vermeiden. Unterbleiben aus bestimmten Gründen in einzelnen Tabellenfeldern Zahlenangaben, so werden diese Gründe in den betroffenen Tabellenfeldern durch folgende Zeichen erläutert:

—	bedeutet:	nichts vorhanden
0	bedeutet:	mehr als nichts, aber weniger als die Hälfte der in einer Tabelle geltenden Recheneinheit. In unserer Beispielstabelle 2.4.1 ist die geltende Recheneinheit 1000 DM. Also kann für Beträge, die kleiner als 500 DM sind, in den entsprechenden Tabellenfeldern eine Null eingetragen werden.
●	bedeutet:	kein Nachweis vorhanden.
●●●	bedeutet:	Angaben fallen später an.
x	bedeutet:	Angaben sind nicht sinnvoll bzw. Fragestellung trifft nicht zu.

Daneben gibt es noch drei weitere Zeichen, die einer zusätzlichen Erläuterung von Zahlenangaben dienen. So werden berichtigte Zahlen mit einem hinzugefügten r, vorläufige Zahlen mit einem p und geschätzte Zahlen mit einem s angezeigt.
Abschließend sei ganz besonders darauf hingewiesen, daß unter einer Tabelle die Quellen der Zahlen anzugeben sind.

2.5. Arten, graphische Darstellungsformen und Analyse eindimensionaler eingipfliger Häufigkeitsverteilungen

Ein in der praktischen Statistik sehr häufig angewendetes Untersuchungsinstrumentarium stellen die Verfahren zur Analyse von eindimensionalen eingipfligen Häufigkeitsverteilungen dar. Diese Methoden sollen in diesem Abschnitt eingehend behandelt werden.

2.5.1. Gruppierung statistischen Materials, absolute und relative Häufigkeitsverteilung

Interessiert man sich beispielsweise für den Altersaufbau einer Bevölkerung oder für die Altersstruktur eines Maschinenparks an einem bestimmten Stichtag oder für die Umsatzstruktur einer Filialkette in einem bestimmten Jahr, so müssen zunächst die betreffenden Merkmalswerte (Altersjahre bzw. Umsätze) der einzelnen statistischen Einheiten (der einzelnen Menschen bzw. Maschinen bzw. Filialen) beschafft werden, d.h. statistisch erhoben werden. Dabei fallen die Werte in ungeordneter Reihenfolge an, so daß sich in diesem Zustand nur wenig, meistens überhaupt nichts Charakteristisches im Hinblick auf das interessierende Merkmal erkennen läßt. Ein Beispiel möge dies etwas näher veranschaulichen:

Beispiel 2.5.1: Die Leitung eines Betriebes interessiere sich für die Altersstruktur des Fuhrparks, der 50 Fahrzeuge umfaßt. Die statistische Erhebung, die an einem Stichtag durchgeführt wird, ergibt entsprechend dem Baujahrsprinzip folgende Zahlen für die vollen Altersjahre der einzelnen Fahrzeuge:

Tab. 2.5.1: Urliste, Alter von 50 Fahrzeugen, in Jahren

1	2	1	2	3	3	2	4	3	1
2	1	3	2	2	2	1	2	1	2
5	4	2	3	3	2	4	1	3	3
2	3	4	4	1	3	2	2	4	4
4	3	2	2	5	3	3	2	3	3

Dabei enthält die erste Spalte die Altersjahre der ersten 5 erhobenen Fahrzeuge, die zweite Spalte die Altersjahre der zweiten Gruppe von 5 Fahrzeugen usw. Die Zahlen sind nicht geordnet, sondern so notiert, wie sie gerade angefallen sind. Eine derartige Zahlenauflistung, die sich bei der statistischen Erhebung ergibt, wird in der Fachsprache als **Urliste** bezeichnet. Betrachtet man die Urliste, so erkennt man vor lauter Zahlen nicht viel; allenfalls, daß kein Fahrzeug älter als 5 Jahre ist, daß die 1 der niedrigste Wert ist und die 5 nur 2 mal vorkommt.

Zu einem wesentlich aussagefähigeren Bild gelangen wir, wenn wir die auftretenden 5 Merkmalswerte (Altersjahre) in aufsteigender Reihenfolge der Größe nach ordnen und für jeden Wert die zugehörige Anzahl der Fahrzeuge aus dem obigen Zahlenblock auszählen. Dieses Vorgehen nennt man **Gruppierung statistischer Werte**, und man spricht in diesem Zusammenhang von **gruppierten Merkmalswerten** oder **gruppierten Daten**. Dagegen stellen die Zahlen in Tab. 2.5.1 (S. 111) **ungruppierte Merkmalswerte** oder - wie man auch sagt - **ungruppiertes Material** bzw. **ungruppierte Daten** dar. Bei großen Anzahlen von Daten ist eine manuelle Gruppierung nur sehr schwer oder überhaupt nicht durchführbar. Für diese Fälle gibt es in Statistik EDV Programmen Sortierprogramme, die eine schnelle Gruppierung auf einem PC ermöglichen.

Führen wir jetzt bei den Zahlen der Urliste in Tab. 2.5.1 (S. 111) eine Gruppierung durch, so ergibt sich die Tabelle 2.5.2 .

Tab. 2.5.2: Altersverteilung und Altersstruktur des Fuhrparks eines Betriebes

lfd. Nr. der Altersjahre j	Alter in Jahren x_j	Zahl der Fahrzeuge n_j	relativer Anteil der Fahrzeuge $f_j = \frac{n_j}{n}$	relativer Anteil in % $f_{j,\%} = \frac{n_j}{n} \cdot 100\,\%$
1	1	8	0,16	16
2	2	17	0,34	34
3	3	15	0,30	30
4	4	8	0,16	16
k = 5	5	2	0,04	4
		n = 50	1	100

Losgelöst von dem der Tabelle zugrundeliegenden Beispiel haben die im Tabellenkopf stehenden Symbole folgende generelle Bedeutung:

j = 1, 2, ..., k → **lfd. Nummer der gruppierten Merkmalswerte**

k = **Gesamtzahl der gruppierten Merkmalswerte**

x_j = **j - ter gruppierter Merkmalswert**

n_j = **absolute Häufigkeit von x_j** = Anzahl der Merkmalsträger mit dem Merkmalswert x_j

$\sum_{j=1}^{k} n_j = n \rightarrow$ Anzahl aller Merkmalsträger = **statistische Gesamtheit, statistische Grundgesamtheit**

$f_j = \frac{n_j}{n} \rightarrow$ **relative Häufigkeit von x_j** = relativer Anteil der Merkmalsträger mit dem Merkmalswert x_j an der Grundgesamtheit n

$$\sum_{j=1}^{k} f_j = 1$$

$f_{j,\%} = \frac{n_j}{n} \cdot 100\,\% \rightarrow$ **prozentuale Häufigkeit der Merkmalsträger mit dem Merkmalswert x_j**

Die absoluten Häufigkeiten in der dritten Spalte von Tab. 2.5.2 bilden in Verbindung mit den Merkmalswerten in der zweiten Spalte die **absolute Häufigkeitsverteilung**. Demgegenüber stellen die relativen Häufigkeiten in der vierten Spalte in Verbindung mit den Merkmalswerten in der zweiten Spalte die **relative Häufigkeitsverteilung** dar.

Beide Verteilungen geben zweifellos einen größeren Einblick in den Altersaufbau des Fuhrparks als die Urliste. So zeigen beide Verteilungen, daß das Alter von 2 Jahren am häufigsten vertreten ist. Man spricht hierbei auch von dem **häufigsten Wert**, der - wie später noch behandelt wird - ein sog. **Lagemaß** darstellt. Insbesondere an der relativen bzw. prozentualen Häufigkeitsverteilung erkennt man, daß 50% der Fahrzeuge höchstens 2 Jahre und die andere Hälfte älter als 2 Jahre ist. Annähernd 1/3, genau 34% der Fahrzeuge sind 2 Jahre alt. Die relative bzw. prozentuale Häufigkeitsverteilung vermittelt also einen Einblick in die **Struktur eines Merkmals**, hier in die Altersstruktur des Fuhrparks. Beide Verteilungen ermöglichen darüber hinaus insbesondere Vergleiche von Merkmalsstrukturen, z.B. einen Vergleich der Altersstrukturen der Fuhr- oder Maschinenparke zwischen zwei oder mehreren Betrieben.

Andere Fälle von Gruppierungen statistischen Materials sind in den folgenden Beispielen aufgeführt.

Beispiele 2.5.2: Beispiele für die Gruppierung qualitativer Merkmale sind die Aufteilung der bei einer Bundestagswahl abgegebenen gültigen Stimmen auf die einzelnen Parteien oder die Aufteilung einer Produktion nach erster Wahl, zweiter Wahl und Ausschuß. Gruppierungen von diskreten Merkmalen beziehen sich meistens auf Merkmale, deren Ausprägungen aus Zählvorgängen resultieren. Beispielsweise die Aufteilung der Werktage eines Jahres nach den in ein Reparaturwerk eingelieferten defekten Maschinen pro Tag mit den Ausprägungen 0, 1, 2, 3, 4 und mehr defekte Maschinen pro Tag. Oder die Aufteilung der privaten Haushalte der BRD nach den in einem Haushalt ständig lebenden Personen mit den Ausprägungen 1, 2, 3, 4, 5 und mehr Personen pro Haushalt.

Aber auch auf stetige Merkmale ist - wie wir bei unserem Beispiel Altersaufbau eines Fuhrparks gesehen haben - die Anwendung einer Gruppierung möglich, und zwar dann, wenn das angewandte Meßverfahren nur wenige bestimmte Werte gehäuft hervorbringt, wenn also ein quasidiskretes Merkmal vorliegt.

2.5.2. Klassierung statistischen Materials, absolute, relative Häufigkeitsverteilung und Dichtefunktion

Die Gruppierungsmethode führt zu keinen brauchbaren Ergebnissen, wenn sich ein Merkmal in vielen verschiedenen Werten ausprägt, was in der Praxis häufig zutrifft. Dies ist insbesondere bei den stetigen und quasistetigen Merkmalen der Fall, bei denen die einzelnen Merkmalswerte vielfach nicht mehr als einmal auftreten, sofern die zugehörige Meßmethode entsprechend genau angewendet wird. In diesen Fällen gewinnt man nur einen Einblick in die Verteilung und Struktur eines Merkmals, wenn man den Wertebereich, in welchem das Merkmal Werte annimmt, in nicht überlappende Klassen (Intervalle) aufteilt und den einzelnen Klassen die zugehörigen Merkmalswerte zuordnet. In diesem Zusammenhang spricht man auch von **Klassierung eines Merkmals**. Der in Klassen zu zerlegende Wertebereich orientiert sich an dem Wertebereich zwischen dem aufgetretenen niedrigsten und höchsten Wert. Die Anzahl der Merkmalswerte, die zu ein und derselben Klasse gehören, bilden die **absolute Häufigkeit dieser Klasse**.

Im folgenden wollen wir dieses Verfahren und die damit verbundenen Probleme näher behandeln. Hierzu diene das folgende Beispiel.

Beispiel 2.5.3: Die Leitung eines Betriebes möchte in regelmäßigen Abständen einen Einblick in die Struktur der effektiven Stundenlöhne der 90 im Betrieb beschäftigten Arbeiter erlangen. Eine statistische Erhebung erbringt zunächst eine Urliste der effektiven Stundenlöhne. Die Urliste, die hier nicht wiedergegeben wird, weist eine Vielzahl von verschiedenen Werten auf, so daß eine Klassierung der Stundenlöhne angezeigt ist. Damit eine Klassierung zu einem möglichst optimalen Einblick in die Strukturierung eines Merkmals führt, müssen bestimmte Aspekte beachtet werden, die über die Urliste wegen ihrer Unübersichtlichkeit nicht berücksichtigt werden können. Deshalb ist es zweckmäßig, die Werte der Urliste der Größe nach in aufsteigender Reihenfolge zu ordnen. Hierdurch ergibt sich in unserem Beispiel die Zahlenanordnung in Tab. 2.5.3 .

Tab. 2.5.3: Effektive Stundenlöhne in DM, zeilenweise der Größe nach geordnet

10,80	10,82	10,85	10,88	10,90	10,95	10,97	11,00	11,05
11,08	11,10	11,10	11,15	11,15	11,20	11,20	11,22	11,25
11,26	11,30	11,33	11,33	11,35	11,38	11,42	11,46	11,46
11,50	11,50	11,52	11,52	11,53	11,54	11,56	11,56	11,62
11,62	11,64	11,65	11,65	11,66	11,68	11,68	11,72	11,72
11,75	11,76	11,78	11,80	11,82	11,82	11,85	11,85	11,85
11,85	11,85	11,85	11,88	11,88	11,92	11,92	11,95	11,98
11,98	12,03	12,08	12,08	12,12	12,15	12,20	12,20	12,22
12,25	12,26	12,28	12,28	12,33	12,39	12,45	12,48	12,50
12,52	12,55	12,55	12,58	12,60	12,62	12,70	12,75	12,87

Wichtige Hinweise für die Klassenbildung

Eine befriedigende Herausarbeitung der Strukturierung eines Merkmals mit Hilfe einer Klassierung hängt entscheidend von der richtigen Wahl der Klassenanzahl ab. Zu wenige Klassen führen ebenso wie zu viele Klassen zu unscharfen Ergebnissen.

Hilfreich für die Klassenbildung und die Wahl einer angemessenen Klassenanzahl sind folgende Anforderungen und Hinweise:

1. Wie schon angedeutet, sollte man bei der Festlegung der Klassenanzahl nach dem Prinzip verfahren: So wenig wie möglich, aber so viel wie nötig! Generell sollte die Klassenanzahl nicht größer als 20 sein.

2. Wenn es möglich ist, sollten die Klassen gleich breit sein. Dies ist nur dann gegeben, wenn der Merkmalswertebereich nicht zu groß ist, wie es in unserem Beispiel der effektiven Stundenlöhne zutrifft. Diese Möglichkeit ist jedoch nicht mehr gewährleistet, wenn die Merkmalswerte eine große Streubreite aufweisen und im geringer besetzten oberen Wertebereich größere Klassen gebildet werden müssen, damit nicht zu viele Klassen entstehen.

   Im Fall gleicher Klassenbreiten ist für die Wahl der Klassenanzahl eine Formel hilfreich, die bei gegebener Klassenbreite und gegebenem Merkmalswertebereich eine Aussage über die Klassenanzahl macht. Ist $\tilde{x}_0$ die Untergrenze der ersten und $\tilde{x}_k$ die Obergrenze der letzten Klasse und ist w die einheitliche Breite aller Klassen, so ergibt sich die Klassenanzahl k zu

   (2.5.1) $$k = \frac{\tilde{x}_k - \tilde{x}_0}{w}$$

   Dabei orientiert sich $\tilde{x}_k$ am höchsten und $\tilde{x}_0$ am niedrigsten Merkmalswert. Sinnvoll ist die Formel (2.5.1) nur für ganzzahlige k bei Vorgabe eines entsprechend geeigneten Wertes für w.

   Kehren wir zu unserem Beispiel, Tab. 2.5.3 (S. 115), zurück. Der niedrigste Stundenlohn beträgt 10,80 DM und der höchste 12,87 DM. Also ist es sinnvoll, $\tilde{x}_k = 12{,}90$ und $\tilde{x}_0 = 10{,}80$ zu setzen. Bei Vorgabe einer einheitlichen Klassenbreite von $w = 0{,}30$ ergeben sich dann für

$$k = \frac{12{,}90 - 10{,}80}{0{,}30} = \frac{2{,}10}{0{,}30} = 7 \text{ Klassen}.$$

Für w = 0,20 würde sich kein ganzzahliges k, nämlich k = 10,5 ergeben, was offenbar nicht sinnvoll ist. Wollte man diese Klassenbreite und gleichzeitig ein ganzzahliges k anstreben, so müßte man $\tilde{x}_0$ = 10,75 und $\tilde{x}_k$ = 12,95 setzen. Damit würden sich k = 11 Klassen ergeben. Diese Klassenanzahl ist zu groß, da sie zu einem unklaren Verteilungsbild führt, was sich der Leser später als Übung veranschaulichen möge. Aber abgesehen davon ist die Absenkung von $\tilde{x}_0$ und die Erhöhung von $\tilde{x}_k$ nicht sinnvoll, weil damit die unterste Klasse und oberste Klasse zusätzlich Werte erhalten, die bei den Merkmalswerten überhaupt nicht auftreten.

Weitere Anforderungen an die Klassenbildung sind:

3. Die Merkmalswerte sollten in den einzelnen Klassen möglichst gleichmäßig verteilt sein. Es ist also zu vermeiden, daß sich die Merkmalswerte in den Klassen an den Klassengrenzen häufen und der Mittebereich in den einzelnen Klassen kaum besetzt ist. Ferner sollten die Klassen so gebildet werden, daß die unteren und oberen Klassen nicht zu gering besetzt sind.

Wenn wir weiter unten die Klassen für die effektiven Stundenlöhne unserer Tabelle 2.5.3 (S. 115) bilden, so werden wir feststellen, daß diese Forderungen mit einer einheitlichen Klassenbreite von w = 0,30 DM sowie mit $\tilde{x}_0$ = 10,80 und $\tilde{x}_k$ = 12,90 erfüllt werden.

4. Der häufigste Wert einer Urliste sollte mit der Klassenmitte derjenigen Klasse übereinstimmen, welche die größte Häufigkeit aufweist. Diese Forderung ist von Bedeutung, da der häufigste Wert - wie noch behandelt wird - eine Verteilungskennziffer ist und man insofern die Gewähr hat, daß die betreffende Klassenmitte mit dem tatsächlichen häufigsten Wert übereinstimmt, wenn man statt der Originalwerte die Klassenmitten verwendet.

In Tabelle 2.5.3 (S. 115) beträgt der am häufigsten auftretende effektive Stundenlohn 11,85 DM. Zerlegen wir den Wertebereich 10,80 bis 12,90 in gleiche Teilbereiche von 0,30 DM, so ergibt sich der vierte Teilbereich zu 11,70 DM - 12,00 DM. Die Mitte dieser Klasse ist genau 11,85 DM und somit identisch mit dem in der Urliste am häufigsten vorkommenden Stundenlohn. Sicherlich ist diese Forderung nicht immer exakt zu erfüllen, es sei denn, man geht bei der Klassenbreite und bei den Größen $\tilde{x}_0$ und $\tilde{x}_k$ entsprechende Kompromisse ein, wodurch unter Umständen Verteilungen entstehen können, die der Analyse nicht mehr gerecht werden.

5. Für Vergleiche von mehreren Verteilungen eines Merkmals, z.B. zum Vergleich der Verteilungen der effektiven Stundenlöhne mehrerer gleichartiger Betriebe ist eine gleiche Klasseneinteilung angezeigt.

Führen wir unter Verwendung einer einheitlichen Klassenbreite von w = 0,30 DM und einer Untergrenze von $\tilde{x}_0$ = 10,80 DM eine Klassenbildung für die Stundenlöhne in Tab. 2.5.3 (S. 115) durch und ermitteln wir gleichzeitig die Anzahlen der Stundenlöhne für die einzelnen Klassen, so ergibt sich die Häufigkeitsverteilung in Tab. 2.5.4 .

Tab. 2.5.4: Verteilung und Struktur der effektiven Stundenlöhne in einem Betrieb

lfd. Klassen Nr. j	**von** ... DM bis **unter** ... DM $\tilde{x}_{j-1} - \tilde{x}_j$	Klassenmitten f_j^*	absolute Häufigkeit n_j	relative Häufigkeit $f_j = \frac{n_j}{n}$	relative Häufigkeit i. % $f_{j,\%}$
1	10,80-11,10	10,95	10	0,1111	11,11
2	11,10-11,40	11,25	14	0,1556	15,56
3	11,40-11,70	11,55	19	0,2111	21,11
4	11,70-12,00	11,85	21	0,2333	23,33
5	12,00-12,30	12,15	12	0,1333	13,33
6	12,30-12,60	12,45	9	0,1	10
k = 7	12,60-12,90	12,75	5	0,0556	5,56
			n = 90	1	100

Dabei ist allgemein:

j = 1, 2, ..., k → **lfd. Nummer der Klassen mit k = Gesamtzahl der Klassen**

$\tilde{x}_{j-1}$ = **Untergrenze der Klasse j**,

$\tilde{x}_j$ = **Obergrenze der Klasse j**,

$\tilde{x}_j - \tilde{x}_{j-1}$ = w_j → **Klassenbreite der Klasse j**, die im vorliegenden Beispiel für alle Klassen konstant w = 0,30 DM beträgt, aber generell für einzelne Klassen verschieden sein kann,

$$x_j = \tilde{x}_{j-1} + \frac{1}{2} w_j = \frac{(\tilde{x}_j + \tilde{x}_j)}{2}$$ = **Klassenmitte der Klasse j**.

Die absoluten Häufigkeiten n_j bzw. die relativen Häufigkeiten f_j, j = 1, 2, ..., k, (vgl. Tab. 2.5.4) bilden hier mit den Merkmalsklassen oder den Klassenmitten die **absolute** bzw. **relative Häufigkeitsverteilung**.

Nach Erstellung einer Häufigkeitstabelle verwendet man die Klassenmitten als repräsentative Werte für die einzelnen Klassen. Diese Werte gehen auch in die Berechnung der Maßzahlen (wie Lage- und Streuungsmaße) ein, die wichtige Charakteristika von Verteilungen zum Ausdruck bringen und die in Abschnitt 2.5.6. näher behandelt werden.

Wegen einer eindeutigen Zuordnung der Merkmalswerte zu den einzelnen Klassen, d.h. damit Merkmalswerte **nicht** mehreren Klassen zugeordnet werden, dürfen sich die Klassen nicht überlappen. Bei stetigen Merkmalen müssen darüber hinaus die Klassen kontinuierlich ineinander übergehen. Beides erreicht man dadurch, daß man die Klassen wie in Tab. 2.5.4 **von ... bis unter ...** formuliert. Hierbei ist die Obergrenze **nicht** in der **jeweiligen** Klasse, sondern in der **nächstfolgenden** Klasse eingeschlossen. Damit wird jeder beliebig nahe an der Obergrenze einer Klasse liegende Merkmalswert dieser Klasse zugeordnet, während mit dieser Obergrenze übereinstimmende und größere Werte zur nächsten Klasse gezählt werden. Mit diesem Vorgehen werden sowohl die eindeutige Zuordnung zu den Klassen als auch die Kontinuität von einer Klasse zur anderen erreicht.

Bei der Klassierung diskreter Merkmale müssen die Klassen nicht kontinuierlich ineinander übergehen. Hier können die Klassenobergrenzen jeweils in die Klassen eingeschlossen werden. Um Überlappungen der Klassen zu vermeiden, muß die Untergrenze der jeweils folgenden Klasse mit dem nächst höheren diskreten Merkmalswert beginnen. In der statistischen Praxis wird aber auch bei der Klassierung diskreter Merkmale meistens die oben beschriebene kontinuierliche Klassierung angewendet. Dies geschieht zum einen wegen der optisch besseren graphischen Darstellung der zugehörenden Häufigkeitsverteilung und zum anderen wegen der leichteren Berechnung verschiedener noch zu behandelnder statistischer Maßzahlen.

Bei dem Beispiel der effektiven Stundenlöhne (Tab. 2.5.4, S. 118) sind die Klassen gleich breit. Bisweilen wird es von der Sache her erforderlich, mit ungleichen Klassenbreiten zu arbeiten. In diesem Fall gewinnt noch ein weiterer Verteilungsbegriff, die **Häufigkeitsdichte**, an Bedeutung, den wir uns an folgendem Beispiel näher erläutern wollen.

Beispiel 2.5.4: Die Leitung eines Betriebes möchte sich einen Einblick in die sog. **Verweildauer im Krankenstand** bei ihrer Belegschaft verschaffen. Zu diesem Zweck wurden für das vergangene Jahr die Krankheitstage bei den einzelnen Krankmeldungen ermittelt, wobei nur ganze Krankheitstage Berücksichtigung fanden. Die Auswertung ergab die Verteilung in Tab. 2.5.5 .

Tab. 2.5.5: Verteilung und Struktur der Verweildauer im Krankenstand pro Krankmeldung im Betrieb XY während des Vorjahres (in ganzen Tagen)

Klassen Nr.	Anzahl der Krankheitstage pro Krankmeldung von ... Tagen bis unter ... Tage	Anzahl der Krankmeldungen	relative Häufigkeiten	normierte relative Häufigkeit = Häufigkeitsdichte
j	$\tilde{x}_{j-1}$ - $\tilde{x}_{j-1}$	n_j	f_j	$f_j^* = \frac{f_j}{w_j}$
1	1 - 3	82	0,256	0,128
2	3 - 6	95	0,296	0,0987
3	6 - 11	43	0,134	0,0268
4	11 - 16	38	0,118	0,0236
5	16 - 21	32	0,100	0,02
6	21 - 26	20	0,062	0,0124
k = 7	26 - 30	11	0,034	0,0085
		n = 321	1	

Im vorliegenden Beispiel sind die Klassen unterschiedlich breit. Die zweite Klasse besitzt die größte Häufigkeit. Allerdings ergibt sich hier die Frage, ob diese Klasse gegenüber der ersten Klasse nur deshalb eine größere Häufigkeit besitzt, weil sie um die Hälfte breiter ist als die erste Klasse. Um diese Frage zu beantworten, müssen wir für die zweite Klasse **die** Häufigkeit ermitteln, die rein rechnerisch auf **eine Einheit** (hier einen Tag) **der Klassenbreite** entfällt. Zweckmäßigerweise verwenden wir hierbei die relative Häufigkeit. Dann ergibt sich die gesuchte Häufigkeit, indem wir die relative Häufigkeit der zweiten Klasse, also $f_2 = 0.296$ durch die Breite dieser Klasse, also durch $w_2 = 3$ dividieren. Dadurch erhalten wir $f_2^\star = f_2 / w_2 = 0{,}0987$. Diese Häufigkeit bezeichnet man als **normierte relative Häufigkeit** oder auch als **Häufigkeitsdichte**. Bei der ersten Klasse ist die Häufigkeitsdichte $f_1^\star = f_1 / w_1 = 0{,}256 / 2 = 0{,}128$. Wie man sieht, ist nicht die zweite Klasse, sondern die erste Klasse relativ stärker besetzt. Die größere absolute und relative Häufigkeit der zweiten Klasse ist offenbar darauf zurückzuführen, daß die zweite Klasse breiter ist als die erste.

Generell ergibt sich die Häufigkeitsdichte durch die Formel:

(2.5.2)
$$f_j^\star = \frac{f_j}{w_j}$$

Berechnen wir nach dieser Formel auch für die übrigen Klassen die Dichten, so ergeben sich die Zahlen in der letzten Spalte von Tab. 2.5.5. Diese Zahlen bilden in Verbindung mit den Klassen die sog. **Dichtefunktion**.

Bei der Behandlung der Klassenbildung und der Wahl der Klassenanzahl forderten wir, daß die Klassenmitte der Klasse mit der größten Häufigkeit mit dem häufigsten Wert der Urliste übereinstimmen soll. Diese Forderung muß hier für den Fall ungleicher Klassenbreiten präzisiert werden. Und zwar sollte hier die Klassenmitte der Klasse mit der größten **Häufigkeitsdichte** mit dem häufigsten Wert der Urliste identisch sein. Diese Präzisierung ist insofern wichtig, da bei ungleichen Klassenbreiten - wie sich oben zeigte - die Klasse mit der größten Häufigkeit und die Klasse mit der größten Häufigkeitsdichte verschieden sein können. Im Fall gleicher Klassenbreiten tritt dieses Problem nicht auf, da hier diese Klassen immer dieselben sind.

2.5.3. Graphische Darstellungen und typische Formen von Häufigkeitsverteilungen

In der statistischen Praxis wird die Analyse von Häufigkeitsverteilungen und Verteilungsstrukturen von Merkmalen meistens durch Graphiken ergänzt, die wesentlich zur Anschauung und zum Verständnis bei den Benutzern von Statistiken beitragen. Aus der Vielzahl von graphischen Darstellungsmöglichkeiten seien im folgenden drei ausgewählt.

1. Graphische Darstellung bei gruppierten Merkmalswerten

Handelt es sich um ein gruppiertes Merkmal, so bietet sich als Graphik das sog. **Stabdiagramm** an. Hierbei trägt man in einem Koordinatensystem auf der horizontalen Achse (Abszisse) die einzelnen Merkmalswerte oder die qualitativen Ausprägungen ab und errichtet über den Werten vertikale Stäbe in Höhe der zugehörenden relativen Häufigkeiten. Dies führt aufgrund der Zahlen von Tab. 2.5.2 (Altersstruktur eines Fuhrparks, S. 112) zur Graphik in Abb. 2.5.1 .

Abb. 2.5.1: Stabdiagramm der Altersstruktur des Fuhrparkes (vgl. Tab. 2.5.2)

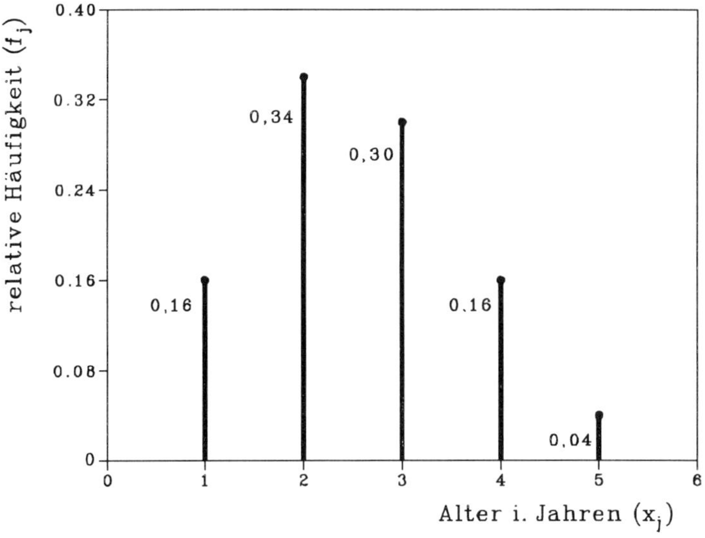

2. Graphische Darstellungen bei klassierten Merkmalswerten

Bei einem klassierten Merkmal wählt man als graphische Darstellung meistens das sog. **Histogramm**. Hierbei werden auf der Abszisse die Klassen abgetragen und über den Klassen Rechtecke in Höhe der jeweiligen Häufigkeitsdichte errichtet.

Betrachten wir unser Beispiel der Verteilung der effektiven Stundenlöhne (siehe Tab. 2.5.4, S. 118). Die Häufigkeitsdichten erhalten wir hier, indem wir die relativen Häufigkeiten in Tab. 2.5.4 durch die zugehörigen Klassenbreiten dividieren. Dies führt zu den Werten $f_j^{\star}$ in Tab. 2.5.6 .

Tab. 2.5.6: Dichtefunktion der effektiven Stundenlöhne in Tab. 2.5.4

j	1	2	3	4	5	6	7
$f_j^{\star}$	0,370	0,519	0,704	0,778	0,444	0,333	0,185

und schließlich in Verbindung mit den zugehörenden Klassen zu dem Histogramm in Abb. 2.5.2 .

Abb. 2.5.2: Histogramm der Verteilung der effektiven Stundenlöhne in Tab. 2.5.4

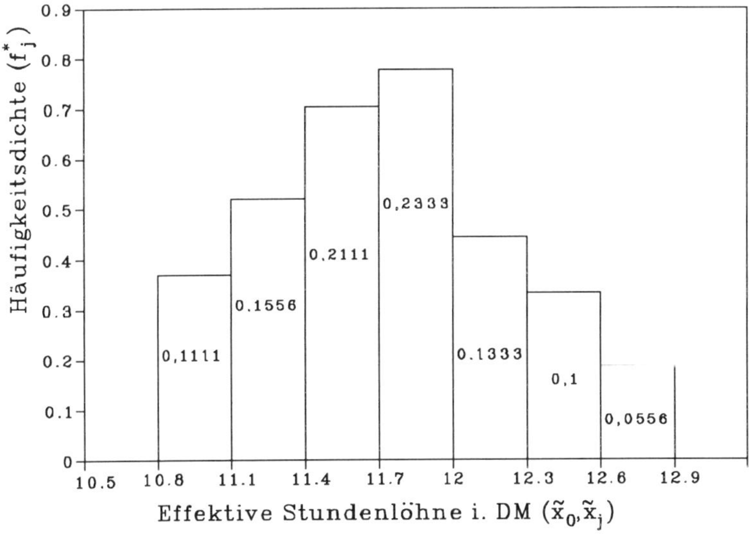

Die Verwendung der Häufigkeitsdichten $f_j^{\star}$ als Höhen der Rechtecke ist aus zweierlei Gründen geboten bzw. zweckmäßig. Zum einen wegen der Problematik bei unterschiedlichen Klassenbreiten, die oben ausführlich beschrieben wurde, und zum anderen, weil die Flächen der einzelnen Rechtecke gleich den relativen Häufigkeiten der betreffenden Klassen sind und somit die Gesamtfläche unter dem Histogramm gleich 1 ist. Daß die Rechteckflächen mit den relativen Häufigkeiten übereinstimmen, folgt unmittelbar aus der Formel (2.5.2) für die Häufigkeitsdichte. Löst man diese nämlich nach f_j auf, so ergibt sich

(2.5.3)	$f_j = w_j \cdot f_j^*$

(Beachte: w_j ist die jeweilige Klassenbreite, also die jeweilige Grundseite und f_j^* die jeweilige Höhe der Rechtecke.)

In Abb. 2.5.2 (S. 123) sind die relativen Häufigkeiten in den Rechtecken vermerkt.

Mit den eben beschriebenen Eigenschaften sind Histogramme insbesondere für vergleichende graphische Darstellungen geeignet, indem die Histogramme zweier verschiedener Verteilungen mit gleicher Klasseneinteilung in einem Diagramm gegenübergestellt werden können.

Eine zweite graphische Darstellungsform von Häufigkeitsverteilungen klassierter Merkmale besteht in dem sog. **Häufigkeitspolygon**. Ein Häufigkeitspolygon erhält man dadurch, daß man auf der Abszisse die Klassenmitten abträgt, senkrecht über diesen in Höhe der jeweiligen Häufigkeitsdichten Punkte setzt und diese durch einen Streckenzug verbindet. Betrachten wir wieder das Beispiel der effektiven Stundenlöhne und die entsprechende Tab. 2.5.4 (S. 118). Tragen wir die dort angegebenen Klassenmitten auf der Abszisse und die in Tab. 2.5.6 (S. 123) angegebenen zugehörenden Häufigkeitsdichten senkrecht über den Klassenmitten als Punkte ab, so erhalten wir das Häufigkeitspolygon in Abb. 2.5.3 .

Abb. 2.5.3: Häufigkeitspolygon der Verteilung der effektiven Stundenlöhne

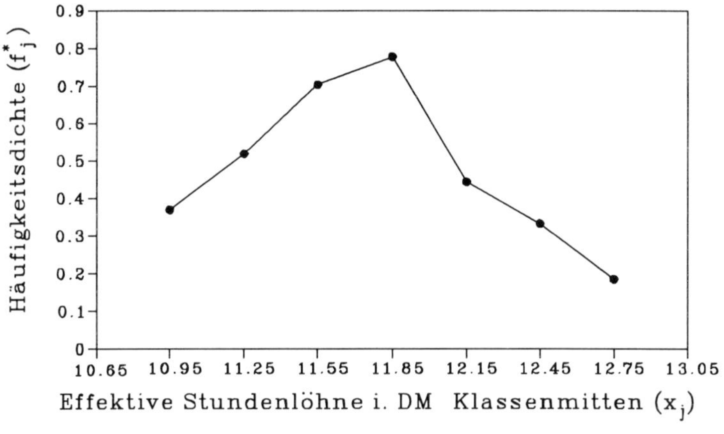

3. Typische Formen von Verteilungen

Bei eingipfligen Verteilungen unterscheidet man drei typische Formen, die in den Abb. 2.5.4 - Abb. 2.5.6 stilisiert dargestellt sind.

Abb. 2.5.4: Linkssteile - rechtsschiefe Verteilung

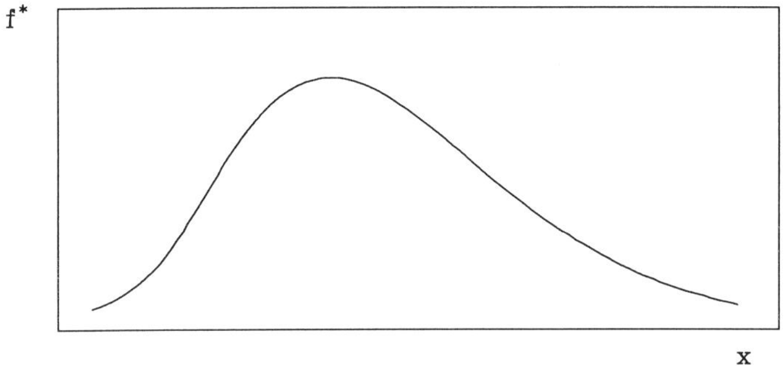

Beispiele 2.5.5: Hier haben viele Merkmalsträger nur geringe bis mittlere Merkmalswerte, aber nur wenige Merkmalsträger hohe Merkmalswerte. Dies trifft z.B. bei Einkommens-, Vermögens- und Umsatzverteilungen zu.

Abb. 2.5.5: Linksschiefe - rechtssteile Verteilung

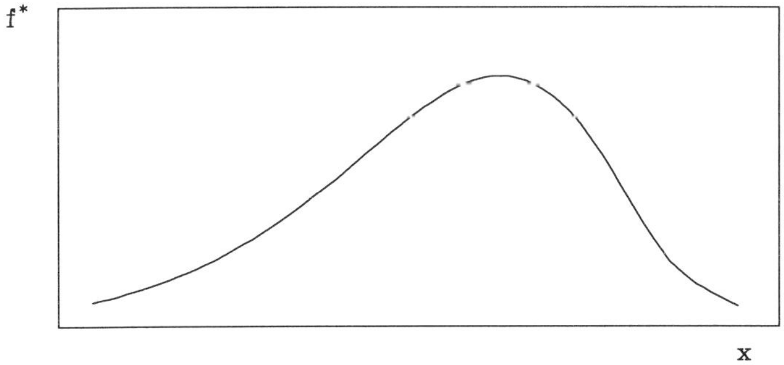

Beispiele 2.5.6: Diese Form weisen beispielsweise Verteilungen von Prüflingen nach den Prüfungsnoten 1 = sehr gut, 2 = gut usw. oder Verteilungen von Fertigungszeiten bei manueller oder teilmanueller Fertigung auf.

Abb. 2.5.6: Symmetrische Verteilung

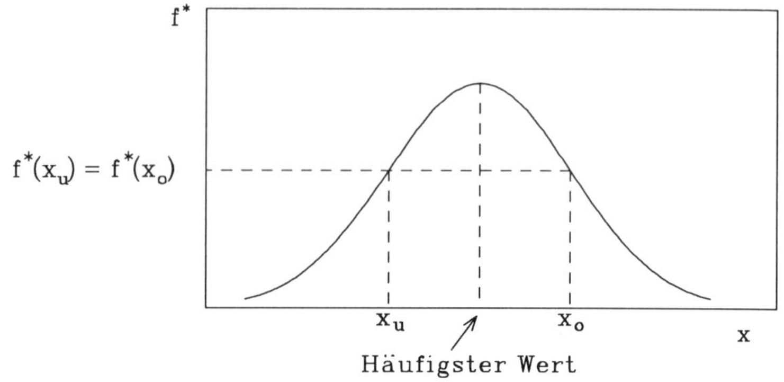

Symmetrische Verteilungen sind solche Verteilungen, bei denen Merkmalswerte mit gleichem Abstandsbetrag vom häufigsten Wert die gleiche Häufigkeitsdichte besitzen (siehe Graphik).

Beispiele 2.5.7: Annähernd symmetrische Verteilungen trifft man nicht selten in der Technik an. Z.B. bei Verteilungen der Abweichungen von Füllgewichten oder Abmessungen von einer mittleren Norm.

2.5.4. Empirische Verteilungsfunktion und ihre graphische Darstellung

Bei der Analyse von Häufigkeitsverteilungen ist es vielfach interessant zu fragen, wieviel Prozent aller Merkmalsträger einer statistischen Untersuchung kleinere Merkmalswerte als einen bestimmten vorgegebenen Wert besitzen. Diese Fragestellung führt uns unmittelbar zur **empirischen Verteilungsfunktion**. Wir wollen uns dieses Analyseinstrument an einem Beispiel näher erläutern.

1. Berechnung der Werte der empirischen Verteilungsfunktion an den Klassenobergrenzen

Beispiel 2.5.8: Im Statistischen Jahrbuch 1992 für die Bundesrepublik Deutschland, S. 70, findet sich für Monat April 1990 die in Tab. 2.5.7 wiedergegebene Verteilung der monatlichen Nettoeinkommen der privaten Haushalte mit einem monatlichen Nettoeinkommen von weniger als 5.000 DM. Gebietsstand: Früheres Bundesgebiet.

Tab. 2.5.7: Häufigkeitsverteilung der monatlichen Nettoeinkommen der privaten Haushalte mit einem monatlichen Nettoeinkommen von weniger als 5.000 DM, April 1990, früheres Bundesgebiet

Klassen Nr.	monatl. Nettoeink. von ... DM bis unter ... DM	Zahl der Haushalte i.1000	relative Häufigkeit	empirische Verteilungsfunktion	F_j i. %	Häufigkeitsdichte
j	$\tilde{x}_{j-1} - \tilde{x}_j$	n_j	f_j	F_j	$F_{j,\%}$	f_j^*
1	- 600	516	0,023	0,023	2,3	$0{,}383 \cdot 10^{-4}$
2	600 - 1200	2603	0,117	0,140	14,0	$0{,}195 \cdot 10^{-3}$
3	1200 - 1800	3608	0,162	0,302	30,2	$0{,}27 \cdot 10^{-3}$
4	1800 - 2500	5323	0,240	0,542	54,2	$0{,}343 \cdot 10^{-3}$
5	2500 - 3000	2810	0,127	0,669	66,9	$0{,}254 \cdot 10^{-3}$
6	3000 - 4000	4540	0,205	0,874	87,4	$0{,}205 \cdot 10^{-3}$
k=7	4000 - 5000	2793	0,126	1	100	$0{,}126 \cdot 10^{-3}$
		22193 = n	1			

In der 5. bzw. 6. Tabellenspalte stehen die gesuchten Werte bzw. prozentualisierten Werte der empirischen Verteilungsfunktion. Man erhält diese Werte, indem man die relativen Häufigkeiten (4. Spalte), von der ersten Klasse ausgehend, **kumuliert**, d.h. sukzessiv addiert. Oder formal ausgedrückt, ergeben sich diese Werte durch

(2.5.4) $$F_j = \sum_{i=1}^{j} f_i \quad \text{und} \quad F_{j,\%} = 100\, F_j\, \%$$

$$\text{mit} \quad F_k = 1 \quad \text{und} \quad F_{k,\%} = 100\,\%$$

Sämtliche F_j - Werte bilden in Verbindung mit den Klassenobergrenzen $\tilde{x}_j$ die **empirische Verteilungsfunktion.**

Im einzelnen besagen die F_j - Werte unserer Tabelle, daß z.B. ein relativer Anteil von 0,140 bzw. 14,0% der betrachteten Haushalte ein monatliches Nettoeinkommen von weniger als 1.200 DM oder daß 0,542 bzw. 54,2% dieser Haushalte ein monatliches Nettoeinkommen von weniger als 2.500 DM oder daß 0,669 bzw. 66,9%, das sind ungefähr 2/3, ein monatliches Nettoeinkommen von weniger als 3.000 DM hatten.

2. Graphische Darstellung der empirischen Verteilungsfunktion im Fall klassierter Merkmalswerte

Die Werte der empirischen Verteilungsfunktion sind den jeweiligen Klassenobergrenzen zugeordnet. Im Fall klassierter Merkmalswerte erhält man dann eine graphische Darstellung der empirischen Verteilungsfunktion, indem man auf der Abszisse die Klassenobergrenzen abträgt und senkrecht über diesen in Höhe der zugehörigen Werte der Verteilungsfunktion Punkte zuordnet und diese durch Strecken verbindet. Für unser Beispiel (Tab. 2.5.7, S. 127) ergibt sich dadurch die Graphik in Abb. 2.5.7 .

Abb. 2.5.7: Empirische Verteilungsfunktion der monatlichen Nettoeinkommen der privaten Haushalte mit einem monatlichen Nettoeinkommen von weniger als 5.000 DM, April 1990, früheres Bundesgebiet.

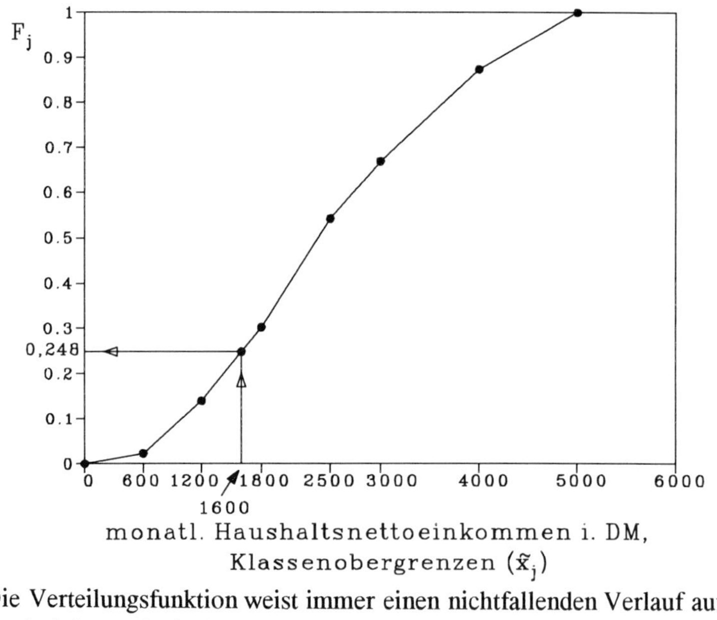

Die Verteilungsfunktion weist immer einen nichtfallenden Verlauf auf. Typisch ist auch ein S - förmiger Verlauf (siehe Abb. 2.5.7).

3. Näherungsformel zur Berechnung beliebiger Werte der empirischen Verteilungsfunktion bei klassierten Merkmalswerten

Aus der relativen Häufigkeitsverteilung ergeben sich unmittelbar **die** Werte der Verteilungsfunktion, die zu den jeweiligen Klassenobergrenzen gehören. In der Praxis sind häufig auch für andere Merkmalswerte die zugehörenden Werte der Verteilungsfunktion von Interesse. Diese Werte lassen sich aber nur näherungsweise bestimmen. Hierzu ein Beispiel.

Beispiel 2.5.9: Betrachten wir wieder Tab. 2.5.7 (S. 127). Angenommen, wir interessieren uns für den relativen Anteil der Haushalte, die ein Nettoeinkommen von weniger als 1.600 DM haben, wobei wir diesen Wert der Verteilungsfunktion mit F(x=1.600) symbolisieren wollen. Der Merkmalswert x = 1.600 liegt in der 3. Klasse. In dieser Klasse ist die Untergrenze $\tilde{x}_2$ = 1.200. Dieser Wert ist die Obergrenze der zweiten Klasse, und für diese Obergrenze ist F_2 = 0,140. Somit ist F(x=1.600) auf jeden Fall 0,140. Aber zu diesem Wert kommt noch ein Betrag hinzu, der gleich **dem** Teilbetrag der relativen Häufigkeit in der dritten Klasse ist, der auf 1.600 DM - 1.200 DM = 400 DM entfällt. Dieser Teilbetrag wird mangels anderer Information nach dem Dreisatz ermittelt. In der dritten Klasse ist bei einer Klassenbreite von w_3 = 600 DM die relative Häufigkeit f_3 = 0,162. Dann entfällt auf 1 DM $\frac{0{,}162}{600}$ relative Häufigkeit und auf 400 DM $\frac{0{,}162}{600} \cdot 400$ relative Häufigkeit. Somit ist also annähernd:

$$(2.5.5) \quad F(x=1.600) = 0{,}140 + \frac{0{,}162}{600} \cdot 400 = 0{,}248$$

Graphisch ergibt sich dieser Wert dadurch, daß wir im Punkt x = 1.600 auf der Abszisse eine Senkrechte errichten und die Höhe des Schnittpunktes dieser Senkrechten mit dem Streckenzug der Verteilungsfunktion auf der Ordinaten ablesen (siehe Abb. 2.5.7).

Aufgrund der Überlegungen, die wir für unsere Berechnung (2.5.5) angestellt haben, können wir nun für einen beliebigen x - Wert innerhalb des Merkmalswertebereichs die allgemeine Formel zur Berechnung des Wertes F(x) der Verteilungsfunktion wie folgt angeben:

$$\textbf{(2.5.6)} \qquad F(x) = F_{j-1} + \frac{f_j}{w_j}(x - \tilde{x}_{j-1})$$

j = Nummer der Klasse, in der x liegt

Formel (2.5.6) ergibt an den jeweiligen Klassenobergrenzen $\tilde{x}_j$ immer die F_j - Werte, die man in der Häufigkeitstabelle ermittelt. Denn es gilt nämlich:

$$F(\tilde{x}_j) = F_{j-1} + \frac{f_j}{w_j}(\tilde{x}_j - \tilde{x}_{j-1})$$

und wegen $\tilde{x}_j - \tilde{x}_{j-1} = w_j$

$$F(\tilde{x}_j) = F_{j-1} + f_j = F_j \, .$$

Wir wollen die Formel (2.5.6) nochmals anwenden.

Beispiel 2.5.10: Angenommen, in unserem Beispiel der Verweildauer im Krankenstand (vgl. Tab. 2.5.5, S. 120) interessiere uns der relative Anteil der Krankmeldungen, die weniger als 8 Tage in Anspruch nehmen. Wir suchen also den Wert F(x=8) der Verteilungsfunktion. x = 8 fällt in die Klasse j = 3. Für dieses j ist $F_{j-1} = F_2 = \sum_{i=1}^{j-1=2} f_i$ = 0,256 + 0,296 = 0,552, $f_j = f_3 = 0{,}134$, $w_j = w_3 = 11 - 6 = 5$ und $x - \tilde{x}_{j-1} = 8 - 6 = 2$ Tage. Dann ergibt sich unser gesuchter Wert F(x=8) aus der Formel (2.5.6) wie folgt:

$$F(x=8) = 0{,}552 + \frac{0{,}134}{5} \cdot (8-6) = 0{,}606.$$

0,606 bzw. 60.6% der Krankmeldungen beanspruchen weniger als 8 Tage, also höchstens 7 Tage.

4. Die empirische Verteilungsfunktion bei gruppierten Merkmalswerten

Im Fall gruppierter Daten läßt sich die eben behandelte Formel nicht sinnvoll anwenden, da hier nur wenige bestimmte Werte auftreten und die Verteilungsfunktion für Zwischenwerte u.U. keinen Sinn ergibt. Die empirische Verteilungsfunktion stellt sich in diesem Fall graphisch auch nicht als Streckenzug, sondern als sog. **Treppenfunktion** dar. Dies sei an folgendem Beispiel veranschaulicht.

Beispiel 2.5.11: In einem mittelständischen Reparaturbetrieb werden in regelmäßigen Abständen an einer Ersatzteileausgabestelle die Inanspruchnahmen pro 10 - Minutenintervalle ermittelt. Bei insgesamt 52 solcher Intervalle verteilten sich die Inanspruchnahmen wie folgt:

Tab. 2.5.8: Häufigkeitsverteilung der Inanspruchnahmen einer Ersatzteileausgabestelle

Nr. der Merkmalswerte j	Inanspruchnahmen pro Zeitintervall x_j	f_j	F_j
1	0	0,135	0,135
2	1	0,423	0,558
3	2	0,250	0,808
4	3	0,154	0,962
5	4	0,038	1

Tragen wir die x_j - und die F_j - Werte in ein Koordinatensystem ein, so ergibt sich die Graphik der empirischen Verteilungsfunktion in Abb. 2.5.8 .

Abb. 2.5.8: Empirische Verteilungsfunktion der Inanspruchnahmen einer Ersatzteileausgabestelle

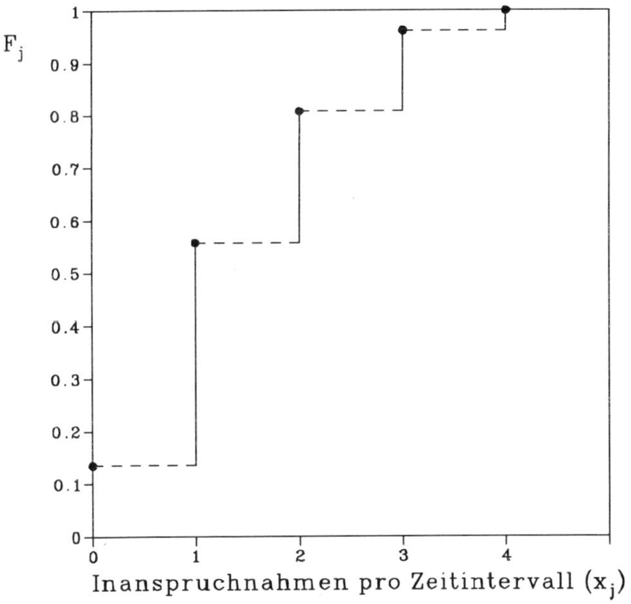

Die gestrichelten Stufen stellen nur optische Verbindungsstrecken dar. Ihre Punkte vermitteln keine Aussage, da die zugehörigen Werte auf der x - Achse keine Bedeutung besitzen.

2.5.5 Prozentpunkte (Quantile)

Im vorangehenden Abschnitt haben wir bei den klassierten Merkmalen einen x - Wert vorgegeben und nach dem Wert der Verteilungsfunktion, d.h. nach dem relativen Anteil der Merkmalsträger mit Merkmalswerten von weniger als x gefragt. In der statistischen Praxis ist aber auch die umgekehrte Fragestellung von Bedeutung. Wir geben also einen relativen Anteil $F(x_p) = p$ mit $0 < p < 1$ bei der Verteilungsfunktion vor und ermitteln den zugehörigen x_p - Wert auf der x - Achse. Dieser x_p - Wert wird als **Prozentpunkt** oder **Quantil** bezeichnet. Wenn beispielsweise $p = 0{,}3$ ist, dann heißt $x_{0,3}$ genauer der 30 - Prozentpunkt oder das 30 - Prozent Quantil. Ein Beispiel soll die Bestimmung von Prozentpunkten näher erläutern.

Beispiel 2.5.12: Ein Handelsunternehmen unterhält in der BRD 113 Einzelhandelsfilialen. In 1992 verteilten sich die Jahresumsätze der Filialen wie folgt:

Tab. 2.5.9: Häufigkeitsverteilung der Jahresumsätze von 113 Einzelhandelsfilialen im Jahr 1992

Klassen Nr. j	Umsatzklassen von ... bis unter ... i. 100 Tsd. DM $\tilde{x}_{j-1}$ - $\tilde{x}_j$	Anzahl der Filialen n_j	f_j	F_j
1	20 - 30	6	0,0531	0,0531
2	30 - 50	26	0,2301	0,2832
3	50 - 70	48	0,4248	0,708
4	70 - 90	18	0,1593	0,8673
5	90 - 110	10	0,0885	0,9558
k=6	110 - 150	5	0,0442	1
		113=n	1	

Aufgrund der $\tilde{x}_j$ - Werte und der F_j - Werte ergibt sich für die empirische Verteilungsfunktion die Graphik in Abb. 2.5.9 .

Abb. 2.5.9: Empirische Verteilungsfunktion der Jahresumsätze in 1992 von Einzelhandelsfilialen

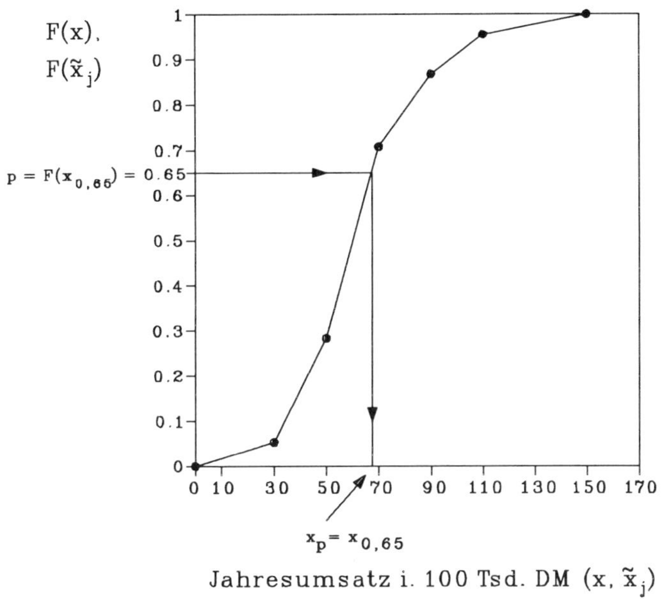

Angenommen, wir interessieren uns für den 65 - Prozentpunkt $x_p = x_{0,65}$, d.h. für den Umsatz, der von 65% der Filialen unterschritten wird. Graphisch können wir diesen Prozentpunkt dadurch bestimmen, daß wir auf der F - Achse in Höhe des Wertes p = 0,65 eine Waagrechte zeichnen und vom Schnittpunkt dieser Waagrechten mit der Verteilungsfunktion ein Lot auf die x - Achse fällen (vgl. Abb. 2.5.9). Hier läßt sich der gesuchte Prozentpunkt $x_{0,65}$ mit ungefähr 6,8 Mio. DM ablesen. Das heißt, 65% der Filialen haben 1992 einen Jahresumsatz von weniger als 6,8 Mio. DM erzielt.

Dieser Prozentpunkt und andere Prozentpunkte lassen sich aber auch rechnerisch und damit wesentlich einfacher und genauer bestimmen. Mit der Formel (2.5.6) im vorangehenden Abschnitt können wir bei Vorgabe eines x - Wertes den zugehörigen F - Wert ermitteln. Bei der Frage nach einem Prozentpunkt ist nur die Richtung umgekehrt. Hier geben wir auf der F - Achse einen Wert $F(x_p) = p$ vor und wollen den zugehörigen x_p - Wert auf der x - Achse ermitteln. Dann können wir eine entsprechende Berechnungsformel dadurch gewinnen, daß wir in

(2.5.6) x durch x_p und F(x) durch p ersetzen und die Formel nach x_p auflösen. Dies führt zu dem Ausdruck

(2.5.7) $$x_p = \tilde{x}_{j-1} + \frac{w_j}{f_j} (p - F_{j-1})$$

mit $0 < p < 1$ und j = Nummer der Klasse, die zu p gehört.

Wir wollen jetzt den 65 - Prozentpunkt $x_{0,65}$, den wir oben graphisch ermittelt haben, anhand der Formel (2.5.7) berechnen. Hier ist $p = F(x_p) = 0{,}65$. Betrachten wir die F_j - Werte in Tab. 2.5.9 (S. 132), so können wir feststellen, daß dieser relative Anteil zwischen 0,2832 und 0,7080 liegt. In Verbindung mit den Klassen zeigt sich, daß der gesuchte Prozentpunkt $x_{0,65}$ offenbar in der Klasse j = 3 liegt. Dann ist also $\tilde{x}_{j-1} = \tilde{x}_2 = 50$, $w_j = w_3 = 70 - 50 = 20$, $f_j = f_3 = 0{,}4248$ und $F_{j-1} = F_2 = 0{,}2832$. Setzen wir diese Werte in (2.5.7) ein, so ergibt sich der gesuchte Prozentpunkt $x_{0,65}$ zu

$$x_{0,65}(\text{i. 100 Tsd. DM}) = 50 + \frac{20}{0{,}4248} \cdot (0{,}65 - 0{,}2832) = 67{,}2693$$

bzw. aufgerundet

$$x_{0,65} = 6.727.000 \text{ DM}.$$

65% der Filialen hatten also einen Jahresumsatz von weniger als 6.727.000 DM.

Wie sich weiter unten zeigen wird, kommt dem 25 - Prozentpunkt $x_{0,25}$, dem 50 - Prozentpunkt $x_{0,5}$ und dem 75 - Prozentpunkt $x_{0,75}$ eine besondere Bedeutung zu. $x_{0,25}$ nennt man auch **das erste Quartil**, $x_{0,5}$ **das zweite Quartil** und $x_{0,75}$ **das dritte Quartil**.

2.5.6. Lage- und Streuungsmaße

In der Praxis ist es nicht immer notwendig, eine umfangreiche und mithin zeitaufwendige Verteilungsanalyse durchzuführen. In diesen Fällen beschränkt man sich auf die Berechnung von Maßzahlen, an denen man die Charakteristika einer Häufigkeitsverteilung erkennen kann. Die für die Praxis wichtigsten dieser Maßzahlen sind die **Lage- und Streuungsmaße**. Lagemaße geben die mittlere, d.h. durchschnittliche Größenordnung eines Merkmals an. Lagemaße sind im weitesten

Sinne Durchschnittswerte oder - wie man auch sagt - Mittelwerte. Dagegen sagen Streuungsmaße etwas über die Verschiedenartigkeit, also über die Variationsbreite der Ausprägungen eines Merkmals aus. Im folgenden sollen die Gebräuchlichsten dieser Lage - und Streuungsmaße näher behandelt werden.

2.5.6.1. Arithmethisches Mittel, Streuung (Varianz), Standardabweichung und Variationskoeffizient

1. Arithmetisches Mittel

Das arithmetische Mittel ist unter den verschiedenen Durchschnittswerten der am meisten angewandte und daher bekannteste Mittelwert, obwohl er nicht immer sinnvoll verwendet wird. Wenn in den Medien von Durchschnittseinkommen, durchschnittlichen Stundenlöhnen, Durchschnittsrente oder vom durchschnittlichen Bier- oder Zigarettenkonsum die Rede ist, so sind diese Durchschnitte in der Regel arithmetische Mittelwerte.

Arithmetische Mittel sollten nur bei metrisch skalierten Merkmalen Anwendung finden.

a) Berechnung im Fall ungruppierter Merkmalswerte

Angenommen, es liegen für ein Merkmal die n ungruppierten Werte $x_1, x_2, \ldots, x_n$ vor, dann ist das arithmetische Mittel dieser Werte wie folgt definiert:

(2.5.8) $$\bar{x} = \frac{1}{n} \sum_{i=1}^{n} x_i$$

Das Symbol $\bar{x}$ für das arithmetische Mittel wird "**x überstrichen**" oder "**x quer**" gesprochen. $\sum_{i=1}^{n} x_i$ heißt Merkmalswertesumme oder - kürzer - Merkmalssumme.

Beispiel 2.5.13: Die 12 Vertreter einer Firma haben in einem Monat folgende Umsätze (in Tsd. DM) getätigt: 65,1 ; 68,5 ; 63,7 ; 59,3 ; 61,7 ; 61,8 ; 60,8 ; 69,1 ; 70,2 ; 65,2 ; 72,3 ; 63,5 . In diesem Fall ist $n = 12$, $\sum_{i=1}^{n} x_i = 781,2$ und somit nach Formel (2.5.8) $\bar{x} = 781,2 / 12 = 65,1$ Tsd. DM. Pro Vertreter wurden also im Durchschnitt oder - wie man auch sagt - im Mittel 65.100 DM Umsatz erzielt. Das arithmetische Mittel von 65.100 DM Umsatz ist also der Umsatz, den jeder Vertreter bei einem Gesamtumsatz von 781.200 DM erzielt hätte, wenn jeder Vertreter den gleichen Umsatz getätigt hätte.

Allgemein läßt sich sagen, daß das arithmetische Mittel der Wert ist, den jeder Merkmalsträger bei einer Merkmalssumme $\sum_{i=1}^{n} x_i$ hätte, wenn die Merkmalswerte einander gleich wären.

b) Berechnung im Fall gruppierter Merkmalswerte

Hier liegen k diskrete bzw. quasidiskrete Werte x_j, $j = 1, 2, \ldots, k$, mit den zugehörigen absoluten Häufigkeiten n_j, $j = 1, 2, \ldots, k$, vor. Dann ist also die Merkmalssumme $\sum_{i=1}^{n} x_i = \sum_{j=1}^{k} x_j n_j$ und somit das arithmetische Mittel

(2.5.9) $$\bar{x} = \frac{1}{n} \sum_{j=1}^{k} x_j n_j \quad \text{mit} \quad n = \sum_{j=1}^{k} n_j$$

Da $\frac{1}{n} \sum_{j=1}^{k} x_j n_j = \sum_{j=1}^{k} x_j \frac{n_j}{n}$ und $\frac{n_j}{n} = f_j$, gilt auch

(2.5.10) $$\bar{x} = \sum_{j=1}^{k} x_j f_j$$

Die Multiplikation der x_j mit den absoluten Häufigkeiten n_j bzw. mit den relativen Häufigkeiten f_j nennt man **Gewichtung** der x_j, wobei die n_j bzw. f_j als Gewichte aufgefaßt werden. In diesem Zusammenhang bezeichnet man die beiden Formeln (2.5.9) und (2.5.10) auch als **gewogenes arithmetisches Mittel**.

Beispiel 2.5.14: Wir kommen auf unser Beispiel 2.5.1 (Tab. 2.5.2, S. 112) der Altersstruktur eines Fuhrparks zurück und wollen das Durchschnittsalter des Fuhrparks berechnen. Zu diesem Zweck fertigen wir uns die folgende Arbeitstabelle an:

Tab. 2.5.10: Arbeitstabelle zur Berechnung des Durchschnittsalters eines Fuhrparks aufgrund von Tab. 2.5.2

j	x_j	n_j	$f_j = \frac{n_j}{n}$	$x_j \cdot n_j$	$x_j \cdot f_j$
1	1	8	0,16	8	0,16
2	2	17	0,34	34	0,68
3	3	15	0,30	45	0,90
4	4	8	0,16	32	0,64
5=k	5	2	0,04	10	0,20
		50=n	1	129	2,58 = $\bar{x}$

In diesem Fall ist also nach Formel (2.5.9) bzw. (2.5.10)

$$\bar{x} = \frac{1}{n} \sum_{j=1}^{k} x_j \, n_j = \frac{129}{50} = \sum_{j=1}^{k} x_j \, f_j = 2{,}58 \text{ Jahre.}$$

Das Durchschnittsalter des Fuhrparks beträgt also rd. 2 ½ Jahre.

c) Berechnung im Fall klassierter Merkmalswerte

Hierbei ist es notwendig, für jede Klasse einen repräsentativen Wert vorzugeben. Die besten repräsentativen Werte sind die arithmetischen Mittel in den einzelnen Klassen, da mit diesen Werten das arithmetische Gesamtmittel immer genau berechnet werden kann. Dies soll im folgenden näher gezeigt werden.

Wir bezeichnen das arithmetische Mittel in der Klasse j mit $\bar{x}_j$. $\bar{x}_j$ ergibt sich aus den Merkmalswerten, die zur Klasse j gehören. Insgesamt haben wir k solcher Klassenmittel, also $\bar{x}_j$, j = 1, 2, ..., k. Aus Formel (2.5.8) folgt für die gesamte Merkmalssumme

$$\textbf{(2.5.11)} \qquad \sum_{i=1}^{n} x_i = n \cdot \bar{x}$$

Dies muß auch analog für die einzelnen Klassen gelten. D.h. die Merkmalssumme in der Klasse 1 ist $S_1 = \bar{x}_1 \cdot n_1$, die Merkmalssumme in der Klasse 2 ist $S_2 = \bar{x}_2 \cdot n_2$ usw. Dann ist also die gesamte Merkmalssumme $\sum_{i=1}^{n} x_i = \sum_{j=1}^{k} \bar{x}_j \cdot n_j$ und somit gemäß (2.5.8)

$$\textbf{(2.5.12)} \qquad \bar{x} = \frac{1}{n} \sum_{j=1}^{k} \bar{x}_j \cdot n_j \qquad \text{mit} \qquad n = \sum_{j=1}^{k} n_j$$

oder

$$\textbf{(2.5.13)} \qquad \bar{x} = \sum_{j=1}^{k} \bar{x}_j \cdot f_j$$

Über die Klassenmittel ergibt sich also immer der gleiche Wert für das Gesamtmittel $\bar{x}$, wie wenn man dieses Mittel aus den ungruppierten, d.h. den Merkmalswerten x_i, $i = 1, 2, \ldots, n$, der Urliste berechnen würde.

In der Praxis sind die Klassenmittel i.d.R. nicht verfügbar, da das statistische Material meistens schon in Form von Häufigkeitsverteilungen angegeben wird und ein Rückgriff auf die Daten der Urliste nicht mehr möglich ist. In diesen Fällen wählt man als repräsentative Klassenwerte die jeweiligen Klassenmitten $x_j = \tilde{x}_{j-1} + ½\, w_j$ und verwendet diese für die $\bar{x}_j$ in (2.5.12) bzw. (2.5.13). Damit ergeben sich für $\bar{x}$ die Formeln

$$\textbf{(2.5.14)} \qquad \bar{x} \approx \frac{1}{n} \sum_{j=1}^{k} x_j \cdot n_j$$

bzw.

$$\textbf{(2.5.15)} \qquad \bar{x} \approx \sum_{j=1}^{k} x_j \cdot f_j$$

Auch bei diesen Formeln spricht man wie im Fall gruppierter Werte von einem gewogenen arithmetischen Mittel, wobei die n_j bzw. f_j die einzelnen Gewichte sind. Der nach beiden Formeln berechnete Wert wird i.d.R. nicht genau mit dem tatsächlichen arithmetischen Mittel übereinstimmen. Deshalb wurde statt des Gleichheitszeichens das Zeichen $\approx$ für "ungefähr gleich" geschrieben.

Wir wollen uns den vorangehenden Sachverhalt an folgendem Beispiel veranschaulichen.

Beispiel 2.5.15: Wir greifen auf unser Beispiel 2.5.3 der effektiven Stundenlöhne mit den zugehörigen Tabellen 2.5.3 (S. 115) und 2.5.4 (S. 118) zurück und fertigen uns folgende Arbeitstabelle an:

Tab. 2.5.11: Arbeitstabelle zur Berechnung des mittleren effektiven Stundenlohnes aufgrund der Tabellen 2.5.3 und 2.5.4

j	$\tilde{x}_{j-1} - \tilde{x}_j$	$\bar{x}_j$	x_j	n_j	$\bar{x}_j \cdot n_j$	$x_j \cdot n_j$
1	10,80-11,10	10,93	10,95	10	109,3	109,5
2	11,10-11,40	11,23	11,25	14	157,22	157,5
3	11,40-11,70	11,57	11,55	19	219,83	219,45
4	11,70-12,00	11,85	11,85	21	248,85	248,85
5	12,00-12,30	12,18	12,15	12	146,16	145,80
6	12,30-12,60	12,48	12,45	9	112,32	112,05
7=k	12,60-12,90	12,71	12,75	5	63,55	63,75
				n=90	1057,23	1056,90

Unter Verwendung der Klassenmittel $\bar{x}_j$ ergibt sich gemäß Formel (2.5.12) der tatsächliche arithmetische Mittelwert zu

$$\bar{x} = \frac{1}{n} \sum_{j=1}^{n} \bar{x}_j \cdot n_j = \frac{1057,23}{90} = 11,747 \sim 11,75 \text{ DM}$$

Zum Nachweis, daß dieser gewogene Mittelwert mit dem Mittelwert der umgruppierten Werte übereinstimmt, möge der Leser das arithmetische Mittel der umgruppierten Werte in Tab. 2.5.3 (S. 115) berechnen.

Berechnen wir das gewogene arithmetische Mittel mit Hilfe der Klassenmitten x_j, so erhalten wir aufgrund von Formel (2.5.14)

$$\bar{x} = \frac{1}{n} \sum_{j=1}^{n} x_j \cdot n_j = \frac{1056,90}{90} = 11,743 \sim 11,74 \text{ DM}$$

Wie man sieht, weicht dieses gewogene Mittel vom tatsächlichen Mittelwert ab, jedoch nur unwesentlich. Die Abweichung ist umso geringer, je gleichmäßiger die Merkmalswerte in den Klassen verteilt sind, was im vorliegenden Fall offenbar zutrifft.

2. Streuung (Varianz), Standardabweichung

Die Aussagekraft des arithmetischen Mittels ist umso größer, je enger sich die einzelnen Merkmalswerte um den Mittelwert scharen. Umgekehrt ist seine Aussagekraft umso geringer, je weiter die Einzelwerte von ihrem Mittelwert abweichen, d.h. je verschiedener die einzelnen Werte sind oder - anders ausgedrückt - je größer ihre Variationsbreite ist. So können zwei oder mehrere Mittelwerte - auch wenn sie gleich sind (z.B. gleiche Durchschnittslöhne zweier Branchen) - eine unterschiedliche Aussagequalität besitzen. Deshalb ist es insbesondere für Vergleiche von Mittelwerten notwendig, eine Maßzahl zu finden, welche die Variation, d.h. die Streuung der Einzelwerte um ihren Mittelwert zum Ausdruck bringt.

a) ungruppierte Merkmalswerte

Für die Konstruktion eines solchen Maßes wäre es naheliegend, die Abweichungen der Einzelwerte x_i , $i = 1, 2, \ldots, n$ von ihrem arithmetischen Mittel $\bar{x}$, also die Werte $(x_i - \bar{x})$, $i = 1, 2, \ldots, n$, zu bilden und daraus das arithmetische Mittel $\frac{1}{n} \sum_{i=1}^{n} (x_i - \bar{x})$, d.h. eine durchschnittliche Abweichung zu berechnen. Dieses Maß ist aber ungeeignet, da es immer den Wert 0 hat, was leicht zu zeigen ist. Denn es ist nämlich

$$\frac{1}{n} \sum_{i=1}^{n} (x_i - \bar{x}) = \frac{1}{n} (\sum_{i=1}^{n} x_i - n\bar{x}) = \frac{1}{n} (\sum_{i=1}^{n} x_i - \sum_{i=1}^{n} x_i) = 0$$

Dieses Problem läßt sich dadurch beseitigen, daß man die Abweichungen $(x_i - \bar{x})$, $i = 1, 2, \ldots, n$, quadriert. Damit entsteht die Maßzahl

(2.5.16) $$s^2 = \frac{1}{n} \sum_{i=1}^{n} (x_i - \bar{x})^2$$

die als **Streuung** oder **Varianz** oder auch als **mittlere quadratische Abweichung** bezeichnet wird. Der Nachteil dieser Maßzahl besteht jedoch darin, daß durch die Quadrierung auch die Dimension der Abweichungen quadriert wird und damit s^2 die quadrierte Dimension der ursprünglichen Dimension besitzt. Werden z.B. die x_i in DM gemessen, so hat s^2 die Dimension $(DM)^2$. Dies läßt sich aber wieder rückgängig machen, indem man aus s^2 die positive Quadratwurzel zieht. Dadurch erhalten wir die sog. **Standardabweichung**

(2.5.17) $$s = +\sqrt{\frac{1}{n}\sum_{i=1}^{n}(x_i - \bar{x})^2}$$

s gibt an, um welchen Betrag die Einzelwerte von ihrem arithmetischen Mittel nach oben und nach unten im Durchschnitt abweichen.

Beispiel 2.5.16: Wir wollen im folgenden die Streuung bzw. Standardabweichung für die Umsätze der 12 Vertreter im Beispiel 2.5.13 (S. 136) berechnen. Hierzu fertigen wir eine Arbeitstabelle an.

Tab. 2.5.12: Arbeitstabelle zur Berechnung von s^2 und s der Vertreterumsätze im Beispiel 2.5.13, $\bar{x} = 65{,}1$ (Tsd. DM)

i	1	2	3	4	5	6	7	8	9	10	11	12	Σ
x_i (Tsd. DM)	65,1	68,5	63,7	59,3	61,7	61,8	60,8	69,1	70,2	65,2	72,3	63,5	
$x_i - \bar{x}$	0	3,4	-1,4	-5,8	-3,4	-3,3	-4,3	4	5,1	0,1	7,2	-1,6	0
$(x_i - \bar{x})^2$	0	11,56	1,96	33,64	11,56	10,89	18,49	16	26,01	0,01	51,84	2,56	184,52

In diesem Fall ist also nach den Formeln (2.5.16) und (2.5.17)

$$s^2 = \frac{1}{n}\sum_{i=1}^{n}(x_i - \bar{x})^2 = \frac{184{,}52}{12} = 15{,}3767 \text{ (Mio. DM}^2\text{)} \quad \text{und}$$

$$s = +\sqrt{\frac{1}{n}\sum_{i=1}^{n}(x_i - \bar{x})^2} = +\sqrt{15{,}3767} = 3{,}921 \text{ (Tsd. DM)}$$

Die Einzelumsätze weichen durchschnittlich um 3.921 DM nach oben und nach unten von ihrem Mittelwert $\bar{x} = 65.100$ DM ab.

b) Gruppierte und klassierte Merkmalswerte

Hier werden die Abweichungen der gruppierten Werte bzw. der Klassenmitten x_j, $j = 1, 2, \ldots, k$, von ihrem gewogenen arithmetischen Mittel quadriert und dann mit den zugehörigen absoluten bzw. relativen Häufigkeiten gewichtet. Dadurch erhalten wir für die Streuung s^2 und die Standardabweichung s die folgenden Formeln:

(2.5.18) $$s^2 = \frac{1}{n} \sum_{j=1}^{k} (x_j - \bar{x})^2 n_j$$

bzw.

(2.5.19) $$s^2 = \sum_{j=1}^{k} (x_j - \bar{x})^2 f_j$$

und

(2.5.20) $$s = +\sqrt{\frac{1}{n} \sum_{j=1}^{k} (x_j - \bar{x})^2 n_j}$$

bzw.

(2.5.21) $$s = +\sqrt{\sum_{j=1}^{k} (x_j - \bar{x})^2 f_j}$$

Beispiel 2.5.17: Wir wollen im folgenden die Streuung und die Standardabweichung der klassierten effektiven Stundenlöhne in Tab. 2.5.11 (S. 139) berechnen. Hierzu diene die nachstehende Arbeitstabelle:

Tab. 2.5.13: Arbeitstabelle zur Berechnung von s^2 und s der klassierten effektiven Stundenlöhne in Tab. 2.5.11, $\bar{x} = 11{,}74$ (aufgrund der Klassenmitten ermittelt)

j	1	2	3	4	5	6	7	Σ
x_j	10,95	11,25	11,55	11,85	12,15	12,45	12,75	
n_j	10	14	19	21	12	9	5	90=n
$x_j - \bar{x}$	-0,79	-0,49	-0,19	0,11	0,41	0,71	1,01	
$(x_j - \bar{x})^2$	0,6241	0,2401	0,0361	0,0121	0,1681	0,5041	1,0201	
$(x_j - \bar{x})^2 n_j$	6,241	3,3614	0,6859	0,2541	2,0172	4,5369	5,1005	22,197

Damit ergeben sich für die Streuung und die Standardabweichung nach den Formeln (2.5.18) und (2.5.20) die folgenden Werte:

$$s^2 = \frac{1}{n} \sum_{j=1}^{k} (x_j - \bar{x})^2 n_j = \frac{22{,}197}{90} = 0{,}2466 \text{ DM}^2$$

und

$$s = \sqrt[+]{0{,}2466} = 0{,}497 \text{ DM} \sim 0{,}50 \text{ DM bzw. } 50 \text{ Pfg.}$$

Das heißt: Die einzelnen effektiven Stundenlöhne weichen durchschnittlich nach oben und nach unten von ihrem Mittelwert $\bar{x} = 11{,}74$ DM um rd. 50 Pfg. ab.

3. Variationskoeffizient

Generell läßt sich sagen, daß die Aussagekraft eines arithmetischen Mittels umso größer ist, je kleiner die Standardabweichung seiner Einzelwerte ist und umgekehrt. Handelt es sich aber um einen Vergleich von Mittelwerten mehrerer Verteilungen, so muß man diese Aussage relativieren. In der Regel werden diese Mittelwerte verschieden sein, unter Umständen sind sie sogar von sehr unterschiedlicher Größenordnung. In solchen Fällen kann man nicht sagen, daß derjenige Mittelwert die größte Aussagekraft besitzt, bei dem die Standardabweichung am kleinsten ist. Ebensowenig läßt sich bei zwei verschiedenen Mittelwerten nicht die gleiche Aussagequalität unterstellen, wenn ihre Standardabweichungen gleich sind. Großen Mittelwerten muß man auch eine größere Standardabweichung zugestehen als wesentlich kleineren Mittelwerten. Beispielweise wäre es bei den Vertreterumsätzen (Beispiel 2.5.13, S. 136) nicht sinnvoll, die gleiche Standardabweichung zu fordern wie bei den effektiven Stundenlöhnen (Beispiel 2.5.3, Tab. 2.5.3, S. 115). Die Umsätze bewegen sich in der Größenordnung von 1000 DM Beträgen, die Stundenlöhne in der Größenordnung von einfachen DM Beträgen. Um hier zu einem Vergleich der Aussagequalität der Mittelwerte zu gelangen, müssen die Standardabweichungen in bezug auf die jeweilige Größenordnung der Merkmalswerte relativiert werden. Dies erfüllt der **Variationskoeffizient**, der wie folgt definiert ist:

(2.5.22) $$VK = \frac{s}{\bar{x}} \quad \text{bzw.} \quad VK_{\%} = \frac{s}{\bar{x}} \cdot 100\,\%$$

Der Variationskoeffizient relativiert die Standardabweichung auf das arithmetische Mittel und damit auf die mittlere Größenordnung der Merkmalswerte. Allerdings ist er nur anwendbar, wenn die Merkmalswerte durchgängig positiv oder durchgängig negativ sind. Im letzteren Fall verwendet man in (2.5.22) den Absolutbetrag von $\bar{x}$. Sind die Merkmalswerte dagegen teils positiv und teils negativ, so führt der Variationskoeffizient zu nicht sinnvollen Ergebnissen. Vorteilhaft ist es, daß dieses Maß dimensionslos ist. Dadurch ist es auch möglich, die Aussagequalität von Mittelwerten mit verschiedenen Dimensionen zu vergleichen.

Beispiele 2.5.18: Wir wollen im folgenden die Variationskoeffizienten für die Verteterumsätze (Beispiel 2.5.13, S. 136) und die effektiven Stundenlöhne (Beispiel 2.5.15, S. 139) berechnen. Bei den Vertreterumsätzen ist $\bar{x} = 65.100$ DM mit $s = 3.921$ DM, und bei den effektiven Stundenlöhnen ist $\bar{x} = 11{,}74$ mit $s = 0{,}497$ DM. Dann beträgt der Variationskoeffizient bei den Vertreterumsätzen

$$VK_{\%} = \frac{s}{\bar{x}} \cdot 100 = \frac{3.921}{65.100} \cdot 100 = 6{,}02\,\%$$

und bei den Löhnen

$$VK_{\%} = \frac{0{,}497}{11{,}74} \cdot 100 = 4{,}23\,\%.$$

Der Mittelwert der Löhne ist offenbar aussagekräftiger als der Mittelwert der Umsätze.

Arithmetische Mittelwerte reagieren sehr empfindlich auf **Extremwerte**, auch **Ausreißer** genannt. Extremwerte sind solche Werte, die von den Werten der Masse ungewöhnlich stark abweichen. Treten solche Werte unter den Merkmalswerten auf, so führt dies beim arithmetischen Mittel häufig zu einem völlig verzerrten und damit unbrauchbaren Ergebnis. Dies ist insbesondere bei sehr schiefen Verteilungen der Fall. Wir wollen uns diese Problematik an folgendem Beispiel näher veranschaulichen.

Beispiel 2.5.19: Angenommen, es würde neben den 12 Vertetern (Beispiel 2.5.13, S. 136) noch einen 13ten Verteter geben, der in dem betr. Monat einen Umsatz von 251,5 Tsd. DM getätigt hätte. In Verbindung mit den bisherigen Vertreterumsätzen im Beispiel 2.5.13 ergibt sich jetzt die Umsatzreihe (in Tsd. DM) 65,1 ; 68,5 ; 63,7 ; 59,3 ; 61,7 ; 61,8 ; 60,8 ; 69,1 ; 70,2 ; 65,2 ; 72,3 ; 63,5 ; 251,5 und damit der Mittelwert

$$\bar{x} = \frac{1}{n} \sum_{i=1}^{n} x_i = \frac{1032,7}{13} = 79,4 \text{ Tsd. DM.}$$

Dieser Wert ist völlig verzerrt, da er in keiner Weise die Werte der Masse repräsentiert.

Um in einem solchen Fall bzw. einem Fall, in welchem mehrere Extremwerte auftreten, zu einem repräsentativen Wert zu gelangen, muß man ein Lagemaß anwenden, das gegenüber Extremwerten unempfindlich ist. Ein solches Maß verkörpert der **Zentralwert**, auch **Median** genannt.

2.5.6.2. Zentralwert (Median), Quartilsbreite und Quartilsabweichung

1. Zentralwert (Median)

Merkmalswerte, für die der Zentralwert bestimmt werden soll, müssen mindestens ordinal skaliert sein.

a) Berechnung im Fall ungruppierter Merkmalswerte

Angenommen, es liegen n ungruppierte Merkmalswerte $x_1, x_2, \ldots, x_n$ vor. Um für diese Werte den Zentralwert zu bestimmen, müssen die Werte der Größe nach aufsteigend geordnet werden. Dadurch erhalten wir die Wertereihe $x_{[1]}, x_{[2]}, \ldots, x_{[n]}$ mit $x_{[1]} \leq x_{[2]} \leq x_{[3]} \leq \ldots \leq x_{[n]}$. Die Zahlen in den rechteckigen Klammern geben die Ordnungszahlen an. Die Gleichheitszeichen berücksichtigen den Fall, daß mehrere Werte, ja im Extremfall sogar alle Werte gleich sein können.

Ist n eine **ungerade** Zahl, so ist der Zentralwert

(2.5.23)	$Z = x_{\left[\frac{n+1}{2}\right]}$

Ist n eine **gerade** Zahl, so ist der Zentralwert

(2.5.24)	$Z = \dfrac{x_{\left[\frac{n}{2}\right]} + x_{\left[\frac{n}{2}+1\right]}}{2}$

Beispiel 2.5.20: Wir wollen für die Vertreterumsätze im Beispiel 2.5.19 (S. 145) den Zentralwert bestimmen und ordnen die Umsätze zunächst nach der Größe:

$x_{[1]}$ = 59,3	$x_{[2]}$ = 60,8	$x_{[3]}$ = 61,7	$x_{[4]}$ = 61,8	$x_{[5]}$ = 63,5
$x_{[6]}$ = 63,7	$x_{[7]}$ = 65,1	$x_{[8]}$ = 65,2	$x_{[9]}$ = 68,5	$x_{[10]}$ = 69,1
$x_{[11]}$ = 70,2	$x_{[12]}$ = 72,3	$x_{[13]}$ =251,5		

In unserem Fall ist n = 13, also (n+1)/2 = 14/2 = 7 und nach Formel (2.5.23) Z = $x_{[7]}$ = 65,1 Tsd. DM. Dieser Wert ist durch den Extremwert 251,5 nicht verzerrt und repräsentiert die übrigen Werte.

b) Ermittlung bei gruppierten Merkmalswerten

Hier handelt es sich um relativ wenige bestimmte Werte, die gehäuft auftreten. Zwischenwerte haben keine Relevanz oder sind wie bei echten diskreten Merkmalen (z.B. Zahl der zu einem Haushalt gehörenden Personen) sogar sinnlos. Die empirische Verteilungsfunktion ist hier - wie oben gezeigt wurde - eine Treppenfunktion. Da der Zentralwert der Wert in der Mitte einer nach der Größe der Werte geordneten Wertereihe ist, folgt für den Zentralwert bei gruppierten Werten der Satz:

> **Bei gruppierten Werten ist der Zentralwert der Wert x_j, bei dem die Verteilungsfunktion genau den Wert 0,5 hat oder diesen Wert erstmalig überschreitet.**

Beispiel 2.5.21: Wir gehen auf unser Beispiel 2.5.11 der Inanspruchnahmen einer Ersatzteileausgabestelle in 10 - Minutenintervallen zurück (vgl. Tabelle 2.5.8, S. 131). Hier ist bei $x_j = x_2 = 1$ der Wert der

Verteilungsfunktion F_2 = 0,558 und erstmalig größer als 0,5. Somit ist hier der Zentralwert Z = 1 Inanspruchnahme.

c) Berechnung bei klassierten Merkmalswerten

In diesem Fall ist der Zentralwert, also der Wert in der Mitte, genau der Wert, der die Fläche unter dem Histogramm in zwei Hälften teilt, bei dem also die von unten her aufkumulierte Fläche 0,5 bzw. 50% beträgt. Da die Rechteckflächen bei einem Histogramm - wie gezeigt wurde - die relativen Häufigkeiten darstellen und die aufkumulierten relativen Häufigkeiten die Werte der Verteilungsfunktion bilden, geben die von unten aufkumulierten Rechteckflächen die Werte der Verteilungsfunktion an. Somit können wir wiederum sagen: Der Zentralwert ist genau der Wert, bei dem der Wert der Verteilungsfunktion 0,5 ist. Erinnern wir uns an die Definition von Prozentpunkten, so ist also der Zentralwert der 50 - Prozentpunkt $x_{0,5}$, der sich mit Hilfe der Prozentpunktformel (2.5.7) wie folgt berechnen läßt:

(2.5.25) $$Z = x_{0,5} = \tilde{x}_{j-1} + \frac{w_j}{f_j} (0,5 - F_{j-1})$$

mit j = Nummer der Klasse, die dem Wert p = 0,5 entspricht.

Beispiel 2.5.22: Wir wollen den Zentralwert der Nettoeinkommen der privaten Haushalte in Tab. 2.5.7 berechnen. Anhand der F_j - Werte stellen wir fest, daß dem Wert p = 0,5 die Klasse j = 4 entspricht. Hier ist $\tilde{x}_{j-1} = \tilde{x}_{4-1} = \tilde{x}_3 = 1.800$, $w_j = w_4 = 2.500 - 1.800 = 700$, $f_j = f_4 = 0,240$ und $F_{j-1} = F_{4-1} = F_3 = 0,302$. Dann ist aufgrund von Formel (2.5.25)

$$Z = 1.800 + \frac{700}{0,240} (0,5 - 0,302)$$

$$Z = 1.800 + \frac{700}{0,240} \cdot 0,198 = 1.800 + 577,5 = 2.377,50 \text{ DM}$$

Berechnet man nach Formel (2.5.14) das arithmetische Mittel $\bar{x}$ aufgrund der Klassenmitten (der Leser möge es als Übung nachvollziehen), so erhalten wir $\bar{x}$ = 2.502,59 DM. Der Unterschied zwischen beiden Werten wird weiter unten noch näher interpretiert.

2. Quartilsbreite

In Verbindung mit dem Zentralwert wird in der Literatur als ein geeignetes Streuungsmaß die **Quartilsbreite** vorgeschlagen, die wie folgt definiert ist:

(2.5.26)	$QB = x_{0,75} - x_{0,25}$

Dabei ist $x_{0,75}$ der 75 - Prozentpunkt (drittes Quartil) und $x_{0,25}$ der 25 - Prozentpunkt (erstes Quartil). Beide Prozentpunkte stecken ein Intervall ab, in welchem 50% der Merkmalswerte liegen. Die Variation der Merkmalswerte ist umso größer, je größer QB ist und umgekehrt.

3. Quartilsabweichung

Um ein entsprechendes Maß zur Standardabweichung zu erhalten, wird die Quartilsbreite QB halbiert. Damit erhält man ein Maß für die mittlere Abweichung vom Zentralwert, die sog. **Quartilsabweichung**:

(2.5.27)	$QA = \frac{1}{2}\,(x_{0,75} - x_{0,25})$

Beispiel 2.5.23: Bei den Haushaltsnettoeinkommen in Tab. 2.5.7 (S. 127) ergibt sich für das erste Quartil $x_{0,25}$ = 1.607,41 DM und für das dritte Quartil $x_{0,75}$ = 3.395,12 DM (der Leser möge zur Übung beide Prozentpunkte nachrechnen). Dann ist QB = $x_{0,75} - x_{0,25}$ = 3.395,12 - 1.607,41 = 1.787,71 DM und QA = ½ $(x_{0,75} - x_{0,25})$ =1.787,71 / 2 = 893,86 DM.

2.5.6.3. Dichtester Wert (Modalwert) und Spannweite

1. Dichtester Wert

Der **dichteste** oder - wie man auch sagt - **häufigste Wert** ist ein Durchschnittswert, der mit geringem Rechenaufwand ermittelt werden kann. Er ist bei allen Skalierungen sinnvoll und der einzige Mittelwert, der auch auf nominalskalierte, also qualitative Merkmale (z.B. Familienstand) anwendbar ist, deren Ausprägungen nur Verschiedenheiten ausdrücken.

a) **Ermittlung bei gruppierten Merkmalswerten**

Bei gruppierten Werten ist der dichteste Wert D der x_j - Wert mit der größten relativen Häufigkeit.

b) **Ermittlung bei klassierten Merkmalswerten**

Bei klassierten Merkmalswerten ist der dichteste Wert D die Klassenmitte x_j, deren Klasse die größte Häufigkeitsdichte aufweist.

Beispiele 2.5.24: Betrachten wir die Altersstruktur eines Fuhrparks in Tab. 2.5.2 (S. 112). Hier gehört die größte relative Häufigkeit f_2 = 0,34 zum Merkmalswert x_2 = 2. Somit ist der dichteste Wert D = 2 Jahre. - Im Beispiel 2.5.8 (S. 126) der klassierten Nettoeinkommen der privaten Haushalte sehen wir anhand von Tab. 2.5.7, daß die Klasse j = 4 ($\tilde{x}_3$ = 1800 bis unter $\tilde{x}_4$ = 2500) mit $f_4^* = 0{,}343 \cdot 10^{-3}$ die größte Häufigkeitsdichte aufweist. Dann ist der dichteste Wert D = x_4 = 2.150 DM, wobei x_4 die Klassenmitte ist.

2. Spannweite

Als ein dem dichtesten Wert entsprechendes Streuungsmaß wird in der Literatur die sog. **Spannweite** vorgeschlagen. Hierbei handelt es sich um die Differenz zwischen dem größten Merkmalswert x_{max} und dem kleinsten Merkmalswert x_{min} :

(2.5.28) $$SP = x_{max} - x_{min}$$

Bei klassierten Merkmalswerten wird für x_{max} die größte Klassenmitte und für x_{min} die kleinste Klassenmitte verwendet.

Um auch hier ein entsprechendes Maß zur Standardabweichung zu erhalten, verwendet man die Hälfte der Spannweite, also ½ SP.

Die Spannweite wird ausschließlich durch die beiden Extremwerte bestimmt. Handelt es sich bei diesen um Ausreißerwerte, d.h. um Werte, die ungewöhnlich stark von den übrigen Werten abweichen, so führt die Spannweite zu verzerrten Ergebnissen, da sie über die Streuung der übrigen Werte nichts aussagt.

Beispiel 2.5.25: Betrachten wir wieder die Verteilung der Haushaltsnettoeinkommen in Tab. 2.5.7 (S. 127). Hier ist die Klassenmitte der höchsten Klasse x_7 = 4.500 DM, und die Klassenmitte der ersten Klasse sei mit x_1 = 300 DM angesetzt. Dann ist SP = $x_{max} - x_{min}$ = 4.500 - 300 = 4.200 DM und ½ SP = 2.100 DM. Vergleicht man diesen Wert mit der bereits berechneten Quartilsabweichung QA = 893,86 DM oder mit der hier nur angegebenen Standardabweichung s = 1.149,19 DM (der Leser möge sie gemäß Formel (2.5.20) nachrechnen), so deutet dies darauf hin, daß die Spannweite durch die beiden Extremwerte erheblich verzerrt ist.

2.5.6.4. Die Beziehungen zwischen dem dichtesten Wert D, dem Zentralwert Z und dem arithmetischen Mittel $\bar{x}$

Von besonderem Interesse sind die verschiedenen Relationen zwischen den drei Mittelwerten, von denen Schlüsse auf die Form einer Verteilung gezogen werden können. So ist

$D = Z = \bar{x}$, wenn die Verteilung symmetrisch ist,

$D < Z < \bar{x}$, wenn die Verteilung linkssteil - rechtsschief ist, und

$\bar{x} < Z < D$, wenn die Verteilung linksschief - rechtssteil ist.

Beispiel 2.5.26: Bei den Haushaltsnettoeinkommen ist Z = 2.377,50 DM und $\bar{x}$ = 2.502,59 DM (vgl. Beispiel 2.5.22, S. 147) und D = 2.150 DM (vgl. Beispiel 2.5.24, S. 149). Hier gilt also $D < Z < \bar{x}$, d.h. hier liegt eine linkssteile - rechtsschiefe Verteilung vor, wie es für Einkommensverteilungen typisch ist.

2.5.6.5. Geometrisches Mittel

Die Anwendung des **geometrischen Mittels** ist nur auf metrisch skalierte Merkmale sinnvoll. Außerdem müssen die Merkmalswerte ausschließlich größer als Null sein.

1. Berechnung im Fall ungruppierter Merkmalswerte

Angenommen es liegen n positive Merkmalswerte $x_1, x_2, \ldots, x_n$ vor. Dann ist das **geometrische Mittel** dieser Werte wie folgt definiert:

$$\textbf{(2.5.29)} \quad G = \sqrt[n]{x_1 \cdot x_2 \cdot \ldots \cdot x_n} \quad \text{mit } x_i > 0,\ i = 1, 2, \ldots, n$$

Beispiel 2.5.27: Einer der bedeutendsten Anwendungsfälle des geometrischen Mittels in der Wirtschaft ist die Berechnung eines durchschnittlichen Aufzinsungsfaktors bei der Verzinsung eines Kapitals mit unterschiedlichen Zinssätzen. Angenommen, ein Anfangskapital K_0 wurde auf n Jahre festgelegt und nach Ablauf des ersten Jahres mit $p_1\%$, nach Ablauf des zweiten Jahres mit $p_2\%$, usw. und schließlich nach Ablauf des n ten Jahres mit $p_n\%$ verzinst. Über die Zinsen durfte erst nach Ablauf der n Jahre verfügt werden. Dann ist das Kapital K_0 nach Ablauf des 1. Jahres auf

$$K_1 = K_0 \left(1 + \frac{p_1}{100}\right),$$

nach Ablauf des 2. Jahres auf

$$K_2 = K_1 \left(1 + \frac{p_2}{100}\right) = K_0 \left(1 + \frac{p_1}{100}\right) \cdot \left(1 + \frac{p_2}{100}\right)$$

usw.

und nach Ablauf des n ten Jahres auf

$$K_n = K_0 \left(1 + \frac{p_1}{100}\right) \cdot \left(1 + \frac{p_2}{100}\right) \ldots \left(1 + \frac{p_n}{100}\right)$$

angewachsen, wobei die Klammerausdrücke die Aufzinsungsfaktoren darstellen. Wir fragen jetzt nach **dem** durchschnittlichen Aufzinsungsfaktor $\left(1 + \frac{p}{100}\right)$, der K_0 nach n Jahren auf den gleichen Endkapitalbestand K_n aufgezinst hätte. Mit diesem durchschnittlichen Aufzinsungsfaktor muß also gelten:

$$K_0 \cdot \left(1 + \frac{p}{100}\right)^n = K_0 \left(1 + \frac{p_1}{100}\right) \cdot \left(1 + \frac{p_2}{100}\right) \ldots \left(1 + \frac{p_n}{100}\right).$$

Dividieren wir beide Seiten der Gleichung durch K_0 und ziehen wir anschließend auf beiden Seiten die n te Wurzel, so erhalten wir

$$(2.5.30) \quad (1 + \frac{p}{100}) = \sqrt[n]{(1 + \frac{p_1}{100}) \cdot (1 + \frac{p_2}{100}) \ldots (1 + \frac{p_n}{100})}$$

Der durchschnittliche Aufzinsungsfaktor ist also das geometrische Mittel aus den einzelnen Aufzinsungsfaktoren.

Den durchschnittlichen Zinssatz p erhält man aus dem durchschnittlichen Aufzinsungsfaktor $(1 + \frac{p}{100})$ wie folgt:

$$(2.5.31) \quad p = \left[(1 + \frac{p}{100}) - 1\right] \cdot 100 \ \%$$

Beispiel 2.5.28: Angenommen, ein Kapital wird im 1. Jahr mit 5,25%, im 2. Jahr mit 6,5%, im 3. Jahr mit 6,75% und im 4. Jahr mit 7% verzinst. Über die Zinsen kann erst nach Ablauf der 4 Jahre verfügt werden. Dann ist der durchschnittliche Aufzinsungsfaktor nach Formel (2.5.30)

$$(1 + \frac{p}{100}) = \sqrt[4]{(1 + \frac{5{,}25}{100}) \cdot (1 + \frac{6{,}5}{100}) \cdot (1 + \frac{6{,}75}{100}) \cdot (1 + \frac{7}{100})}$$

$$(1 + \frac{p}{100}) = \sqrt[4]{1{,}0525 \cdot 1{,}065 \cdot 1{,}0675 \cdot 1{,}07}$$

$$(1 + \frac{p}{100}) = \sqrt[4]{1{,}28033428} = 1{,}063728618 \ .$$

Daraus folgt für den durchschnittlichen Zinssatz gemäß Formel (2.5.31)

$$p = (1.063728618 - 1) \cdot 100 \approx 6{,}373\% \ .$$

2. Berechnung im Fall gruppierter und klassierter Merkmalswerte

$$(2.5.32) \quad G = \sqrt[n]{x_1^{n_1} \cdot x_2^{n_2} \cdots x_k^{n_k}} \quad \text{mit} \quad n = \sum_{j=1}^{k} n_j$$

Darin bedeuten die x_j, $j = 1, 2, \ldots, k$, die gruppierten Merkmalswerte bzw. Klassenmitten und die n_j, $j = 1, 2, \ldots, k$, die zugehörigen absoluten Häufigkeiten. Diese Form des geometrischen Mittels bezeichnet man auch als **gewogenes geometrisches Mittel**.

2.5.7. Konzentration

Immer wiederkehrend kommen in der wirtschaftspolitischen Diskussion, in den Wirtschaftsmedien und bei Diskussionen in Branchen und Firmen Begriffe vor wie Marktkonzentration, Vermögens- und Einkommenskonzentration oder Umsatzkonzentration etc. Um solche Vorgänge ernsthaft bewerten und diskutieren zu können, bedarf es einer objektiven Analyse dieser Erscheinungen. Die Bereitstellung geeigneter Analyseverfahren sowie die Durchführung solcher Untersuchungen sind ein weiterer wichtiger Gegenstand der Statistik.

2.5.7.1. Begriffe: Absolute und relative Konzentration

Man unterscheidet zwei Arten von Konzentration:

1. Absolute Konzentration

Hier ordnet man die Merkmalsträger nach der Höhe ihres relativen bzw. prozentualen Anteils an der Merkmalssumme in absteigender Reihenfolge. Danach wird abgefragt, wieviel Prozent der Merkmalssumme der vom Merkmalswert her gesehen größte, die 2 größten, die 3 größten usw. Merkmalsträger auf sich vereinigen.

- Eine **hohe absolute Konzentration** liegt vor, wenn ein hoher Prozentsatz der Merkmalssumme (z.B. des Gesamtumsatzes einer Branche) nur auf sehr wenige Merkmalsträger (Unternehmen) entfällt.

- **Vollständige absolute Konzentration** liegt vor, wenn es nur **einen** Merkmalsträger gibt. Dieser verfügt dann über die gesamte Merkmalssumme alleine.

- **Absolute Nichtkonzentration (Dekonzentration)** herrscht, wenn mehrere Merkmalsträger existieren, von denen jeder mit **gleichem** Prozentsatz an der Merkmalssumme beteiligt ist.

Eine Analyse der absoluten Konzentration ist i.d.R. dann von Bedeutung, wenn es sich nur um kleine, zahlenmäßig überschaubare statistische Gesamtheiten handelt (z.B: wenn sich nur eine kleine Anzahl von Firmen einen Markt teilt).

2. Relative Konzentration

Diese Konzentrationsart bezieht sich i.d.R. auf große statistische Gesamtheiten (z.B. die Einkommens- und Vermögenskonzentration bei den privaten Haushalten in der BRD). Hier ist es zweckmäßig, auch die statistische Gesamtheit zu relativieren bzw. zu prozentualisieren. Dabei untersucht man die Frage, wieviel Prozent der Merkmalssumme z.B. auf die 10%, auf die 20% usw. - von der Merkmalshöhe her - kleinsten Merkmalsträger entfallen.

Hohe relative Konzentration läge vor, wenn z.B. 10% der privaten Haushalte 80% des Vermögens aller privaten Haushalte auf sich vereinigen würden.

2.5.7.2. Graphische Darstellung und Messung der Konzentration

1. Absolute Konzentration

Beispiel 2.5.29: 5 Firmen teilen sich einen Markt. Vom Gesamtgewinn, der in einem Jahr auf diesem Markt erzielt wurde, entfielen auf die 1. Firma 40%, auf die 2. Firma 30% und auf die weiteren 3 Firmen 15%, 10% und 5%. Graphisch läßt sich die absolute Konzentration dadurch darstellen, daß in einem Quadrat die Firmen, beginnend mit der gewinngrößten Firma, in gleichen Abständen auf der Abszisse abgetragen und über den Firmen die kumulierten (sukzessiv addierten) prozentualen Gewinnanteile zugeordnet werden. Dadurch ergibt sich der Konzentrationsstreckenzug in Abb. 2.5.10. Die 45° - Linie ist die Konzentrationslinie, bei der jede Firma den gleichen Gewinn und damit auch den gleichen Prozentanteil am Gesamtgewinn hätte, bei der also keine Konzentration bestünde. Die Linie bei vollständiger absoluter Konzentration ist eine optische Hilfslinie, die am oberen Endpunkt anzeigt, daß bei vollständiger absoluter Konzentration nur ein Unternehmen (Firma 1) existiert, das 100% des Gewinns, also den gesamten Gewinn auf sich vereinigt.

Abb. 2.5.10: Graphische Darstellung der absoluten Gewinnkonzentration auf einem Markt

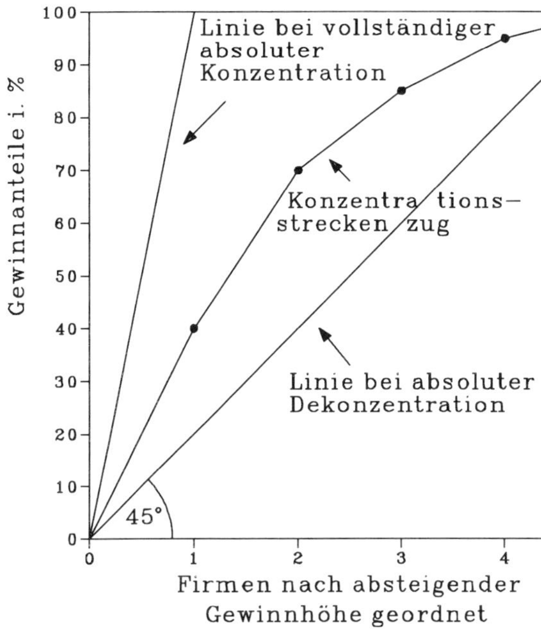

Die absolute Konzentration ist umso größer, je weiter der Konzentrationsstreckenzug von der 45° - Linie nach oben abweicht und umgekehrt.

Neben der graphischen Darstellung läßt sich die absolute Konzentration auch durch eine Maßzahl zum Ausdruck bringen. Ein solches Maß ist der sog. **Herfindahl - Index**:

(2.5.33) $K_H = \frac{(VK)^2 + 1}{n}$ mit VK = Variationskoeffizient und n = Zahl der statistischen Einheiten.

Wenn jede der n statistischen Einheiten den gleichen Merkmalswert hat, also vollständige absolute Dekonzentration besteht, ist die Standardabweichung s = 0 und damit VK = 0. Dann ist $K_H = \frac{1}{n}$. Gibt es nur **einen** Merkmalsträger, herrscht also vollständige absolute Konzentration, so ist auch s = 0 und VK = 0. Hier ist aber n = 1 und schließlich K_H = 1. Somit gilt immer $\frac{1}{n} \leq K_H \leq 1$.

Beispiel 2.5.30: Angenommen, auf dem Markt von Beispiel 2.5.29 (S. 154) wäre ein Gesamtgewinn von 1 Mrd. DM erzielt worden. Aufgrund der prozentualen Gewinnaufteilung hätten sich dann für die Firmen 1 bis 5 folgende Gewinne ergeben: 400, 300 150, 100, 50 (alle Zahlen i. Mio. DM). Aus diesen Werten erhält man $(VK)^2$ = 0,425. Berücksichtigt man ferner, daß hier n = 5 ist, so ergibt sich nach Formel (2.5.33) K_H = 0,285. (Der Leser möge dies als Übung nachrechnen.) Es zeigt sich nur eine geringe absolute Konzentration der Gewinne.

2. Relative Konzentration

Beispiel 2.5.31: Zur Messung der Umsatzkonzentration im Wirtschaftszweig: Herstellung von Rundfunk-, Fernseh- und phonotechnischen Geräten im Jahr 1990 wurden aus der amtlichen Statistik die in Tab. 2.5.14 wiedergegebenen Werte ermittelt:

Tab. 2.5.14: Umsatzkonzentration im Wirtschaftszweig: Herstellung von Rundfunk-, Fernseh- und phonotechnischen Geräten im Jahr 1990, früheres Bundesgebiet

Klassen-Nr. j	Zahl der Unternehmen in der Klasse j n_j	Klassen-Umsatz i.Mio.DM Y_j	f_j	$h_j = \frac{Y_j}{Y}$	F_j	H_j	$(F_{j-1}+F_j)h_j$
1	35	155,43	0,259	0,007	0,259	0,007	0,0018
2	50	821,57	0,371	0,037	0,630	0,044	0,0329
3	25	1.976,20	0,185	0,089	0,815	0,133	0,1286
4	15	4.662,95	0,111	0,21	0,926	0,343	0,3656
5	4	2.153,84	0,030	0,097	0,956	0,440	0,1826
6=k	6	12.434,52	0,044	0,56	1	1	1,0954
	135 = n	22.204,51 $= \sum_{j=1}^{k} Y_j = Y$	1	1			1,8069 für j=1 ist $F_{j-1}=F_0=0$

Quelle: (Statistisches Bundesamt, Produzierendes Gewerbe, Fachserie 4, Reihe 4.2.3, S. 20)

Die Symbole Y_j, Y, h_j und H_j haben folgende generelle Bedeutung:

Y_j = Merkmalssumme in der Klasse j,

Y = Gesamte Merkmalssumme,

h_j = relativer Anteil der Merkmalssumme in der Klasse j an der gesamten Merkmalssumme,

$H_j = \sum_{i=1}^{j} h_i$, kumulierte h - Werte

Von Interesse sind die F_j- und die H_j - Spalte in Tab. 2.5.14. Hier zeigt sich, daß z.B. 92,6% der vom Umsatz her kleineren und mittleren Unternehmen nur 34,3% des Gesamtumsatzes für sich verbuchen. 7,4% = 100% - 92,6% der vom Umsatz her größten Unternehmen vereinigen somit 65,7% = 100% - 34,3%, also fast 2/3 des gesamten Umsatzes auf sich. Dies deutet in der Tat auf eine hohe relative Konzentration hin.

Auch bei der Untersuchung relativer Konzentration bedient man sich meistens einer graphischen Darstellung. Hierzu zeichnet man ein Quadrat mit der Seitenlänge 1, so daß die Fläche des Quadrats 1 beträgt. Auf der Abszisse werden die F_j - Werte abgetragen, denen auf den Ordinaten die H_j - Werte zugeordnet werden. Der Streckenzug, der die so entstandenen Punkte verbindet, wird als **Konzentrationskurve** oder ihrem Erfinder **Lorenz** zu Ehren als **Lorenz-Kurve** bezeichnet. Wenden wir diese Konstruktion auf die Werte der F_j- und H_j - Spalte der Tab. 2.5.14 an, so ergibt sich die Graphik in Abb. 2.5.11.

Abb. 2.5.11: Lorenzkurve der Umsatzkonzentration im Wirtschaftszweig: Herstellung von Rundfunk-, Fernseh- und phonotechnischen Geräten, früheres Bundesgebiet, 1990, vgl. Tab. 2.5.14

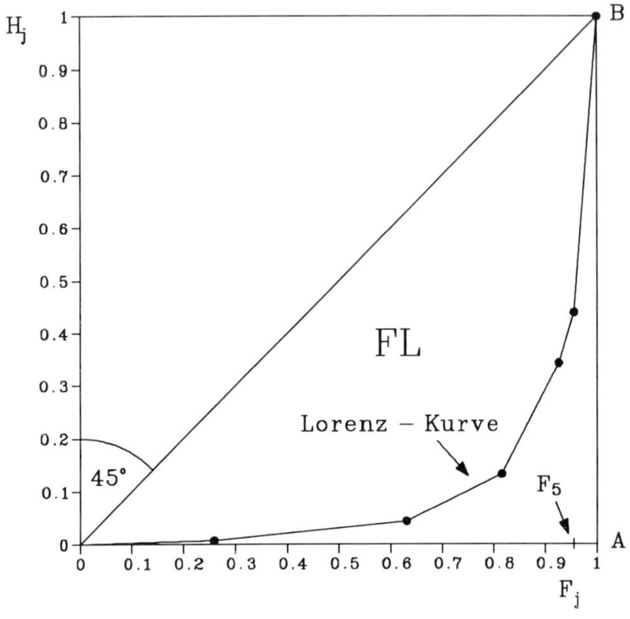

Die 45° - Linie ist die Konzentrationslinie bei vollständiger relativer Dekonzentration. Vollständige relative Dekonzentration besteht dann, wenn x% der Merkmalsträger (hier: der Unternehmen) genau x% der Merkmalssumme (hier: des Gesamtumsatzes) auf sich vereinigen, wobei x eine Zahl zwischen 0 und 100 ist. In diesem Fall hat jeder Merkmalsträger (jedes Unternehmen) den gleichen Merkmalswert (den gleichen Umsatz).

Je weiter die Lorenzkurve von der 45° - Linie abweicht, desto größer ist die relative Konzentration und umgekehrt.

Auch bei der Analyse relativer Konzentration bedient man sich häufig eines Maßes, das die Stärke der Konzentration in einer Zahl ausdrückt. Eine solche Maßzahl ist das Verhältnis der Fläche FL zwischen der

Lorenz - Kurve und der 45° - Linie zur Fläche des Dreiecks 0AB (vgl. Abb. 2.5.11). Dieses Maß heißt seinem Erfinder **Gini** zu Ehren **Gini - Koeffizient**. Da die Fläche des Dreiecks 0AB gleich ½ ist, ergibt sich formal für diese Maßzahl der folgende Ausdruck:

(2.5.34) $$K_G = \frac{FL}{1/2} = 2\,FL$$

Herrscht vollständige relative Dekonzentration, so fällt die Lorenz - Kurve mit der 45° - Linie zusammen. In diesem Fall ist FL = 0 und damit auch $K_G = 0$. Vereinigt dagegen die letzte Klasse 100% der gesamten Merkmalssumme auf sich, d.h. besteht vollständige relative Konzentration, so stimmt die Lorenz - Kurve annähernd mit dem Streckenzug 0AB überein. In diesem Fall ist FL fast gleich ½ und somit K_G fast gleich 1. Daß K_G immer kleiner als 1 ist, d.h. nicht genau gleich 1 sein kann, liegt an folgendem Sachverhalt. Betrachten wir hierzu Tab. 2.5.14 (S. 156) und Abb. 2.5.11 (S. 158). Angenommen, die Merkmalssumme, also der gesamte Branchenumsatz entfiele auf die Unternehmen der letzten Klasse, während die übrigen Unternehmen keinen Umsatz aufwiesen. In diesem Fall würde die Lorenz-Kurve bis zum Punkt $F_5 = 0{,}956$ auf der Abszisse und von da ab auf einer Geraden bis zum Punkt B verlaufen. Die Konzentrationsfläche FL wäre dann gleich der Fläche des Dreiecks $0F_5B$ und damit immer etwas kleiner als ½. D.h.: Bei vollständiger relativer Konzentration wird K_G immer etwas kleiner als 1 sein. Für K_G gilt somit das Intervall $0 \leq K_G < 1$. Je größer K_G in diesem Intervall ist, desto größer ist die Konzentration und umgekehrt.

Zur Berechnung von K_G ist es notwendig, die Konzentrationsfläche FL zu berechnen. Dies läßt sich mit folgender Formel bewerkstelligen:

(2.5.35) $$FL = \left(\frac{1}{2}\sum_{j=1}^{k}(F_j + F_{j-1})\,h_j\right) - \frac{1}{2}$$

Aufgrund von Tab. 2.5.14 (S. 156) ist $\sum_{j-1}^{k}(F_j + F_{j-1})\,h_j = 1{,}8069$ (vgl. letzte Spalte in Tab. 2.5.14). Dann ist FL = ½ · 1,8069 - ½ =

0,4035 und somit gemäß Formel (2.5.34) $K_G = 2$ FL $= 2 \cdot 0{,}4035 = 0{,}81$. Auch der Gini - Koeffizient zeigt wie die Lorenz - Kurve eine hohe relative Konzentration in dem betrachteten Wirtschaftszweig an.

Wenn hier von hoher Konzentration die Rede ist, so stellt dies lediglich ein statistisches Ergebnis und **nicht** ein Werturteil dar. Ob eine hohe Konzentration für den Wettbewerb schädlich ist oder nicht, ist eine Frage, die nicht Gegenstand der Statistik, sondern Gegenstand wirtschaftspolitischer Bewertung ist. In diesem Sinne ist auch die 45° - Linie, also die Linie der vollständigen relativen Dekonzentration, nur eine Art Nullpunkt für die Messung der Konzentration und **nicht** ein zugrundeliegender Idealzustand.

2.6. Verhältniszahlen

Eine **Verhältniszahl** entsteht dadurch, daß zwei Größen in Form eines Bruches (Quotienten) sinnvoll zueinander in Beziehung gesetzt werden, wobei jede dieser Größen einen bestimmten Sachverhalt zum Ausdruck bringt. Durch die Quotientenbildung ist es möglich, zwei Größen, die auch verschiedenartig sein können und die für sich genommen vielfach wegen ihrer Größenordnung wenig anschauliche Information vermitteln, in Form eines Vergleichs zu veranschaulichen. Die Größe, die bei einer Verhältniszahl im Zähler bzw. im Nenner steht, wird allgemein als **Berichtsgröße** bzw. als **Basisgröße** bezeichnet.

Beispiele 2.6.1: Im Jahr 1992 wurden in der BRD (früheres Bundesgebiet) 47,687 Mrd. Arbeitstunden geleistet. Für das gleiche Jahr und den gleichen Gebietsstand betrug das reale Bruttoinlandsprodukt (Bruttoinlandsprodukt in Preisen von 1991) 2.676,00 Mrd. DM (Quelle für beide Zahlen: Deutsches Institut für Wirtschaftsforschung, Sozialprodukt und Einkommenskreislauf, 6. Folge, 4. Ergänzungslieferung, Oktober 1993). Jede dieser Zahlen ist recht groß und für sich genommen von begrenzter Information. Bilden wir aber das Verhältnis: reales Bruttoinlandsprodukt / geleistete Arbeitsstunden = 2.676,00 Mrd. DM / 47,687 Mrd. Std. = 56,12 DM / Std., so erhalten wir eine sehr anschauliche Zahl. Sie besagt nämlich, daß 1992 eine geleistete Arbeitsstunde im Durchschnitt 56,12 DM reales Bruttoinlandsprodukt produzierte. Diese Verhältniszahl wird als **volkswirtschaftliche Pro-**

duktivität bezeichnet. - Aber auch das umgekehrte Verhältnis: geleistete Arbeitszeit / reales Bruttoinlandsprodukt = 47,687 Mrd. Std. / 2.676,00 Mrd. DM = 0,0178 Std. / DM bzw. 1,78 Std. / 100 DM ist interessant. Diese Verhältniszahl gibt an, daß 1992 für die Produktion von 100 DM reales Bruttoinlandsprodukt im Durchschnitt 1,78 Arbeitsstunden benötigt wurden. Hierbei handelt es sich um die **volkswirtschaftliche Arbeitsintensität**.

Es lassen sich 3 Arten von Verhältniszahlen unterscheiden:

1. Gliederungszahlen, 2. Meßziffern, 3. Beziehungszahlen

Diese 3 Arten von Verhältniszahlen sollen im folgenden näher behandelt werden.

2.6.1. Gliederungszahlen

Eine Gliederungszahl liegt vor, wenn zwei Größen in Form eines Bruches (Quotienten) in Beziehung gesetzt werden, wobei die Zählergröße ein Teil der Nennergröße ist.

Beispiele 2.6.2: Mit zu den ältesten Gliederungszahlen zählen die Gliederungszahlen der Bevölkerungsstatistik, wie z.B. die **Knabenrate** bzw. die **Knabenwahrscheinlichkeit** = Zahl der lebend geborenen Knaben in einem Jahr / Zahl der lebend Geborenen im gleichen Jahr oder die anteilsmäßige Aufgliederung der Bevölkerung nach Altersklassen an einem bestimmten Stichtag. Weitere Beispiele sind: **Exportquote** = Exportumsatz / Gesamtumsatz eines Unternehmens in einem Jahr, **volkswirtschaftliche Sparquote** = Ersparnisse der privaten Haushalte / verfügbares Einkommen in der BRD in einem Jahr oder **Eigenkapitalquote** = Eigenkapital / Gesamtkapital.

Gliederungszahlen liegen immer zwischen 0 und 1. Oft werden sie anschaulicher, wenn sie mit 100 oder mit 1000 multipliziert, also in Prozent- oder Promillewerten ausgedrückt werden.

2.6.2. Meßziffern

Meßziffern ergeben sich, wenn aus einer Folge von gleichartigen, aber zeitlich oder örtlich verschiedenen Größen eine Größe bzw. ein Durchschnitt als Basisgröße ausgewählt bzw. berechnet wird und auf diese Größe die übrigen Größen bezogen werden.

Das größte Anwendungsgebiet von Meßziffern ist das weite Feld der Zeitreihen. **Zeitreihen** sind zeitliche Folgen gleichartiger Größen. Meßziffern sind hier geeignet, die Veränderungen einer Zeitreihe anschaulich darzustellen und insbesondere mit den Veränderungen einer anderen, sachlich zusammenhängenden Zeitreihe zu vergleichen.

Beispiel 2.6.3: In der folgenden Tabelle sind die durchschnittlichen Bruttostundenverdienste der Arbeiter in der verarbeitenden Industrie in der BRD (früheres Bundesgebiet) und in Frankreich für die Jahre 1985 bis 1991 gegenübergestellt.

Tab. 2.6.1: Durchschnittliche Bruttostundenverdienste (l) der Arbeiter in der verarbeitenden Industrie, BRD (früheres Bundesgebiet) in DM, Frankreich in FF sowie Meßziffern, Zeitraum: 1985-1991

Jahre t	$l_{D,t}$ i. DM	$l_{F,t}$ i. FF	Meßziffern $(l_{D,t}/l_{D,1985})\cdot 100$ 1985 = 100	Meßziffern $(l_{F,t}/l_{F,1985})\cdot 100$ 1985 = 100
1985	16,34	37,75	100	100
1986	17,03	38,97	104	103
1987	17,70	40,65	108	108
1988	18,49	41,79	113	111
1989	19,30	43,43	118	115
1990	20,43	45,46	125	120
1991	21,73	47,47	133	126

Quelle: Statistisches Bundesamt, Statistisches Jahrbuch für das Ausland, 1993, S. 151.

Betrachtet man die beiden Reihen $l_{D,t}$ und $l_{F,t}$ der Stundenverdienste, so läßt sich nur sagen, daß in beiden Ländern die Stundenverdienste über den betrachteten Zeitraum permanent gestiegen sind. Dagegen ist an diesen Zahlen nicht unmittelbar zu erkennen, wie sich der Lohnanstieg in jedem einzelnen Land entwickelt hat und ob bzw. inwieweit er in dem einen Land stärker war als im anderen Land. Eine Antwort auf diese Fragen ermöglichen die Meßziffern in den beiden letzten Spalten der Tab. 2.6.1 . Diese Zahlen erhalten wir dadurch, daß wir getrennt für jedes Land die Stundenverdienste der einzelnen Jahre von 1986 - 1991 durch den Stundenverdienst von 1985 dividieren und die so erhaltenen Werte mit 100 multiplizieren. Der Stundenverdienst von 1985 ist hier die sog. **Basisgröße**, und das Jahr 1985 ist das sog. **Basisjahr**.

Die Meßziffern veranschaulichen nicht nur die zeitliche Lohnentwicklung (hier den Lohnanstieg) in jedem einzelnen Land eindrucksvoll, sondern lassen auch einen anschaulichen Vergleich der Lohnentwicklungen beider Länder zu. So zeigt sich, daß bis 1987 die prozentuale Lohnsteigerung gegenüber 1985 in Deutschland und Frankreich annähernd gleich war. 1986 betrug der Lohn in Westdeutschland 104% und in Frankreich 103% des Stundenverdienstes von 1985. Das ist in Westdeutschland eine Steigerung von 4% und in Frankreich eine von 3%. Nach 1987 weist der Stundenlohn in Westdeutschland einen wesentlich stärkeren Anstieg auf als in Frankreich. 1991 war der Stundenverdienst gegenüber dem Basisjahr 1985 in Frankreich um 26%, in Westdeutschland dagegen sogar um 33% höher.

2.6.3. Beziehungszahlen

Eine Beziehungszahl entsteht, wenn zwei verschiedenartige Größen in Form eines Bruches (Quotienten) in Beziehung gesetzt werden, wobei die Zählergröße in einem sinnvollen Zusammenhang zur Nennergröße steht.

Beispiele 2.6.4: Zwei Beispiele einer Beziehungszahl haben wir bereits in Form der volkswirtschaftlichen Produktivität und der volkswirtschaftlichen Arbeitsintensität kennengelernt (vgl. Beispiele 2.6.1, S. 161). Mit zu den ältesten Beziehungszahlen rechnen die Kennziffern der Bevölkerungsstatistik: Z.B. die **Geburtenziffer** = (Zahl der lebend Geborenen eines Jahres / durchschnittliche Bevölkerungszahl desselben Jahres) · 1000, die **Sterbeziffer** = (Zahl der Gestorbenen in einem Jahr / durchschnittliche Bevölkerungszahl desselben Jahres) · 1000 oder die **Bevölkerungsdichte** = durchschnittliche Bevölkerungszahl eines Jahres / Fläche i. km^2 des betr. Landes. - Ein sehr weites Anwendungsfeld von Beziehungszahlen ist das Gebiet der **Verbrauchs- und Dichte-** bzw. **Sättigungskenntziffern**. Beispiele für Verbrauchskennziffern sind: Die vielen **pro Kopf Verbrauchszahlen** wie der Bierverbrauch pro Kopf, Zigarettenverbrauch pro Kopf, Fleischverbrauch pro Kopf etc. Beispiele für Dichte- und Sättigungskennziffern sind: Die **Arztdichte** = (Zahl der Ärzte in einer Region / Einwohnerzahl der Region) · 1000 oder eine Dichte die auch eine Sättigungskennziffer ist: Die **PKW - Dichte** = (Anzahl der PKW - Zulassungen in einem Staat / Einwohnerzahl oder - besser - Zahl der erwachsenen Einwohner) · 1000. Diese Beziehungszahl ist für die Autoindustrie eine hilfreiche Kennziffer zur Beurteilung der Frage, ob auf dem inländischen PKW - Markt noch Spielraum für Neubedarf vorliegt bzw. inwieweit der Markt in dieser Hinsicht gesättigt ist. Angenommen, die PKW - Dichte betrage 489 PKW pro 1.000 Einwohner. Vielfach wird ein solches Ergebnis auch anders ausgedrückt, indem der Quotient 1.000 / 489 = 2,04 Einwohner pro PKW gebildet wird. Mit dieser Zahl verbindet man die Aussage, daß ungefähr jeder zweite Einwohner im Durchschnitt über einen PKW verfügt. - Wichtige betriebswirtschaftliche Beziehungszahlen sind: **Umschlagskoeffizient des Lagerbestandes** = Umsatz / durchschnittlicher Lagerbestand in einem Jahr, **Umsatzproduktivität des Personals** = Umsatz / Beschäftigte oder **Eigenkapitalrentabilität** = (Gewinn / Eigenkapital) · 100.

2.7. Indexzahlen

In Form der Meßziffer haben wir eine Maßzahl kennengelernt, mit der es möglich ist, die zeitliche Entwicklung der Werte **eines** Merkmals zu veranschaulichen (vgl. das Beispiel 2.6.3 der Stundenlöhne, Tab. 2.6.1, S. 162). Darüber hinaus ist man auch daran interessiert, mit **einer** Maßzahl, d.h. mit einem **Index** die zeitliche Veränderung der Werte **mehrerer** sachlich zusammengehörender Merkmale anschaulich darzustellen. In der Wirtschaftsstatistik handelt es sich bei diesen

Merkmalen i.d.R. um Preise oder Mengen oder um Umsätze sinnvoll zusammengefaßter Güter. In diesem Zusammenhang unterscheidet man die folgenden drei Arten von Indexzahlen:

1. **Preisindizes**, 2. **Mengenindizes** und 3. **Umsatz-** oder **Ausgaben-** bzw., allgemeiner ausgedrückt, **Wertindizes**. Im folgenden sollen diese Indexzahlen näher behandelt werden.

2.7.1. Preisindizes

Ein Preisindex P_{0t} gibt in einer Zahl an, um das Wievielfache sich die Preise sinnvoll zusammenfaßter Güter und Dienstleistungen im Berichtszeitraum t gegenüber einem Vergleichszeitraum 0, dem sog. Basiszeitraum, im Durchschnitt verändert haben.

Bei volkswirtschaftlicher Anwendung messen Preisindizes i.d.R. die prozentuale Veränderung von Preisniveaus sinnvoll zusammengefaßter Güter- und Dienstleistungsmärkte, also aggegierter Märkte.

Beispiele 2.7.1: Aggregierte Märkte sind z.B. der inländische Markt für die Produkte des Investitionsgüter produzierenden Gewerbes der BRD sowie der Markt der Güter und Dienstleistungen für die Lebenshaltung der privaten Haushalte in der BRD. Bei den zugehörigen Preisindizes handelt es sich um den **Preisindex für die Erzeugnisse des Investitionsgüter produzierenden Gewerbes (Inlandsabsatz)** sowie um den bedeutenden und beim Publikum recht bekannten **Preisindex für die Lebenshaltung**, den wir weiter unten noch näher betrachten werden.

Zur Berechnung eines Preisindexes müssen für die Basisperiode und die Berichtsperiode(n) die Preise der einzelnen Güter und Dienstleistungen eines aggregierten Marktes statistisch erhoben werden. Wie die Beispiele 2.7.1 zeigen, umfassen aggregierte Märkte eine Vielzahl von Gütern und Diensten, so daß es schon rein technisch nicht möglich wäre, die Preise aller Güter und Dienstleistungen zu erfassen.. Daher beschränkt man sich auf eine repräsentative Auswahl von Gütern und Diensten, deren Preise in die Indexberechnung eingehen. Damit vermittelt der Preisindex selbst auch nur eine repräsentative Aussage über die Entwicklung des Preisniveaus auf einem aggregierten Markt. Die Güte der Aussagekraft eines Preisindexes hängt also entscheidend von der repräsentativen Güterauswahl ab.

Aber auch betriebswirtschaftlich läßt sich das Indexkonzept brauchbar einsetzen. Z.B. wenn es darum geht, die Entwicklung des Absatzpreisniveaus mit Hilfe eines Preisindexes zu messen und dem Index der Vorleistungspreise gegenüberzustellen.

2.7.1.1. Die Preisindexformeln nach Laspeyres und Paasche

Angenommen, ein Güterbündel, für das ein Preisindex berechnet werden soll, bestehe aus n Gütern. Die Preise der n Güter waren in der Basisperiode 0: $p_{1\,0}$, $p_{2\,0}$, ..., $p_{n\,0}$ und in der Berichtsperiode $p_{1\,t}$, $p_{2\,t}$, ..., $p_{n\,t}$. Ein recht einfacher Preisindex ergibt sich aus diesen Einzelpreisen dadurch, daß wir zunächst die Preismeßziffern p_{it}/p_{i0}, i = 1, 2, ..., n bilden und aus diesen Meßziffern das arithmetische Mittel berechnen. Formal lautet dieser Preisindex dann wie folgt:

(2.7.1)
$$P_{0t} = \frac{1}{n} \cdot \sum_{i=1}^{n} \frac{p_{it}}{p_{i0}}$$

Bei diesem Preisindex hat jede Preismeßziffer das gleiche Gewicht, nämlich 1/n, wodurch mittelbar unterstellt wird, daß jedes der Güter für die Nachfrager bzw. die Kundschaft die gleiche Bedeutung habe. Dies trifft in der Praxis i.d.R. nicht zu. Insofern ist die Gefahr sehr groß, daß dieser Index die Preisentwicklung verzerrt wiedergibt. Angenommen, unter den n Gütern ist ein Gut (z.B. Salz), das zwar von den Nachfragern benötigt, aber im Vergleich zu den anderen Gütern nur in geringen Mengen nachgefragt wird. Würde nun dieses Gut im Preis beträchlich steigen, während die übrigen Güter nur geringe Preissteigerungen aufwiesen, so würde der Durchschnitt (2.7.1) eine Preissteigerung anzeigen, der bei den übrigen Gütern nicht vorliegt. Dieses Problem wurde schon sehr früh erkannt. Deshalb schlug man vor, die Preise in einem Preisindex entsprechend der Bedeutung zu gewichten, welche die einzelnen Güter für die Nachfrager besitzen. Die Bedeutung kommt dabei am besten durch die Nachfragehöhe bzw. durch die relativen Anteile der Ausgaben für die einzelnen Güter an den Gesamtausgaben zum Ausdruck. Je größer der Ausgabenanteil für ein bestimmtes Gut ist, desto größer ist seine Bedeutung in den Augen der Nachfrager und umgekehrt. Ein Vorschlag, der auf den deutschen Statistiker **Laspeyres** zurückgeht, verwendet in (2.7.1) an Stelle der einheitlichen Gewichte 1/n die Ausgabenanteile g_{i0} der Basisperiode 0. Damit erhalten wir die folgende Preisindexformel, die Laspeyres zu Ehren **Preisindexformel nach Laspeyres** genannt wird:

(2.7.2) $$P_{0t}^{L} = \sum_{i=1}^{n} \frac{p_{it}}{p_{i0}} \cdot g_{i0} \quad \text{mit} \quad \sum_{i=1}^{n} g_{i0} = 1$$

Berücksichtigt man, daß Ausgaben = Preis · Menge sind, so werden also die Ausgaben für das i-te Gut in der Basisperiode durch $p_{i0} \cdot q_{i0}$ gegeben, wobei q_{i0} die nachgefragte Menge des Gutes i in der Basisperiode bezeichnet. Dann ist also formal der Ausgabenanteil

$g_{i0} = \dfrac{p_{i0} \cdot q_{i0}}{\sum_{i=1}^{n} p_{i0} \cdot q_{i0}}$, wobei $\sum_{i=1}^{n} p_{i0} \cdot q_{i0}$ die Gesamtausgaben in der Basisperiode darstellen. Setzen wir jetzt den Ausdruck für g_{i0} in (2.7.2) ein, so erhalten wir den Laspeyres - Preisindex in der Form

(2.7.3) $$P_{0t}^{L} = \frac{\sum_{i=1}^{n} p_{it} \cdot q_{i0}}{\sum_{i=1}^{n} p_{i0} \cdot q_{i0}}$$

Beide Formeln (2.7.2) und (2.7.3) führen zum gleichen Ergebnis. In (2.7.3) fungieren jetzt aber die Gütermengen q_{i0}, i = 1, 2, ..., n, der Basisperiode als Gewichte. Dieses Mengenschema nennt man auch den **Warenkorb der Basisperiode.**

Gegen die Verwendung der Mengen der Basisperiode als Gewichtung wurde kritisch eingewendet, daß sich die Nachfragemengen mit den Preisen ändern und der Laspeyres - Preisindex somit zur Wägung Mengen verwendet, die in der Berichtsperiode nicht mehr aktuell sind. Je weiter sich die Berichtsperioden von der Basisperiode entfernen, um so unrealistischer seien die Mengen, mit denen gewichtet wird. Deshalb schlug der Statistiker Paasche vor, als Gewichte die Mengen q_{it}, $i = 1, 2, \ldots, n$, der jeweiligen Berichtsperiode zu verwenden. Damit erhält man die folgende Preisindexformel, die Paasche zu Ehren **Preisindexformel nach Paasche** genannt wird:

(2.7.4)
$$P_{0t}^{P} = \frac{\sum_{i=1}^{n} p_{it} \cdot q_{it}}{\sum_{i=1}^{n} p_{i0} \cdot q_{it}}$$

Das Mengenschema q_{it}, $i = 1, 2, \ldots, n$, ist der **Warenkorb der Berichtsperiode**. Dieses Wägungsschema muß bei Berechnung des Paasche - Indexes für mehrere Berichtsperioden in jeder Berichtsperiode erneut statistisch ermittelt werden. Dagegen ist beim Laspeyres - Index der Warenkorb nur in der Basisperiode zu erheben, der dann auch in den Berichtsperioden als Wägungsschema dient. Wegen dieser Vereinfachung wird der Laspeyres - Preisindex in der amtlichen Statistik bevorzugt verwendet. Da ein Warenkorb zeitlichen Änderungen unterworfen ist, muß auch beim Laspeyres - Index nach einer gewissen Zeit der Warenkorb den tatsächlichen Verhältnissen angepaßt werden. Damit ist auch die Einführung einer neuen Basisperiode verbunden.

Im folgenden sollen beide Preisindizes anhand eines Beispiels angewendet werden.

Beispiel 2.7.2: In der BRD ergaben sich in den Jahren 1975 und 1980 für die Ernährungsgüter Mehl, Kartoffeln, Zucker und Schweinefleisch die in Tab. 2.7.1 angegebenen jährlichen Durchschnittspreise und Verbrauchsmengen.

Tab. 2.7.1: Jährliche Durchschnittspreise und Verbrauchsmengen verschiedener Ernährungsgüter in den Jahren 1975 und 1980

Nr. des Gutes i	Güter	Preise pro Tonne i.DM p_{i0} 0 = 1975	Preise pro Tonne i. DM p_{it} t = 1980	Verbr. Mengen Mio. Tonnen q_{i0} 0 = 1975	Verbr.Mengen Mio. Tonnen q_{it} t=1980
1	Mehl	1.160	1.300	4,1	4,1
2	Kartoffel	644	748	5,7	5,3
3	Zucker	1.650	1.720	2,2	2,2
4	Schweinefleisch	10.150	11.200	2,7	3,1

Quellen: Statistisches Bundesamt (Hrsg.), Statistisches Jahrbuch 1977, S. 434, 477 und Statistisches Jahrbuch 1981, S. 50, 458, 509, sowie eigene Berechnungen

Hier ist die Basisperiode das Jahr 1975 und die Berichtsperiode das Jahr 1980. Aufgrund der Zahlenangaben in Tab. 2.7.1 errechnen sich gemäß den Formeln (2.7.3) und (2.7.4) die Preisindizes nach Laspeyres und Paasche wie folgt:

$$P^L_{75/80} = \frac{1300 \cdot 4{,}1 + 748 \cdot 5{,}7 + 1720 \cdot 2{,}2 + 11200 \cdot 2{,}7}{1160 \cdot 4{,}1 + 644 \cdot 5{,}7 + 1650 \cdot 2{,}2 + 10150 \cdot 2{,}7} =$$

$$= \frac{43617{,}6}{39461{,}8} = 1{,}1053$$

und

$$P^P_{75/80} = \frac{1300 \cdot 4{,}1 + 748 \cdot 5{,}3 + 1720 \cdot 2{,}2 + 11200 \cdot 3{,}1}{1160 \cdot 4{,}1 + 644 \cdot 5{,}3 + 1650 \cdot 2{,}2 + 10150 \cdot 3{,}1} =$$

$$= \frac{47798{,}4}{43264{,}2} = 1{,}1048$$

Die Preise der angegebenen Güter waren im Berichtsjahr 1980 gegenüber dem Basisjahr 1975 nach Laspeyres durchschnittlich um das 1,1053 fache bzw. um 10,53% und nach Paasche durchschnittlich um das 1,1048 fache bzw. um 10,48% höher. Beide Indizes weichen nur geringfügig voneinander ab, da sich beide Warenkörbe nur wenig unterscheiden.

In der amtlichen Statistik werden Indexergebnisse mit 100 multipliziert. Bezogen auf unsere beiden Indexergebnisse würde man dann sagen: Zur Basis 1975 = 100 beträgt 1980 der Laspeyres Preisindex 110,53 bzw. der Paasche Preisindex 110,48. 1975 = 100 besagt, daß der Wert des Indexes, der im Basisjahr 1975 eigentlich gleich 1 ist, gleich 100 gesetzt ist.

2.7.1.2. Der Preisindex für die Lebenshaltung und die Messung der Inflationsrate

1. Der Preisindex für die Lebenshaltung

Der beim Publikum bekannteste Preisindex ist der **Preisindex für die Lebenshaltung**. Bei ihm handelt es sich um einen Index, der repräsentativ die Preisentwicklung der Güter und Dienstleistungen erfaßt, die zur Bedarfsdeckung der privaten Haushalte dienen. Dieser Index wird vom Statistischen Bundesamt monatlich und jährlich ausgewiesen. Berechnet wird er unter anderem für die einzelnen Hauptgütergruppen der Lebenshaltung, und zwar getrennt für 4 verschiedene soziale - bzw. Einkommensgruppen. Bei den Hauptgütergruppen handelt es sich beispielsweise um 1. Nahrungsmittel, Getränke, Tabakwaren, 2. Bekleidung, Schuhe, 3. Wohnungsmieten, Energie, um nur einige zu nennen. Die 4 sozialen bzw. Einkommensgruppen sind: 1. Vier - Personen - Haushalte von Beamten und Angestellten mit höherem Einkommen, 2. Vier - Personen - Haushalte von Arbeitern und Angestellten mit mittlerem Einkommen, 3. Zwei - Personen - Haushalte von Renten - und Sozialhilfeempfängern mit geringem Einkommen sowie 4. die einfache Lebenshaltung eines Kindes.

Überdies wird der Preisindex der Lebenshaltung für jede soziale bzw. Einkommensgruppe über alle Hauptgütergruppen, ferner über alle soziale Gruppen für jede Hauptgütergruppe und schließlich für alle soziale Gruppen über alle Hauptgütergruppen berechnet.

Da nicht von **allen** Gütern und Dienstleistungen der Lebenshaltung die Preise statistisch erfaßt werden können, wird eine repräsentative Auswahl an Gütern und Diensten der Indexberechnung zugrundegelegt. Insgesamt umfaßt diese Auswahl ca. 750 Güter und Dienste. Ihre Preise werden von Preisermittlern in ausgewählten Gemeinden bei Einzelhandelsgeschäften, Werkstätten, Gatsstätten etc. regelmäßig erfaßt.

Die formale Berechnungsgrundlage des Preisindexes für die Lebenshaltung ist die Preisindexformel nach Laspeyres in der Form (2.7.2). Die darin enthaltenen Ausgabenanteile als Gewichte werden im Rahmen von sog. **Wirtschaftsrechnungen** ermittelt. Hierzu gewinnt die amtliche Statistik auf freiwilliger Basis eine bestimmte Anzahl von privaten Haushalten (höchstens 2000), die sich bereit erklären, über ihr gesamtes Ausgabenbudget für eine bestimmte Zeit Buch zu führen.

2. Die Messung der Inflationsrate

Bevor wir uns dem Begriff der Inflationsrate und ihrer Messung zuwenden, ist es zunächst zweckmäßig, den Begriff der **Wachstumsrate** einzuführen. Angenommen, es liege eine Zeitreihe y_t, t = 1, 2, ..., T, vor, wobei t = 1, 2, ..., T aufeinanderfolgende Zeitperioden darstellen und y eine bestimmte Größe, wie z.B das reale Bruttosozialprodukt oder den Preis eines bestimmten Gutes bezeichne. Dann ist die Wachstumsrate von y in der Periode t wie folgt definiert:

(2.7.5)
$$w_{y_{t,\%}} = \frac{y_t - y_{t-1}}{y_{t-1}} \cdot 100\,\%$$

Die Differenz $y_t - y_{t-1}$ wird als **absolutes Wachstum** bezeichnet. Die Wachstumsrate drückt also das absolute Wachstum in Prozent des Vorperiodenwertes y_{t-1} aus. (Man beachte: Das absolute Wachstum und damit die Wachstumsrate können positiv, 0 oder auch negativ sein.)

Die Größe $1 + \frac{w_{y_{t,\%}}}{100}$ bezeichnet man als **Wachstumsfaktor**. Beträgt z.B. die Wachstumsrate 5%, so ist der zugehörige Wachstumsfaktor 1,05. Wachstumsfaktoren spielen eine Rolle bei der Berechnung einer durchschnittlichen Wachstumsrate aus einer zeitlichen Folge von Wachstumsraten. Die geeignete durchschnittliche Wachstumsrate ergibt sich hier analog zur Berechnung eines durchschnittlichen Zinssatzes (vgl. Beispiel 2.5.27, S. 151) aus dem geometrischen Mittel der Wachstumsfaktoren der einzelnen Wachstumsraten.

Die **Inflationsrate** - auch **Preissteigerungsrate** oder **Geldentwertungsrate** genannt - wird in der amtlichen Statistik als Wachstumsrate des Preisindexes für die Lebenshaltung ermittelt.

Beispiel 2.7.3: In Tab. 2.7.2 sind für die Jahre 1988 bis 1993 die Werte des Preisindexes für die Lebenshaltung aller privaten Haushalte (früheres Bundesgebiet) und darunter die Inflationsraten wiedergegeben.

Tab. 2.7.2: Preisindizes für die Lebenshaltung (Basisjahr 1985) und Inflationsraten, 1988 - 1993, früheres Bundesgebiet

t=Jahre	1988	1989	1990	1991	1992	1993
Preisindex (y_t), 1985 = 100	101,4	104,2	107,0	110,7	115,1	119,9
Inflationsrate i.%		2,8	2,7	3,5	4,0	4,2

Quellen: Statistisches Bundesamt (Hrsg.), Wirtschaft und Statistik, Hefte: 1/1991, 2/1992, 2/1993, 1/1994

Die Inflationsraten wurden aus den Preisindizes mit Hilfe der Wachstumsratenformel (2.7.5) berechnet. y ist hier der Preisindex der Lebenshaltung . So ergibt sich beispielsweise die Inflationsrate 3,5% in 1991 aufgrund der Formel (2.7.5) wie folgt:

$$w_{y_{1991},\%} = \frac{y_{1991} - y_{1990}}{y_{1990}} \cdot 100 = \frac{110{,}7 - 107{,}0}{107{,}0} \cdot 100 = \frac{3{,}7}{107{,}0} \cdot 100 = 3{,}5\%$$

2.7.2. Mengenindizes - die Mengenindexformeln nach Laspeyres und Paasche

Neben der Messung der Preisentwicklung ist es vielfach interessant, mit Hilfe eines Indexes die Mengenentwicklung einer Gruppe von Gütern, z.B. die Entwicklung der Produktionsmengen einer Produktpalette oder die Absatzmengenentwicklung auf einem aggregierten Markt zu erfassen. Diese Aufgabe erfüllen die sog. **Mengenindizes**.

Ein Mengenindex gibt in einer Zahl an, um wieviel sich die Mengen einer Gruppe von Gütern in einem Berichtszeitraum t gegenüber einem Basiszeitraum 0 im Durchschnitt verändert haben.

Die bekanntesten Mengenindizes sind die Mengenindizes nach Laspeyres und Paasche. Beide Indizes ergeben sich dadurch, daß in den Preisindexformeln (2.7.3) und (2.7.4) von Laspeyres und Paasche das Preissymbol p durch das Mengensymbol q und das Mengensymbol q durch das Preissymbol p ersetzt werden. Damit erhalten wir die folgenden Indexformeln:

$$\textbf{(2.7.6)} \quad Q_{0,t}^{L} = \frac{\sum_{i=1}^{n} q_{it} \cdot p_{i0}}{\sum_{i=1}^{n} q_{i0} \cdot p_{i0}}$$

Mengenindex nach **Laspeyres**

$$\textbf{(2.7.7)} \quad Q_{0,t}^{P} = \frac{\sum_{i=1}^{n} q_{it} \cdot p_{it}}{\sum_{i=1}^{n} q_{i0} \cdot p_{it}}$$

Mengenindex nach **Paasche**

Bei den Mengenindizes fungieren die Preise als Gewichte, wobei der Laspeyres Index die Preise des Basiszeitraumes und der Paasche Index die Preise des Berichtszeitraumes als Gewichte verwendet.

Beispiel 2.7.4: Für drei Güter sind in den Jahren 1985 und 1991 die in Tab. 2.7.3 angegebenen Preise und umgesetzten Mengen ermittelt worden.

Tab. 2.7.3: Preise und umgesetzte Mengen dreier Güter in den Jahren 1985 und 1991

Gut	Preis pro to i. 1000 DM		Umgesetzte Mengen i. 1000 to	
i	1985 = 0	1991 = t	1985 = 0	1991 = t
	p_{i0}	p_{it}	q_{i0}	q_{it}
1	1,4	2,2	6	12
2	2,8	6,3	25	15
3	4,0	5,4	20	46

Aufgrund dieser Werte ergeben sich entsprechend den Formeln (2.7.6) und (2.7.7) die Mengenindizes nach Laspeyres und Paasche zum Basisjahr 1985 wie folgt:

$$Q^{L}_{1985/1991} = \frac{12 \cdot 1{,}4 + 15 \cdot 2{,}8 + 46 \cdot 4{,}0}{6 \cdot 1{,}4 + 25 \cdot 2{,}8 + 20 \cdot 4{,}0} = \frac{242{,}8}{158{,}4} = 1{,}533$$

bzw. 153,3 , Basis 1985 = 100

$$Q^{P}_{1985/1991} = \frac{12 \cdot 2{,}2 + 15 \cdot 6{,}3 + 46 \cdot 5{,}4}{6 \cdot 2{,}2 + 25 \cdot 6{,}3 + 20 \cdot 5{,}4} = \frac{369{,}3}{278{,}7} = 1{,}325$$

bzw. 132,5 , Basis 1985 = 100

Die Ergebnisse sind wie folgt zu interpretieren: Im Berichtsjahr 1991 waren die umgesetzten Mengen der drei Güter nach Laspeyres im Durchschnitt um das 1,533 fache bzw. um 53,3% und nach Paasche im Durchschnitt um das 1,325 fache bzw. um 32,5% höher als im Basisjahr 1985. Der Unterschied beider Ergebnisse folgt aus der unterschiedlichen Gewichtung. Da beide Ergebnisse beträchtlich von einander abweichen, wäre es in der Praxis angezeigt, ein späteres Basisjahr zugrundezulegen, bei dem die beiden Gewichtungsschemata nicht so stark differieren.

2.7.3. Der Wertindex (Umsatz- oder Ausgabenindex)

In der Wirtschaftspraxis ist es auch von Interesse, die Entwicklung des Umsatzes einer Gütergruppe bzw. die Entwicklung der Ausgaben für eine Gütergruppe zu messen. Dies läßt sich mit dem **Wertindex** bewerkstelligen.

Ein Wertindex gibt in einer Zahl an, um wieviel sich der Umsatz einer oder die Ausgaben für eine Gruppe von Gütern im Berichtszeitraum t gegenüber einem Basiszeitraum 0 verändert haben.

Der Umsatz eines Gutes oder die Ausgaben für ein Gut ergeben sich als Produkt aus Menge und Preis. Betrachten wir eine Gruppe von n Gütern. Es seien p_{it} und q_{it} (i = 1, 2, ..., n) die Preise und Mengen dieser n Güter im Berichtszeitraum t und entsprechend p_{i0} und q_{i0} (i = 1, 2, ..., n) die Preise und Mengen im Basiszeitraum 0. Dann ist der

Gesamtumsatz in der Berichtsperiode $\sum_{i=1}^{n} p_{it}\ q_{it}$ und der Gesamtumsatz in der Basisperiode $\sum_{i=1}^{n} p_{i0}\ q_{i0}$. Das Verhältnis beider Summen bildet den Wertindex bzw. Umsatzindex oder Ausgabenindex:

(2.7.8) $$W_{0t} = \frac{\sum_{i=1}^{n} p_{it} \cdot q_{it}}{\sum_{i=1}^{n} p_{i0} \cdot q_{i0}}$$

Beispiel 2.7.5: Wir wollen aufgrund der Zahlenangaben in Tab. 2.7.3 (S. 173) den Wertindex, in diesem Fall den Umsatzindex, gemäß Formel (2.7.8) berechnen:

$$W_{1985/1991} = \frac{2{,}2 \cdot 12 + 6{,}3 \cdot 15 + 5{,}4 \cdot 46}{1{,}4 \cdot 6 + 2{,}8 \cdot 25 + 4{,}0 \cdot 20} = \frac{369{,}3}{158{,}4} = 2{,}331$$

bzw. 233,1 , Basis 1985 = 100

Der Umsatz der drei Güter war im Berichtsjahr 1991 um das 2,331 fache bzw. um 133,1% größer als im Basisjahr 1985.

3. Übungsaufgaben und Lösungen

3.1. Aufgaben

Aufgabe 1 Ein Unternehmen erhält im Mai 1994 150 Bestellungen. Die Unternehmensleitung will den Gesamtumsatz dieser Bestellungen und den durchschnittlichen Tagesumsatz in diesem Monat ermitteln lassen. Nennen Sie hier

a) das Merkmal, b) die statistischen Einheiten, c) die Merkmalsausprägungen und d) die statistische Grundgesamtheit.

Aufgabe 2 Betrachten wir die Anzahl der Reisenden pro Tag, die mit einer Buslinie von A nach B fahren. Hierbei handelt es sich um

a) ein qualitatives Merkmal, b) ein diskretes Merkmal, c) ein stetiges Merkmal, d) ein metrisches Merkmal, das der Absolutskala genügt, e) ein quantitatives Merkmal.

Welche der Aussagen sind richtig?

Aufgabe 3 Schlagen Sie Tabelle 2.5.5 (Verweildauer im Krankenstand, S. 120) auf und berechnen Sie

a) das gewogene arithmetische Mittel $\bar{x}$ (auf die nächst höhere ganze Zahl gerundet), die Varianz s^2 und die Standardabweichung s der Verweildauer im Krankenstand (Bei der Berechnung der Klassenmitten sind jeweils die Klassenobergrenzen mit einzubeziehen.),

b) den Zentralwert Z und den dichtesten Wert D.

c) Entscheiden Sie anhand der Größenverhältnisse von D, Z und $\bar{x}$, ob es sich bei dieser Verteilung um eine linksschiefe - rechtssteile, um eine linkssteile - rechtsschiefe oder um eine symmetrische Verteilung handelt.

d) Welcher Mittelwert ist hier ungeeignet? (Mit Begründung)

Aufgabe 4 Suchen Sie Tabelle 2.7.2 (S. 172) auf und berechnen Sie aus den dort angegebenen Inflationsraten die durchschnittliche Inflationsrate.

Aufgabe 5 Gegeben seien folgende Kennzahlen:

a) $\frac{\text{Umsatz einer Ware}}{\text{Gesamtumsatz}}$, b) $\frac{\text{Gesamtumsatz}}{\text{Verkaufsfläche}}$,

c) $\frac{\text{Preis eines Gutes im Jahr 1993}}{\text{Preis desselben Gutes im Jahr 1990}}$,

d) $\frac{\text{Produktionsmenge}}{\text{Arbeitseinsatz}}$, e) $\frac{\text{Eigenkapital}}{\text{Gesamtkapital}}$

Welche der Kennzahlen sind Gliederungszahlen, Beziehungszahlen und Meßziffern?

Aufgabe 6 Suchen Sie Tabelle 2.5.7 (S. 127) auf und berechnen Sie den Gini - Koeffizienten.

Hinweis: Berechnen Sie die Merkmalssummen in den einzelnen Klassen mit Hilfe der jeweiligen Klassenmitte, d.h. durch $x_j n_j$. Verwenden Sie in der ersten Klasse als Klassenmitte den Wert 300.

Aufgabe 7 Im Jahr 1993 hatte der Preisindex für die Lebenshaltung zur Basis 1985 = 100 (früheres Bundesgebiet) den Wert 119,9.

a) Was sagt dieser Wert aus?

b) 1992 hatte dieser Index den Wert 115,1. Berechnen Sie die Inflationsrate für 1993.

Aufgabe 8 Suchen Sie Tabelle 2.7.3 (S. 173) auf und berechnen Sie aus den dort angegebenen Zahlen die Preisindizes nach Laspeyres und Paasche.

3.2. Lösungen

Aufgabe 1

a) : Umsatz des Unternehmens im Mai 1994,

b) : die einzelnen Bestellungen,

c) : die Umsatzwerte in DM der einzelnen Bestellungen,

d) : die 150 Bestellungen.

Aufgabe 2

Richtig sind die Aussagen b), d) und e).

Aufgabe 3

a) : $\bar{x} = 9$, $s^2 = 55{,}41$, $s = 7{,}4$

b) : $Z = 5{,}5$, $D = 2$,

c) : Da $D < Z < \bar{x}$ liegt eine linkssteile - rechtsschiefe Verteilung vor.

d) : Wegen der starken Rechtsschiefe der Verteilung ist $\bar{x}$ nach oben verzerrt und daher ungeeignet.

Aufgabe 4

3,4% (ergibt sich aus dem geometrischen Mittel der Wachstumsfaktoren).

Aufgabe 5

Gliederungszahlen: a) und e), Beziehungszahlen: b) und d), Meßziffern: nur c)

Aufgabe 6

$K_G = 0{,}26$

Aufgabe 7

a) : Der Wert 119,9 sagt aus, daß die Preise der Güter und Dienstleistungen der Lebenshaltung 1993 im Durchschnitt um 19,9% höher waren als im Basisjahr 1985.

b) : 4,2%.

Aufgabe 8

Preisindex nach Laspeyres: 1,759 , Preisindex nach Paasche: 1,521.

4. Verwendete Literatur

Bamberg, G.; Baur, F.: Statistik, München 1980

Bleymüller, J.; Gehlert, G.; Gülicher, H.: Statistik für Wirtschaftswissenschaftler, München 1988

Buttler, G.; Stroh, R.: Einführung in die Statistik, Reinbeck bei Hamburg 1992

Hansen, G.: Methodenlehre der Statistik, München 1985

Hauser, S.: Statistische Verfahren zur Datenbeschaffung und Datenanalyse, Freiburg 1981

Kellerer, H.: Statistik im modernen Wirtschafts- und Sozialleben, Reinbeck bei Hamburg 1964

Mayer, H.: Beschreibende Statistik, München 1989

TEIL III

Anwendungsgebiete der Statistik

von

Siegfried Hauser

0. Einleitung

In den Anwendungsgebieten der Statistik sollen zum einen Institutionen vorgestellt werden, die Statistiken produzieren, wie z.B. die amtliche Statistik, oder Institutionen, die verstärkt mit statistischen Analysen umgehen, wie z.B. die wirtschaftswissenschaftlichen Institute. Zum andern wird in diesem Teil in die klassischen Anwendungsgebiete der Statistik in der Ökonomie eingeführt, nämlich in die Bevölkerungs- und Wirtschaftsstatistik. Abschließend - und in der Zeit der "Total Quality-Konzepte" und der "Lean-Production" ein zunehmend an Bedeutung gewinnendes Gebiet - wird die Anwendung der Statistik auf dem Unternehmenssektor behandelt.

1. Produzenten von Statistiken

Statistische Zahlen oder Daten benötigt man für quantitative Analysen und als Grundlage für Entscheidungen. Die Qualität von Zahlen hängt auch vom "Aspekt" ab, unter dem diese erfaßt worden sind. Dieser hängt wiederum vom Produzenten und dessen Zielsetzung ab. Damit man weiß, wer alles Zahlen "produziert", braucht man Kenntnis der Institutionen, die die Zahlen liefern:

Statistische Informationen werden von Behörden (Amtliche Statistik), von privaten Institutionen und von internationalen Organisationen bereitgestellt.

1.1. Amtliche Statistik

Die Institution, die die meisten Statistiken produziert, ist die amtliche Statistik, also die statistischen Ämter auf den verschiedenen staatlichen Ebenen. Sie hat in der Bundesrepublik gemäß dem Gesetz über die Statistik für Bundeszwecke im Rahmen des föderativen Systems der Bundesrepublik "die Aufgabe laufend Daten über Massenerscheinungen zu erheben, zu sammeln, aufzubereiten, darzustellen und zu analysieren"[1]. Die amtliche Statistik in Deutschland ist fachlich zentralisiert, das heißt, die statistischen Arbeiten werden in eigens dafür eingerich-

---

[1] Statistisches Bundesamt (Hrsg.): Das Arbeitsgebiet der Bundesstatistik, Mainz 1988, S. 11

teten **Fachbehörden**, den **statistischen Ämtern** durchgeführt. Das **Prinzip der fachlichen Konzentration** gewährleistet eine gute Koordination der Statistiken in einem Land und sorgt für die Erstellung vergleichbarer Ergebnisse. In wenigen Ausnahmen sind noch andere Stellen mit der Durchführung von Statistiken betraut, z.B. die Landwirtschafts-, Verkehrs- und Arbeitsverwaltung, sowie die Deutsche Bundesbank für den Geld- und Bankensektor. **Organisatorisch** ist die amtliche Statistik **regional dezentral** im Sinne des Föderalismus aufgebaut: Statistisches Bundesamt, Statistische Landesämter und Statistische Ämter der Städte. Das Statistische Bundesamt ist dabei koordinierend und methodisch federführend tätig, während die Landesämter und städtestatistischen Ämter - neben eigenständigen regionalen und lokalen Aufgaben - für die Erhebung und Aufbereitung zuständig sind.

Die Durchführung von Statistiken ist gesetzlich geregelt, z.B. im Gesetz über die Statistik für Bundeszwecke. Neben der Erstellung nationaler Statistiken gehört zum **Aufgabengebiet des Statistischen Bundesamtes**, Statistiken anderer Staaten und internationaler Organisationen zu sammeln und zu veröffentlichen. Das Statistische Bundesamt ist auch die Geschäftsstelle des Sachverständigenrates zur Begutachtung der gesamtwirtschaftlichen Entwicklung, sowie Geschäftsstelle für den Rat von Sachverständigen für Umweltfragen. Am Sitz des Statistischen Bundesamtes wurde auch das Bundesinstitut für Bevölkerungsforschung errichtet; dem Präsidenten des Statistischen Bundesamtes wird regelmäßig das Amt des Bundeswahlleiters übertragen.

Für die Erstellung aussagekräftiger Statistiken braucht man klare Begriffsabgrenzungen. Nun sind scheinbar klare Begiffe bei näherer Betrachtung nicht immer klar, z.B. was ist ein Unternehmen, eine örtliche Einheit oder eine wirtschaftliche Einheit? Zu welcher Branche gehört es, wenn es sowohl Metallteile als auch chemische Teile herstellt? Welche Güter zählen zu den Investitions-, welche zu den Verbrauchsgütern, wie ist ein privater Haushalt definiert, was alles zählt zum Einkommen usw.? Da derartige Begriffe nicht von sich aus klar sind, bedarf es der Abgrenzung, also der **Definiton der statistischen Merkmale**. Um solche statistische Merkmale in vergleichbarer Weise erfassen zu können, wurden nationale und internationale **Systematiken** erstellt. Die wichtigsten sind: Unternehmens- und Betriebssystematiken, Gütersystematiken, Systematik der öffentlichen Haushalte, Systematik der privaten Haushalte, Personensystematiken, Regionalsystematiken. So gelten für die Systematik der Wirtschaftszweige in Deutschland die SYPRO (Sytematik der Wirtschaftszweige für die Statistik im produzierenden Gewerbe), bei der EG die NACE (Nomenclature générale des activités économiques dans les Communautés européennes) und bei den Vereinten Nationen die ISIC (International Standard Industrial Classification of all Economic Activities).

Die wichtigsten **Veröffentlichungen** des Statistischen Bundesamtes sind das "**Statistische Jahrbuch** für die Bundesrepublik Deutschland", die Monatszeitschrift "**Wirtschaft und Statistik**" sowie das ausführlichste Angebot statistischer Zahlen, die in 19 **Fachserien** von Bevölkerung und Erwerbstätigkeit (Fachserie 1) bis zum Umweltschutz (Fachserie 19) veröffentlicht werden.

1.2. Private Statistik

Die bekanntesten und auch schillerndsten Produzenten von Statistiken sind die **Markt- und Meinungsforscher**. Vor allem die Ergebnisse der Meinungsforscher, von denen beinahe wöchentlich irgendeine Meldung über die Meinung der Bevölkerung oder einzelner Bevölkerungsgruppen in den Medien auftaucht, sind mit Vorsicht zu genießen. Sie arbeiten nicht alle seriös und laufen Gefahr, tendenziös eingesetzt zu werden, wenn interessegeleitete Befragungsaufträge durchgeführt und veröffentlicht werden. Die Marktforscher dagegen werden weniger wahrgenommen, da ihre Ergebnisse meist bei den Auftraggebern verbleiben und beispielsweise als Grundlage für Marktstrategien von Unternehmen dienen.

Verbände vertreten Interessengruppen und wollen in ihrem Sinne die öffentliche Meinung und auch politische Entscheidungsträger beeinflussen. Sie "beleuchten" mit ausgewählten Statistiken bestimmte Problembereiche und "klären" bestimmte Zusammenhänge. Hier werden statistische Ergebisse wegen ihrer scheinbaren höheren Beweiskraft häufig als rhetorische Elemente eingesetzt. Immer dann, wenn argumentiert wird, "die Statistik beweist...", sollte man der Aussage gegenüber sehr vorsichtig sein. Es gilt das Sprichwort, "mit Statistik läßt sich alles beweisen" bzw. "traue keiner Statistik, die du nicht selbst aufgestellt hast".

Wirtschaftswissenschaftliche Institute produzieren insoweit Statistiken, als sie - meist auf der Grundlage von amtlichen Statistiken - quantitative oder auch qualitative Analysen erarbeiten und so zu neuen Erkenntnissen gelangen. Von den deutschen Wirtschaftsinstituten sind besonders zu erwähnen: das Deutsche Institut für Wirtschaftsforschung (DIW) Berlin, das IFO-Institut für Wirtschaftsforschung München, das Institut für Wirtschaftsforschung Halle (IWH), das Hamburger Weltwirtschaftsarchiv - Institut für Wirtschaftsforschung (HWWA), das Institut für Weltwirtschaft Kiel, das Rheinisch-Westfälische Institut für Wirtschaftsforschung (RWI) Essen, das Wirtschafts- und Sozialwissenschaftliche Institut des Deutschen Gewerkschaftsbundes (WSI) Düsseldorf und das Institut der deutschen Wirtschaft (IW) Köln. Die ersten sechs genannten Institute veröffentlichen jährliche Gemeinschaftsgutachten zur Wirtschaftslage in Deutschland.

1.3. Internationale Statistik

Im Rahmen der weltweiten Verflechtung werden Statistiken für internationale Vergleiche immer wichtiger. So veröffentlicht EUROSTAT, das Statistische Amt der Europäischen Gemeinschaften für den Bereich der **Europäischen Union** (EU) ein breit gefächertes statistisches Programm. Die **Vereinten Nationen** veröffentlichen Statistiken ebenso wie deren Unterorganisationen FAO (ROM), ILO (Genf), WHO (Genf), GATT (Genf), UNESCO (Paris), IMF (Washington). Eine eigenständige statistische Veröffentlichungspraxis für die wichtigsten Wirtschaftsnationen pflegt die **OECD**.

2. Bevölkerungsstatistik

Die Bevölkerungsstatistik hat die Aufgabe, die Bevölkerung hinsichtlich ihrer Größe, ihrer Struktur, ihrer zukünftigen Entwicklung sowie ihrer geographischen Verteilung zu beschreiben. Damit schafft sie die quantitativen Grundlagen, um beispielsweise die Auswirkungen des Bevölkerungswachstums oder der Veränderung der Bevölkerungsstruktur auf Wirtschaft, Natur, Technik, Kultur und Politik aufzuzeigen.

2.1. Begriffe und Erfassung

In der Bevölkerungsstatistik wird zwischen **Bestands-** und **Bewegungsmassen** unterschieden. Der **Bevölkerungsbestand**, also die Größe der Bevölkerung, wird zu einem **Zeitpunkt** (Stichtag) gemessen, während die **Bevölkerungsbewegung**, also Geburten und Sterbefälle (natürliche Bevölkerungsbewegung), Wanderungen (räumliche Bevölkerungsbewegung), aber auch Eheschließungen und Ehelösungen (soziale Bevölkerungsbewegung) in einem **Zeitraum** (Monat, Jahr usw.) gemessen werden. Der Bevölkerungsbestand wird durch die natürlichen und räumlichen Bewegungsmassen laufend verändert. Die Bestandsermittlung wird mit Hilfe der **Fortschreibungsformel** durchgeführt:

Endbestand = Anfangsbestand + Geburten - Sterbefälle
+ Zuzüge - Wegzüge

Tab. 1: Bevölkerungsbestand und -veränderung in Deutschland (in 1000)

Jahre	Endbestand	= Anfangs-bestand	+ (Geburten - Sterbefälle)	+ (Zuzüge - Wegzüge)
1991	80 275	79 753	- 81	+ 603
1992	80 975	80 275	- 80	+ 780
1993	81 338	80 975	- 99	+ 462

Quelle: Statistisches Jahrbuch 1994 für die Bundesrepublik Deutschland, S.64; Wirtschaft und Statistik 7/94, Herausgeber Statistisches Bundesamt, S. 434* (gerundete Zahlen)

Die Differenz aus Geburten- und Sterbefällen ergibt den **Geburtensaldo** (Geburtenüberschuß oder -defizit) und die Differenz aus Zuzügen und Wegzügen den **Wanderungssaldo** (Wanderungsüberschuß oder -defizit).

Zur Erfassung der Bevölkerung muß der **Bevölkerungsbegriff** geklärt werden, das heißt es muß definiert sein, welche Personen an welchem Ort zur Bevölkerung gezählt werden. Der Bevölkerungsbegriff kann

rechtlich oder **räumlich** abgegrenzt werden. In der statistischen Feststellung der Bevölkerungszahl gilt in der Bundesrepublik der räumliche Bevölkerungsbegriff, bei dem die Bevölkerung am alleinigen bzw. bei mehreren Wohnsitzen am **Hauptwohnsitz**, also der vorwiegend genutzten Wohnung, gezählt wird. Zur Bevölkerung zählen die am Ort wohnenden Deutschen, Ausländer und Staatenlosen, aber nicht die Mitglieder der ausländischen Streitkräfte, der diplomatischen und konsularischen Vertretungen mit ihren Familienangehörigen.

Die **primärstatistische Erfassung** des **Bevölkerungsstandes** erfolgt über die **Volkszählung**, einer Totalzählung der Bevölkerung. Sie erlaubt eine tiefe Gliederung und weitgehende Strukturierung der Bevölkerung nach Geschlecht, Alter, räumlicher Aufteilung, Beteiligung am Erwerbsleben, Religionszugehörigkeit, Staatsangehörigkeit, usw. Die UNO empfiehlt, die Volkszählung alle 10 Jahre möglichst zeitgleich in allen Staaten durchzuführen. Daneben findet ein **Mikrozensus** statt. Dies ist eine stichprobenweise Erhebung, bei der unter Verwendung von Strukturdaten auf die Gesamtbevölkerung geschlossen wird. Zusätzlich wird der Bevölkerungsbestand erfaßt über die in mehrjährigen Abständen stattfindende **Wohnungszählung.** Darüber hinaus liefert die staatliche Verwaltung **sekundärstatistische** Bevölkerungsdaten durch das Ausstellen von Pässen und Lohnsteuerkarten sowie über die Sozialversicherungsanstalten und Arbeitsämter. Die **Bevölkerungsbewegung** wird sekundärstatistisch über das Standesamt (natürliche Bevölkerungsbewegung) und über das Einwohnermeldeamt (räumliche Bevölkerungsbewegung) erfaßt.

Um Veränderungen der Geburtenverhältnisse, der Geburten- und Sterbeverhältnisse im Zeitablauf zu analysieren, benutzt man Längs- und Querschnittsanalysen. Der Zusammenhang von Längs- und Querschnittsanalysen kann übersichtlich im **Beckerschen Diagramm** dargestellt werden (Abb. 1).

Abb. 1: Beckersches Diagramm

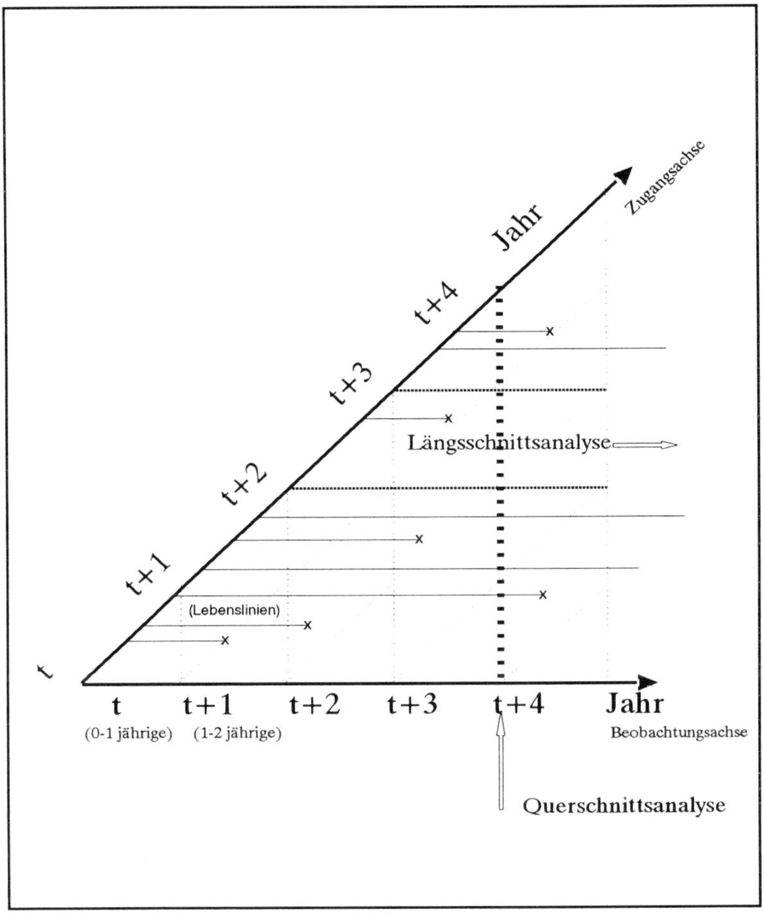

Bei **Längsschnittsanalysen** werden Personen oder Personengruppen über eine Zeit hinweg beobachtet. Eine spezielle Form ist die Kohortenanalyse, bei der ein Geburtsjahrgang oder **ein** Schulabschlußjahrgang oder ein Eheschließungsjahrgang über eine **gewisse Zeit** (bei Sterbetafeln 100 Jahre) hinweg beobachtet wird. Der Vorteil der Methode ist, daß die statistische Beobachtung mit der ursprünglichen Ausgangsmasse durchgeführt wird.

Da die Ergebnisse erst nach Abschluß der Beobachtungsperiode, also erst beim Tod aller Jahrgangsmitglieder vorliegt, wählt man häufig **Querschnittsanalysen**. Dabei werden zu einem Zeitpunkt, z.B. hinsichtlich ihrer Sterblichkeit **in einem Jahr alle** Altersjahrgänge oder Eheschließungsjahrgänge beobachtet, und das Ergebnis liegt sofort vor. Das Problem bei Querschnittsanalysen ist, daß bei den einzelnen Jahrgängen die Ausgangsbedingungen völlig unterschiedlich sein können. So würden z.B. bei der Beobachtung von Eheverläufen Ehen in die Betrachtung einbezogen, die während des Krieges, in Zeiten des Wiederaufbaus der Bundesrepublik, in Zeiten von Arbeitslosigkeit usw. geschlossen wurden. Dasselbe Problem der unterschiedlichen Einflußfaktoren im Zeitablauf tritt auch bei der Beobachtung der Fruchtbarkeit und der Sterbeverhältnisse auf.

2.2. Bevölkerungsstruktur

2.2.1. Die Bevölkerungspyramide

Die bekannteste Darstellung des Altersaufbaus ist die Bevölkerungspyramide. Das Alter wird auf der Ordinate und die Häufigkeit (rechts: weiblich; links: männlich) wird auf der Abszisse abgetragen. Die Bevölkerungspyramiden können in drei Grundtypen eingeteilt werden, je nachdem, ob es sich um eine wachsende, gleichbleibende oder abnehmende Bevölkerung handelt (s. Abb.2). In der Praxis kommen diese Typen in der reinen Form nicht vor.

Abb. 2: Grundtypen von Bevölkerungspyramiden

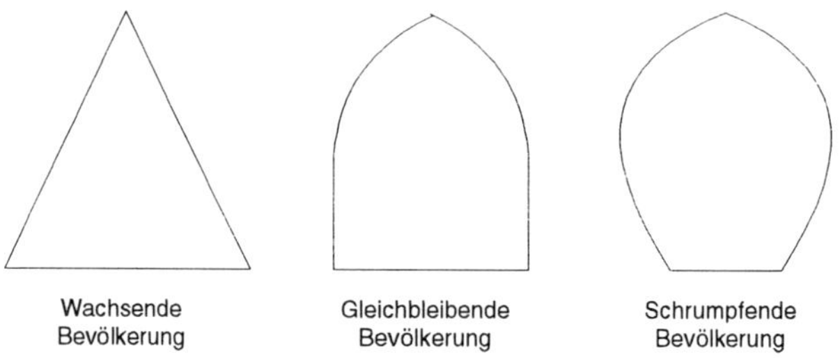

Die derzeitige **Bevölkerungspyramide der Bundesrepublik Deutschland** hat einen sehr speziellen Aufbau. Sie zeigt im unteren Teil einen erheblichen Geburtenrückgang, der durch die Ausbuchtung der 25 - 35 - Jährigen etwas ausgeglichen wird. Ferner fallen die Geburtenausfälle während der beiden Weltkriege auf.

Abb. 3: Die Bevölkerungspyramide Deutschlands am 1.1.1992[2]

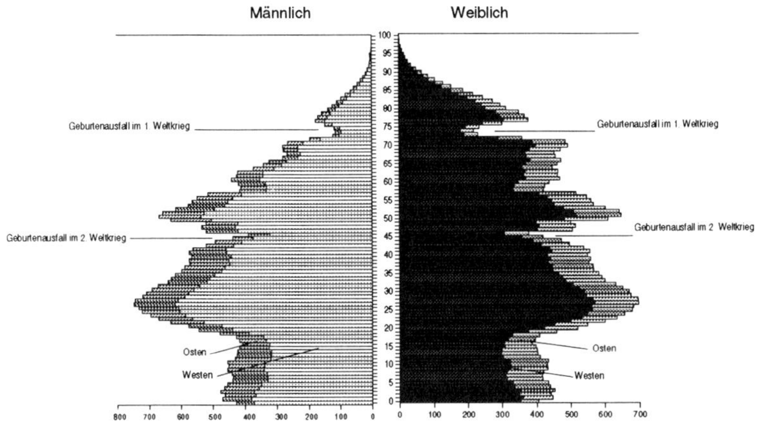

2.2.2. Bevölkerung und Fläche

Bei der Betrachtung des Verhältnisses von Bevölkerung und Raum gibt es zwei gegensätzliche Ansätze, einmal die Vorstellung einer **gleichmäßigen Verteilung der Bevölkerung auf die Fläche** und zum andern die Vorstellung der **Konzentration der Bevölkerung in Bevölkerungsmittelpunkten**.

Für den ersten Fall wird die **Bevölkerungsdichte** d als Quotient von Bevölkerung B und Fläche F berechnet (d = B/F). Dies ergibt die **Zahl der Einwohner je Flächeneinheit**. Der Kehrwert wird als **Flächendichte** bezeichnet und gibt an, wieviel Fläche jedem Einwohner im Durchschnitt "statistisch" zur Verfügung steht. Bei internationalen Vergleichen von derartigen Ziffern müssen die Flächen vergleichbar sein (bewohnbare Flächen, nicht Wüsten oder Gebirge).

Die **Bevölkerungsmittelpunkte** können analog zu den Eigenschaften des arithmetischen Mittels (Summe der Entfernungen=0), des Medians (Summe der Beträge der Entfernungen = Min.) oder als Vialpunkt (Punkt der kleinsten Personenwegsumme) ermittelt werden. Letzterer ist sinnvoll zur Berechnung des Standorts von Flugplätzen oder Super-

[2] Die Bevölkerungspyramide wird jedes Jahr im Statistischen Jahrbuch veröffentlicht

märkten. Beim **Vialpunkt** werden die Entfernungen mit der Zahl der Einwohner gewichtet, und er nimmt den Ort als Mittelpunkt, der gegenüber den anderen Orten die kleinste Personenwegsumme aufweist.

In Tabelle 2 sind die Gemeinden G_1 - G_4 mit ihren Entfernungen e_{ij} (1. Spalte unter jeder Gemeinde) zueinander und ihren Einwohnern B_i (letzte Spalte der Tabelle) angeben. Die 2. Spalte unter jeder Gemeinde gibt das Produkt aus Entfernung und Einwohnern $B_i e_{ij}$ für jede Gemeinde an. Die kleinste Personenenwegsumme $\sum B_i e_{ij} = 650$ wird dann für die Gemeinde G_4 errechnet.

Tab. 2: Beispiel für die Berechnung des Vialpunktes für vier Gemeinden

Gemeinden	G_1		G_2		G_3		G_4		Bevölk. B_i [in 100]
G_1	*0*	0·20 = **0**	*2*	2·20 = **40**	*20*	20·20 = **400**	*10*	10·20 = **200**	*20*
G_2	*2*	2·10 = **20**	*0*	0·10 = **0**	*8*	8·10 = **80**	*5*	5·10 = **50**	*10*
G_3	*20*	20·100 = **2000**	*8*	8·100 = **800**	*0*	0·100 = **0**	*4*	4·100 = **400**	*100*
G_4	*10*	10·50 = **500**	*5*	5·50 = **250**	*4*	4·50 = **200**	*0*	0·50 = **0**	*50*
Personenwegsumme	(0+20+2000+500) = **2520**		(40+0+800+250) = **1090**		(400+80+0+200) = **680**		(200+50+400+0) = **650**		

↑

Vialpunkt = kleinste Personenwegsumme

2.3. Bevölkerungsbewegung

Die Bevölkerungsbewegung kann unterschieden werden in die natürliche (Geburten, Sterbefälle), die soziale (Eheschließung, Ehescheidung) Bevölkerungsbewegung sowie in die Wanderungsbewegung (s. Abschnitt 2.1).

Für bevölkerungswissenschaftliche Analysen benutzt man selten absolute Zahlen als vielmehr relative, auf andere Größen bezogene Zahlen, also Verhältniszahlen, die hier als **Ziffern** bezeichnet werden. Dabei handelt es sich um das Verhältnis von **Bewegungs- zu Bestandsmassen** (z.B. Geburtenziffer) oder **Bewegungs- zu Bewegungsmassen** (z.B. Säuglingssterblichkeit). Die Ziffern werden meist - aus Lesbarkeitsgründen - um das 1000fache erhöht, also auf 1000 Einwohner oder auf 1000 Lebendgeborene bezogen. Die Bestandsmassen im Nenner werden als mittlere Größen angegeben, z.B. die mittlere Bevölkerung ist dann der Durchschnitt der Bevölkerung von Januar bis Dezember eines Jahres; manchmal wird auch die Bevölkerung am 1. Juli als mittlere Bevölkerung genommen. Die wichtigsten Ziffern zur Charakterisierung der Bevölkerungsbewegung sind:

Allgemeine Geburtenziffer: $g = \frac{\text{Geburten eines Jahres}}{\text{mittlere Bevölkerung}}$

Fruchtbarkeitsziffer: $f = \frac{\text{Geburten}}{\text{weibliche Bevölkerung (15 - 45 Jahre)}}$

Sterbeziffer: $s = \frac{\text{Sterbefälle eines Jahres}}{\text{mittlere Bevölkerung}}$

Säuglingssterblichkeit: $s_0 = \frac{\text{gestorbene Säuglinge}}{\text{Lebendgeborene}}$

Heiratsziffer des Jahrganges x: $\frac{\text{Eheschließungen im Alter x}}{\text{Ledige im Alter x}}$

Tab. 3: Verhältniszahlen für Deutschland (Deutsches Reich und BRD)

je 1000 Einwohner:	1885	1900	1950	1970	1980	1990	1992
Eheschließungen	7,9	8,5	11	7,4	6,3	6,5	5,8
Lebendgeborene	38,5	36,8	16,3	13,5	11,0	11,4	10,4
Gestorbene	27,2	23,2	10,9	12,6	12,1	11,6	11,3
je 1000 Lebendgeborene:							
Nichtehelich Lebendgeborene	95	87	105,6	72,3	118,9	153,2	148,8
im 1. Lebensjahr gestorbene Säuglinge	*	*	60,2	22,5	12,4	7,0	6,1
in den ersten 7 Lebenstagen gestorbene Säuglinge	*	*	*	15,2	6,4	2,7	2,5
Totgeburten je 1000 Lebend- und Totgeborene	38	31	21,8	10,3	5,7	3,5	3,3

Quelle: Statistische Jahrbücher für Deutschland der verschiedenen Jahre

Bei zeitlichen oder internationalen Vergleichen sind immer **Standardisierungen** notwendig. Zum Beispiel hängt die Sterbeziffer vom Altersaufbau und der speziellen Sterblichkeit der Altersgruppen ab. Man kann die Sterbeziffer s eines Landes auch darstellen als das gewichtete arithmetische Mittel der **jahrgangsmäßigen Sterbeziffern** s_x und den **Bevölkerungsanteilen des Altersjahrgangs** b_x:

$$s = \Sigma s_x b_x$$

Bei intertemporalen (Vergleich bei großen Zeitabständen) oder internationalen Vergleichen von Sterbeziffern sollte von einem vergleichbaren Altersaufbau ausgegangen werden können, andernfalls muß der Altersaufbau für die Länder standardisiert werden. Dies kann z.B. dadurch geschehen, daß man den Bevölkerungsaufbau eines der zu vergleichenden Länder nimmt, und diesen den andern Ländern unterstellt. Die Sterbeziffern der einzelnen Länder werden dann mit diesen relativen Häufigkeiten des Altersaufbaus multipliziert. Dann erst kann man ersehen, in welchem Land eine vom Altersaufbau unabhängige größere oder kleinere Sterblichkeit vorliegt. Dies wird als **Methode der Standardbevölkerung** bezeichnet.

Versicherungen benutzen häufig ein anderes Verfahren als Grundlage zur Berechnung der Prämien, z.B. bei Lebensversicherungen. Sie nehmen den tatsächlichen Altersaufbau und "standardisieren" die Sterbeziffern; dies wird als **Methode der erwartungsmäßigen Ereignisse** bezeichnet.

2.4. Bevölkerungstafeln

Folgende Bevölkerungsbewegungen werden in Bevölkerungstafeln erfaßt: Fruchtbarkeitstafeln, Sterbetafeln und Heiratstafeln. Die für Versicherungs- und Rentenberechnungen wichtigsten Tafeln sind die Sterbetafeln. **Sterbetafeln** sind Absterbeordnungen, die für jeden Altersjahrgang die Sterbewahrscheinlichkeit, die Überlebenswahrscheinlichkeit sowie die Lebenserwartung angeben. Ausführliche Sterbetafeln werden in mehrjährigen Abständen, meist im Anschluß an Volkszählungen errechnet. Dabei werden die **Sterbeverhältnisse für die einzelnen Altersjahrgänge meist drei (früher auch 10) Jahre lang beobachtet**, um Zufälligkeiten auszuschließen. Es handelt sich also um eine Querschnittsanalyse.

Bei der Berechnung der jahrgangsmäßigen oder altersspezifischen Sterbeziffern ergeben sich für die Zähler- und Nennergrößen Zuordnungsprobleme wegen der Einteilung in Altersjahre und Kalenderjahre. Man kann entweder nach der Sterbejahrmethode oder nach der Geburtsjahrmethode oder einem Mischverfahren vorgehen.

Die **Sterbejahrmethode** geht von den Gestorbenen eines bestimmten Altersjahrgangs in einem Kalenderjahr aus und bezieht diese auf die entsprechenden Geburtsjahrgänge, sie benutzt das Verhältnis:

$$\frac{\text{Sterbefälle der } x\text{-jährigen im Jahr } t}{\text{Geburten im Jahr } t-x \text{ und } t-x-1}$$

Zum Beispiel kann ein 30jähriger, der 1995 stirbt, aus den Geburtsjahrgängen 1964 oder 1965 stammen.

Die **Geburtsjahrmethode** geht dagegen von einem Geburtsjahrgang aus und sucht dazu die Sterbejahrgänge. Es gilt also das Verhältnis:

$$\frac{\text{Sterbefälle der } x\text{-jährigen im Jahre } t+x \text{ und } t+x+1}{\text{Geburten im Jahre } t}$$

So gehören z.B. zu den gestorbenen 30jährigen des Geburtsjahrgangs 1965 die Sterbefälle der Jahre 1995 und 1996.

Welches Verfahren zur Aufstellung einer Sterbetafel im konkreten Fall genommen wird, hängt davon ab, ob in den Beobachtungsjahren Besonderheiten auftreten, die nicht als "Normalverlauf" der Sterblichkeit angesehen werden können. So würde z. B. bei einer ungewöhnlichen Grippewelle in einem der Beobachtungsjahre die Sterbejahrmethode eine sehr pessimistische Schätzung der Sterblichkeit und Lebenserwartung ergeben.

Da die ausführlichen Sterbetafelberechnungen nur in langjährigen Abständen durchgeführt werden, veröffentlicht das Statistische Bundesamt Sterbetafeln in abgekürzter Form. In Tabelle 4 ist das Grundschema einer Sterbetafel mit den Zahlen für das Reichsgebiet (Beobachtungszeitraum 10 Jahre) und für die Bundesrepublik (Beobachtungszeitraum 3 Jahre) dargestellt. Eine Sterbetafel wird immer auf 100 000 Lebendgeborene - getrennt nach männlich/weiblich - bezogen.

Tab. 4: Sterbetafeln in abgekürzter Form (Reichsgebiet und früheres Bundesgebiet)

Vollendetes Altersjahr x	Von 100 000 Lebendgeborenen erreichen das Alter x...			
	männlich		weiblich	
	1901/10	1990/92	1901/10	1990/92
0	100 000	100 000	100 000	100 000
1	79 766	99 261	82 952	99 424
2	76 585	99 201	79 761	99 370
20	70 647	98 571	73 564	99 010
40	62 598	96 036	65 283	97 873
60	43 807	84 716	50 780	92 061
70	27 136	66 859	34 078	82 381
80	8 987	36 511	12 348	58 845
90	683	7 428	1 131	18 545

Quelle: Statistisches Jahrbuch 1994 für die Bundesrepublik Deutschland, S. 82

2.5. Reproduktionsziffern

Für die Vorhersage der Bevölkerungsentwicklung liefern **Reproduktionsziffern** frühzeitig Anhaltspunkte. Zu den Reproduktionsziffern zählen die zusammengefaßte Geburtenziffer, die Bruttoreproduktionsrate und die Nettoreproduktionsrate.

Die **zusammengefaßte Geburtenziffer** ist die Summe der altersspezifischen Geburtenziffern. Sie ergibt die Zahl der Kinder, die 1000 Frauen im Laufe ihres Lebens gebären. 1992 betrug sie für Deutschland 1292. Die **altersspezifischen Geburtenziffern** sind die Anzahl der Lebendgeborenen der Mütter eines Altersjahrgangs je 1000 Frauen gleichen Alters. Für Prognosen wird häufig eine Konstanz der altersspezifischen Geburtenziffern angenommen. Es ist jedoch darauf zu achten, daß die ausgewiesenen zusammengefaßten Geburtenziffern im

Statistischen Jahrbuch von Änderungen im Altersaufbau nicht beeinflußt sind, da sie bei der Berechnung nicht mit den Anteilen der Altersjahrgängen gewichtet werden.

Bezieht sich die zusammengefaßte Geburtenziffer nur auf Mädchengeburten, so bezeichnet man diesen Quotienten als **Bruttoreproduktionsrate**. Wird noch die Überlebenswahrscheinlichkeit der Frauen mitberücksichtigt, erhält man die **Nettoreproduktionsrate**; 1989 betrug sie 0,67. Dies bedeutet, daß die Frauengeneration sich nur zu 67 % zu ersetzen vermag, es werden 33 % zu wenig Mädchen geboren als zur Bestandserhaltung notwendig wären.

Reproduktionsraten sind die Grundlage für Wachstumsberechnungen einer Bevölkerung. Interessiert man sich für Struktureffekte, kann man das Modell der stabilen Bevölkerung bzw. das Modell der stationären Bevölkerung benutzen.

Das **Modell der stabilen Bevölkerung** gibt Auskunft darüber, welche allgemeinen Geburten- und Sterbeziffern zu erwarten sind, wenn die Geburts- und Sterblichkeitsverhältnisse gleichbleiben. Damit erhält man dann eine Vorstellung, wie die Bevölkerung bei gegebenen (stabilen) Verhältnissen, die Bevölkerungszahl und der Bevölkerungsaufbau in 30 oder 50 Jahren aussieht. Beim **Modell der stationären Bevölkerung** geht man von einem Nullwachstum der Bevölkerung aus und berechnet dann, wie die Bevölkerungsstruktur, insbesondere der Altersaufbau, in 30 oder 50 Jahren aussehen wird.

2.6. Bevölkerungsfortschreibung und Prognosen

Die **Bevölkerungsfortschreibung** benutzt die Fortschreibungsformel und geht im Prinzip von einer stabilen Bevölkerung aus. Das heißt, Geburtenziffern, Sterbeziffern und Wanderungsziffern werden als konstant angenommen. Um das Prinzip dieser Methode darzustellen, können die Wanderungen vernachlässigt werden. Man geht von den Altersjahrgängen B_x mit $x = 0\text{-}99$ einer Bevölkerung im Jahre t aus und berechnet mit Hilfe der altersmäßigen Sterbeziffern s_x aus der Sterbetafel für das kommende Jahr die voraussichtlichen Sterbefälle $S_x = s_x \cdot B_x$, die man bei jedem Altersjahrgang abzieht. Man erhält dann die ein Jahr älteren Altersjahrgänge B_{x+1} der Bevölkerung im Jahr $t+1$, ohne Geburten. Mit Hilfe der Fruchtbarkeitsziffern berechnet man für die Altersjährgänge der 15-49-jährigen weiblichen Bevölkerung die voraussichtlichen Geburten und erhält so den Altersaufbau der Bevölkerung im Jahr t+1. Dasselbe Verfahren wendet man für das Jahr t+2 an usw. (s. Abb. 4).

Abb. 4: Grafische Darstellung der Bevölkerungsfortschreibung

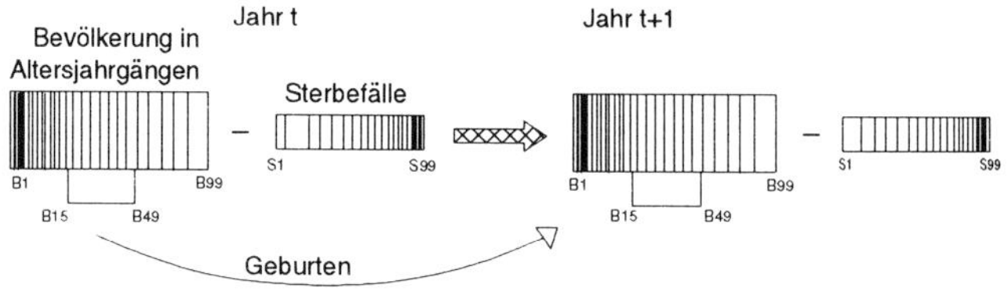

Prognosen über die Bevölkerungsentwicklung können unterschiedlich erstellt werden. Man kann zunächst **theoretisch** vorgehen, indem man Überlegungen über Faktoren anstellt, die das Bevölkerungswachstum beeinflussen. Dies sind zum einen rein demografische Überlegungen hinsichtlich Fruchtbarkeits- und Sterbeziffern. Zum andern werden Fruchtbarkeit und Sterblichkeit von ökonomischen Größen wie Nahrungsmittelversorgung, Einkommen und Einkommensverteilung, ferner von Vorstellungen über die Art der Lebensverwirklichung und der Ausbildungsmöglichkeiten der Kinder beeinflußt. Bei der Berücksichtigung der Wanderungsbewegung muß die interne Wirtschaftslage genauso wie die ökonomische Lage der Menschen in den Herkunftsländern berücksichtigt werden. Analog zu ökonometrischen Modellen bei der Darstellung des Wirtschaftsprozesses können für die Darstellung des Bevölkerungsprozesses **demografische Modelle** aufgestellt werden, in denen diese Zusammenhänge quantitativ erfaßt werden. Ausgehend von der **stabilen Bevölkerung** können **Simulationen** über die zukünftige Entwicklung angestellt werden, und für politische Entscheidungen sind auch **Szenarien** sehr hilfreich. Szenarien sind meist so angelegt, daß man einem optimistischen Szenarium mit Annahmen über eine positive Entwicklung ein pessimistisches Szenarium mit negativen Entwicklungsannahmen gegenüberstellt. Bei einfachen **Extrapolationen** werden die Daten der Vergangenheit mit Hilfe der Zeitreihenanalyse untersucht und in die Zukunft extrapoliert.

Für einfache und kurzfristige Prognosen kann man den derzeitigen Bestand mit einer Wachstumsrate versehen und dann eine Prognose erstellen. Dabei soll B_0 als Anfangsbestand und B_t als Endbestand einer Bevölkerung in einem Betrachtungszeitraum 0 bis t sein.

Die einfachste Annahme ist die eines **linearen Wachstumsverlaufs**, also die Annahme eines **absolut gleich** großen Wachstums in einem Jahr. Dabei wird der absolute Zuwachs einer Bevölkerung B_t - B_0 durch den Ausgangsbestand und die Zahl der Jahre dividiert. Somit ergibt sich als durchschnittliche Wachstumsrate $\bar{r}$ mit der Wachstumsfunktion B_t:

$$\bar{r} = \frac{B_t - B_0}{t \cdot B_0} \quad \text{und} \quad B_t = B_0 (1 + \bar{r} \cdot t)$$

Bei einem geometrischen Wachstumsverlauf, also der Annahme eines **relativ** gleich großen Wachstums in einem Jahr, wird die Wachstumsrate über ein geometrisches Mittel errechnet, und es ergibt sich als Wachstumsfunktion:

$$\bar{r} = \sqrt[t]{\frac{B_t}{B_0}} - 1 \quad \text{mit} \quad B_t = B_0(1+\bar{r})^t$$

Geht man von einem stetigen Wachstumsverlauf aus, erhält man statt der geometrischen die **exponentielle** Wachstumsrate mit der Wachstumsfunktion:

$$\bar{r} = \frac{\ln(B_t/B_0)}{t} \quad \text{mit} \quad B_t = B_0 e^{\bar{r}t}$$

Aus der Wachstumsformel kann die Verdopplungszeit bei exponentiellem (geometrischem) Wachstum errechnet werden:

$$B_0 e^{\bar{r}t_2} = 2B_0 e^{\bar{r}t_1}$$

Dabei gibt t_2 den Endzeitpunkt und t_1 den Anfangszeitpunkt des Wachstumsprozesses an. Die **Verdopplungszeit** $t_2 - t_1$ ergibt sich aus **69 : r%**, also 69 dividiert durch die Wachstumsrate in Prozent.

2.7. Bevölkerung und Erwerbstätigkeit

Bei der Messung der Beteiligung am Erwerbsleben (Erwerbskonzept) wird zunächst zwischen Erwerbspersonen und Nichterwerbspersonen unterschieden. In Deutschland betrug 1992 das Verhältnis Erwerbspersonen an der Wohnbevölkerung **(Erwerbsquote)** rund 50%.

Nichterwerbspersonen sind alle Personen, die weder eine auf Erwerb ausgerichtete Tätigkeit ausüben oder suchen, also z.B. Kinder, Schüler, Studenten, Hausfrauen, Rentner).

Als **Erwerbspersonen** gelten Erwerbstätige und Erwerbslose. Das Charakteristikum dafür ist eine ausgeübte oder gesuchte Tätigkeit einer im Bundesgebiet wohnenden Person ohne Rücksicht auf die Länge der Arbeitszeit.

Tab. 5: Erwerbstätige nach Wirtschaftsbereichen (in 1000)

Wirtschaftsabteilung	1992	%
Land- und Forstwirtschaft, Fischerei	1372	3,7
Energie-, Wasserversorgung, Bergbau	707	1,9
Verarbeitendes Gewerbe	11043	29,9
Baugewerbe	2918	7,9
Handel	4403	11,9
Verkehr und Nachrichtenübermittlung	2257	6,1
Kreditinstitute und Versicherungsgewerbe	1287	3,5
Dienstleistungsunternehmen einschl. Freier Berufe	8586	23,2
Organisat. ohne Erwerbszweck u. priv. Haushalte	807	2,2
Gebietskörperschaften und Sozialversicherung	3553	9,6

Quelle: Statistisches Jahrbuch 1994, S. 114

Eine Einteilung der Erwerbstätigen zur Feststellung der Erwerbstätigenstruktur erfolgt über die Wirtschaftsbereiche. Wie Tab. 5 zeigt, sind im Produzierenden Gewerbe (Energie-, Wasserversorgung, Bergbau, Verarbeitendes Gewerbe und Baugewerbe) 39,7% und insgesamt im Dienstleistungsbereich ohne Staat und private Haushalte (also Handel, Verkehr und Nachrichtenübermittlung, Kreditinstitute und Versicherungsgewerbe und sonstige Dienstleistungsunternehmen einschl. der Freien Berufe) 44,7% Erwerbstätige beschäftigt. Dabei kann man im zeitlichen Vergleich die Entwicklung der Beschäftigtenstruktur beobachten und internationale Vergleiche anstellen. So waren 1970 in Deutschland 6% der Beschäftigten in der Landwirtschaft tätig, 1992 waren es noch 3,7%.

Die **Erwerbstätigen** werden unterteilt in Selbständige, mithelfende Familienangehörige und abhängig Beschäftigte.

Selbständige sind Personen, die einen gewerblichen oder landwirtschaftlichen Betrieb als Eigentümer oder Pächter leiten, sowie die freiberuflich Tätigen.

Mithelfende Familienangehörige arbeiten in einem Betrieb mit, der von einem Familienmitglied als Selbständiger geleitet wird, ohne dafür Lohn und Gehalt zu erhalten oder Pflichtbeiträge zur gesetzlichen Rentenversicherung zu zahlen.

Zu den **abhängig Beschäftigten** (Personen mit einem Arbeitsverhältnis) zählen Beamte, Angestellte (nicht beamtete Gehaltsempfänger), Arbeiter (Lohnempfänger) und Auszubildende.

Tab. 6: Erwerbstätige nach Stellung im Beruf[1]

Stellung im Beruf	1950		1992	
	Anzahl (in 100)	%	Anzahl (in 1000)	%
Selbständige	3 412	14,5	3 091	8,4
Mithelfende Familienangehörige	3 253	13,8	529	1,4
Arbeiter	11 986	50,2	13 968	37,8
Angestellte	3 986	17,0	16 860	45,6
Beamte	825	3,7	2 491	6,7

[1])1950: ehemaliges Bundesgebiet, 1992: Deutschland

Quelle: Institut der der Deutschen Wirtschaft (Hrsg.): Zahlen zur wirtschaftlichen Entwicklung der Bundesrepublik Deutschland, 1994; Statistisches Jahrbuch 1994, S. 114

Die ebenfalls zu den Erwerbspersonen zählenden **Erwerbslosen** sind Personen ohne Arbeitsverhältnis, also abhängig Beschäftigte, die sich um eine Arbeitsstelle bemühen, unabhängig davon, ob sie beim Arbeitsamt als Arbeitslose gemeldet sind oder nicht.

Arbeitslose sind genauer definiert; es handelt sich um Personen, die sich beim Arbeitsamt als Arbeitssuchende gemeldet haben, eine Beschäftigung von 18 oder mehr Stunden für länger als drei Monate suchen, für eine Arbeitsaufnahme sofort zur Verfügung stehen und das 65. Lebensjahr noch nicht vollendet haben. Arbeitslose dürfen einer geringfügigen Beschäftigung nachgehen, zählen aber in einem solchen Fall nicht zu den Erwerbslosen, sondern zu den Erwerbstätigen. Die **Arbeitslosenquote** ist das Verhältnis von Arbeitslosen zu den abhängig Beschäftigten, während die **Erwerbslosenquote** das Verhältnis von Erwerbslosen zu den Erwerbstätigen ist.

3. Wirtschaftsstatistik

Die Wirtschaftsstatistik befaßt sich mit den Methoden zur quantitativen Abbildung des Wirtschaftsgeschehens. Sie liefert ferner die Zahlenbasis zur Herstellung von **quantitativen Zusammenhängen.** Welche wirtschaftlichen Größen und welche Zusammenhänge dabei als relevant angesehen werden, wird größtenteils von der Wirtschaftspolitik bzw. von der Wirtschaftstheorie bestimmt. Zur quantitativen Abbildung des Wirtschaftsgeschehens braucht man ökonomische Daten. Die **Datenbeschaffung** erfolgt über

Strukturerhebungen und laufende Erhebungen.

Strukturerhebungen sind beispielsweise die **Volkszählung**, der **Zensus im Verarbeitenden Gewerbe**, die **Lohn- und Gehaltsstrukturerhebung**, die **Handels- und Gaststättenzählung**, die **Einkommens- und Verbrauchsstichprobe.**

Laufende Erhebungen sind der **Mikrozensus**, die **monatliche Betriebsberichterstattung**, der **Produktionsteilbericht**, **Investitionserhebungen**, **laufende Verdiensterhebungen** in Industrie und Handel, **laufende Groß- und Einzelhandelsstatistik**, **laufende Wirtschaftsrechnungen** der privaten Haushalte.

Damit die wirtschaftsstatistischen Merkmale richtig erfaßt, weiterverarbeitet und verglichen werden können, bedarf es der **Abgrenzung der Tatbestände** in **sachlicher**, **zeitlicher** und **räumlicher** Hinsicht, also eindeutiger Definitionen. Dies geschieht in der amtlichen Statistik mit Hilfe von **Systematiken**, in denen die wirtschaftsstatistischen Merkmale definiert werden. Es muß festgelegt werden, welche Produkte zur selben Gruppe gehören, oder welche Unternehmen welchen Branchen zuzuordnen sind. So gibt es Systematiken der Wirtschaftszweige, Warenverzeichnisse für den Außenhandel und für den privaten Verbrauch, eine Klassifizierung der Berufe usw.

Folgende Ausschnitte aus dem Gebiet der Wirtschaftsstatistik sollen hier behandelt werden: Volkswirtschaftliche Gesamtrechnung und Sozialproduktsmessung, Außenwirtschaft und Zahlungsbilanz, der Staat, das Geldsystem, sowie Indikatoren zur Beurteilung einer Volkswirtschaft.

3.1. Volkswirtschaftliche Gesamtrechnung und Sozialproduktsmessung

Die Volkswirtschaftliche Gesamtrechnung (VGR) soll ein möglichst umfassendes, geschlossenes und quantitatives Gesamtbild des wirtschaftlichen Geschehens in einem Land liefern. Eine Möglichkeit zur Darstellung der volkswirtschaftlichen Zusammenhänge ist die Kontendarstellung. Dabei faßt man die **wirtschaftenden Institutionen zu drei Sektoren** zusammen: Unternehmen, Staat und Private Haushalte (und private Organisationen ohne Erwerbszweck).

- Zu den **Unternehmen** zählen alle Arbeitsstätten in allen Branchen und freien Berufen, ferner alle Unternehmen, die dem Staat gehören, Einkaufs- und Verkaufsvereinigungen, Unternehmerverbände und ähnliche Institutionen.
- Zum **Staat** zählen Gebietskörperschaften und Sozialversicherung (s. 3.3. Der Staat).
- Zu den **Privaten Haushalten und den Organisationen ohne Erwerbszweck** gehören neben den Einzel- und Mehrpersonenhaushalten die Kirchen, weltanschauliche Vereinigungen, wissenschaftli-

che, karitative und kulturelle Organisationen, politische Parteien, Gewerkschaften, Vereine. Die wirtschaftlichen Vorgänge für jeden Sektor werden in sieben Konten zusammengefaßt und die gesamten außenwirtschaftlichen Beziehungen erscheinen im zusammengefaßten Konto der übrigen Welt.

Abb. 5: Das Kontensystem der VGR für die Bundesrepublik Deutschland

Sektoren:

Unternehmen ↓ Staat ↓ Haushalte ↓

Konten:

1 Produktionskonten
.....
2 Einkommensentstehungskonten
.....
3 Einkommensverteilungskonten
.....
4 Einkommensumverteilungskonten
.....
5 Einkommensverwendungskonten
.....
6 Vermögensänderungskonten
.....
7 Finanzierungskonten

---

8 Zusammengefaßtes Konto der übrigen Welt

Der volkswirtschaftlichen Gesamtrechnung liegt der Gedanke eines kreislaufartigen Wirtschaftsgeschehens zugrunde. Das verwirrende Bild zahlloser "Tausch- und Gegentauschvorgänge" bzw. "Kauf- und Verkaufsvorgänge" läßt sich in der graphischen Kreislaufdarstellung übersichtlich anordnen, indem nur Geld- und Güterströme betrachtet werden und die Wirtschaftseinheiten zu den Sektoren "Unternehmen", "Staat", "Private Haushalte", "Ausland" und "Vermögensbildung" zusammengefaßt werden (vgl. Abb.6).

Abb. 6: Kreislaufdarstellung

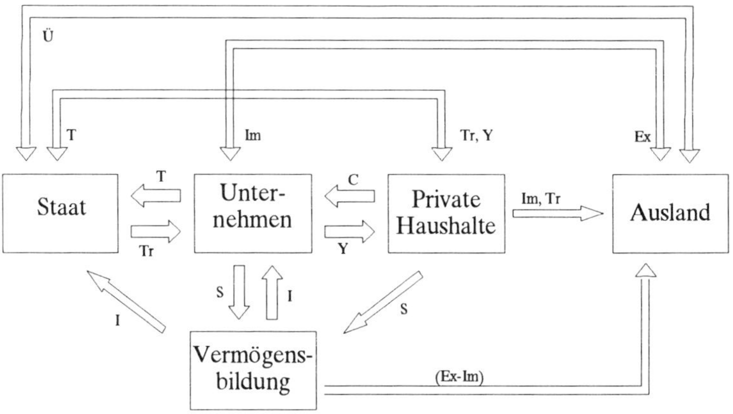

Y: Einkommen; C: Konsum; S: Ersparnis; I: Investitionen; Ex: Exporte; Im: Importe
T: Steuern; Tr: Transferzahlungen (z.B. Sozialhilfe, Subventionen); Ü: Übertragungen

So erhalten die Privaten Haushalte von den Unternehmen Einkommen [Y] und kaufen bei ihnen Güter [C], oder sie erhalten vom Staat Einkommen [Y] als Staatsbedienstete, Transferzahlungen [Tr], z.B. Subventionen, Sozialhilfe, Altersrente und zahlen an den Staat Steuern und Abgaben [T]; ferner leistet der Staat an das Ausland Übertragungen [Ü], zum Beispiel an internationale Organisationen.

Das Ergebnis der wirtschaftlichen Tätigkeit eines Landes in einem Jahr ist die **Bruttowertschöpfung**. Sie wird als Summe der Produktionswerte der Wirtschaftsbereiche wie Landwirtschaft, produzierendes Gewerbe, Handel und Verkehr usw. abzüglich der Vorleistungen aus allen Wirtschaftsbereichen ermittelt.

Durch Korrekturen, indem die nicht abziehbare Umsatzsteuer und Einfuhrabgaben innerhalb der EU dazu addiert werden, ergibt sich das **Bruttoinlandsprodukt (BIP)**. Es ist die Summe der im **Inland** im Laufe eines Jahres hergestellten Güter und Dienstleistungen. Addiert man den Saldo der Erwerbs- und Vermögenseinkommen vom Inland an das Ausland und umgekehrt, erhält man das **Bruttosozialprodukt (BSP)**. Dieses kann als Maß für die Leistung der **Inländer** betrachtet werden. Alle Größen werden in **jeweiligen Preisen** oder inflationsbereinigt zu **Preisen eines Basisjahres** ausgewiesen. Diese inflationsbereinigten Größen werden dann als das sogenannte **reale** BIP bzw. **reale** BSP angesehen.

Das Bruttosozialprodukt bzw. Bruttoinlandsprodukt kann unter drei Aspekten betrachtet oder gemessen werden:

- Die **Entstehungsseite** zeigt, in welcher Höhe es bei der Landwirtschaft, der Industrie, den Dienstleistungen, dem Staat oder den privaten Haushalten entstanden ist;

- die **Verteilungsseite** zeigt, wie es auf die Einkommen aus unselbständiger Arbeit und auf die Einkommen aus Unternehmertätigkeit und Vermögen verteilt ist;

- schließlich zeigt die **Verwendungsseite**, ob es im Inland als privater oder staatlicher Verbrauch, als Investitionen oder für Importe oder Exporte verwendet wird.

Werden vom Bruttosozialprodukt die **Abschreibungen** abgezogen, erhält man das **Nettosozialprodukt zu Marktpreisen**. Diese Marktpreise sind nicht nur durch die Herstellkosten (Faktorkosten), sondern auch durch indirekte Steuern und Subventionen bestimmt.

Zieht man vom Nettosozialprodukt zu Marktpreisen die indirekten Steuern ab und addiert die Subventionen, erhält man das Nettosozialprodukt zu Faktorkosten oder anders genannt: das **Volkseinkommen**. Das Volkseinkommen ist die Summe aller Einkommen (Lohn und Gehalt, Gewinn, Zinsen).

Tabelle 7 zeigt für Deutschland und für die Jahre 1991 und 1993 die nominalen und die realen (in Preisen von 1991) Größenordnungen der verschiedenen Sozialproduktsbegriffe.

Tab. 7: Sozialproduktsbegriffe und Größenordnungen (Mrd.DM)

Sozialproduktsbegriffe	1991	1993	1993 in Preisen von 1991
Bruttowertschöpfung	2 600,72	2 860,11	2 618,59
+ Nichtabziehbare Umsatzsteuer	185,06	218,29	192,17
+ Einfuhrabgaben	30,09	29,10	27,74
= Bruttoinlandsprodukt	2 815,87	3 107,50	2 838,50
+/- Saldo der Einkommen aus der übrigen Welt	+ 27,89	- 0,7	- 0,5
Bruttosozialprodukt	2 843,76	3 106,80	2 838,00
- Abschreibungen	363,43	424,81	401,36
= Nettosozialprodukt zu Marktpreisen	2 480,33	2 681,99	2 436,64
- Indirekte Steuern abzügl. Subventionen	290,31	344,96	
= Nettosozialprodukt zu Faktorkosten (Volkseinkommen)	2 190,02	2 337,03	-

Quelle: Statistisches Jahrbuch 1994, S.683

3.2. Außenwirtschaft und Zahlungsbilanz

Außenwirtschaftliche Fragestellungen befassen sich mit der Entwicklung des Außenhandels, der Struktur und Verflechtung hinsichtlich Waren und Regionen, der Entwicklung der Austauschverhältnisse (Terms of Trade) und der Wettbewerbsfähigkeit. Der **Außenbeitrag** im Sinne der Volkswirtschaftlichen Gesamtrechung ist der Saldo zwischen Ausfuhr und Einfuhr von Waren **und** Dienstleistungen.

3.2.1. Der Außenhandel

Der **Außenhandel** betrifft nur den Warenhandel, nicht die Dienstleistungen, und wird als General- und Spezialhandel im Erhebungsgebiet erfaßt. Das **Erhebungsgebiet** der Außenhandelsstatistik umfaßt die Bundesrepublik Deutschland, ohne die Gemeinde Büsingen (Zollausschluß), einschließlich der österreichischen Gemeinden Jungholz und Mittelberg (Zollanschlüsse). Der **Generalhandel** enthält alle in das Erhebungsgebiet eingehenden und alle aus ihm herausgehenden Waren mit Ausnahme der Warendurchfuhr und des Zwischenauslandsverkehrs. Zwischenauslandsverkehr ist zum Beispiel die Beförderung der Waren von Hamburg per Schiff über die Niederlande nach Düsseldorf.

Ein- und Ausfuhren können **unmittelbar** in das Land, aus dem Land oder aber **mittelbar** über Lager (Freihafen- und Zollager) erfolgen. Derartige Lagerein- bzw. ausfuhren werden im Spezialhandel nicht miterfaßt. Der **Spezialhandel** weist also alle die Waren aus, die in die Bundesrepublik tatsächlich ein- und ausgeführt werden. **Wenn man vom Außenhandel spricht, meint man normalerweise den Spezialhandel**. Er umfaßt cirka 98% des Generalhandels.

Ein Teil des Spezialhandels ist der **Veredelungsverkehr**. Dabei handelt es sich um die zollamtlich bewilligte Veredelung, also Bearbeitung, Verarbeitung und Ausbesserung von Waren. Der Anteil des Veredelungsverkehrs am Spezialhandel betrug 1992 bei der Einfuhr nach Veredelung im Ausland (passive Veredelung) 1,5% und bei der Ausfuhr nach Veredelung im Inland (aktive Veredelung) 6,4%.

Für die **Bewertung** der Exporte und Importe gilt grundsätzlich der Wert bei Überschreiten der Grenze. Für Exporte erhebt man fob-(=free on board) Werte, die alle Leistungen wie zum Beispiel Versicherung und Frachtkosten bis zur Grenze einschließen. Die Importe werden mit sogenannten cif-(=cost, insurance, freight) Werten erfaßt, die die Warenwerte bis zum Grenzübergang in das einführende Land darstellen. Eingangsabgaben wie z.B. Zölle werden üblicherweise nicht eingerechnet.

In der Außenhandelsstatistik werden **Tatsächliche Werte** und **Volumen** ausgewiesen:

- Tatsächliche Werte (p_tq_t) sind die mit den aktuellen Preisen p_t bewerteten aktuellen Mengen q_t. Bei Volumen (p_0q_t) werden die aktuellen Mengen q_t im Berichtsjahr t mit konstanten Preisen p_0, also den Preisen eines Basisjahrs 0 (z.B. 1980=100), multipliziert.

- Die Volumen geben an, wie groß die Ein- und Ausfuhr wäre, wenn die Preise aus dem Jahr 1980 gelten würden. Für die Bundesrepublik ergeben sich dabei folgende Größenordnungen (beim Spezialhandel):

Tab. 8a: Ein- und Ausfuhr (früheres Bundesgebiet) (Mrd.DM)

Spezialhandel	Einfuhr		Ausfuhr	
	1992	1993	1992	1993
Tatsächliche Werte	627,9	536,3	657,4	592,1
Volumenwerte (1980 = 100)	616,4	557,0	561,2	530,1

Quelle: Statistisches Jahrbuch 1994 für die Bundesrepublik Deutschland, S. 304 und 308

Wird die Entwicklung des Außenhandels relativ, also in Bezug zu einem Basisjahr angegeben, erhält man die Indexentwicklung. Dabei ist der **Index der Tatsächlichen Werte** ein Umsatzindex, der die Entwicklung der Ein- bzw. Ausfuhr in Relation zu den Werten des Basisjahres angibt. Der **Index des Volumens**, ein Mengenindex nach Laspeyres, zeigt die preisbereinigte Mengenentwicklung bei Preisen aus dem Basisjahr. Der **Index der Durchschnittswerte**, ein Preisindex nach Paasche, beschreibt die Preisentwicklung für die Aus- und Einfuhrmengen aus dem Berichtsjahr.

Tab. 8b: Indexentwicklung (früheres Bundesgebiet) (1980 = 100)

Index	Einfuhr		Ausfuhr	
	1992	1993	1992	1993
der tatsächlichen Werte	183,9	157,1	187,7	169,0
des Volumens	180,6	163,2	160,2	151,3
der Durchschnittswerte	101,9	96,3	117,1	111,7

Quelle: Statistisches Jahrbuch 1994, S. 297 ff.

Für differenziertere Analysen reichen die Gesamtangaben der Ein- und Ausfuhren nicht aus. Es interessiert beispielsweise auch, welches die größten Handelspartner eines Landes sind, ob dies eher Industrieländer oder Entwicklungsländer sind und mit welchen Weltregionen in welcher Höhe Handel getrieben wird. Ferner interessiert man sich dafür, welche Art von Waren in welcher Höhe aus- bzw. eingeführt werden, ob dies zum Beispiel Fertigwaren oder Rohstoffe sind. Man nennt dies auch **die Struktur der Ein- und Ausfuhr nach Länder- bzw. Warengruppen**. Tabelle 9 gibt einen Überblick über die Anteile der Länder bzw. der Waren am deutschen Außenhandel.

Tab. 9: Struktur des Außenhandels (früheres Bundesgebiet) (Mrd.DM)

Länder- bzw. Warengruppen	Einfuhr		Ausfuhr	
	1992	1993	1992	1993
Industrialisierte westliche Länder	519,0	425,3	549,5	472,1
EG-Länder	331,7	252,0	364,7	288,8
Andere europäische Länder	96,8	90,3	114,5	107,9
Vereinigte Staaten und Kanada	46,4	44,0	46,9	50,7
Mittel- und osteuropäische Länder	35,0	36,0	37,3	42,7
Entwicklungsländer	71,1	69,0	77,5	77,8
Ernährungswirtschaft	68,9	56,7	35,8	33,0
Rohstoffe	33,4	30,7	6,9	5,7
Halbwaren	57,3	48,9	32,5	29,8
Fertigwaren	459,7	392,0	579,6	521,3

Quelle: Statistische Jahrbücher 1993 S.303 ff. und 1994 S.301 ff.

3.2.2. Die Wettbewerbsfähigkeit

Bei der Betrachtung der Wettbewerbsfähigkeit gilt es einmal, die Veränderung der Austauschverhältnisse zu beachten und zum anderen, die Faktoren herauszuarbeiten, die die Wettbewerbsfähigkeit bestimmen.

Austauschverhältnisse im Außenhandel und deren Veränderung werden mit den **Terms of Trade** beschrieben. Statistisch sind Terms of Trade Verhältnisse von Indizes, z.B. von Exportpreisindizes und Importpreisindizes. Sie werden also berechnet für die Entwicklung der Preisverhältnisse, aber auch für die Entwicklung von Mengenverhältnissen (Ausfuhrmengen zu Einfuhrmengen) sowie für die Entwicklung der Kaufkraftänderung der Exporterlöse.

Die **Commodity Terms of Trade** beschreiben die Veränderung der Entwicklung der Ausfuhrpreise im Verhältnis zu den Einfuhrpreisen. Das heißt, es wird gemessen, ob die Ausfuhrpreise stärker oder schwächer als die Einfuhrpreise gestiegen sind. Die Preise müssen dabei als Durchschnittswerte gesehen werden.

Die **Gross-Barter Terms of Trade** beschreiben die Indexentwicklung der Ausfuhrmengen im Verhältnis zu den Einfuhrmengen.

Die Änderung der Preis- und Mengenverhältnisse sagen aber wenig darüber aus, ob die Exporterlöse mehr oder weniger "Wert" geworden sind. Für die Beschreibung der Kaufkraftänderung der Exporterlöse nimmt man die **Income Terms of Trade**. Der Index des Ausfuhrumsatzes wird dabei in Beziehung gesetzt zum Einfuhrpreisindex. Steigt dabei die Ausfuhr stärker als die Importpreisentwicklung, so werden die Exporterlöse für die Inländer im Verhältnis zu den Preisen für Importgüter mehr "Wert".

Die Bedingungen, die die **internationale Wettbewerbsfähigkeit** bestimmen, sind wie auch im Binnenhandel Qualität, Service, Preis und Kreditkonditionen. Die Faktoren, die diese Bedingungen bestimmen, sind: Qualifikation der Arbeitskräfte, Technologieeinsatz, Kapitaleinsatz, Arbeitsorganisation, Produktivität, Organisation der Qualitätssicherung usw. Ob nun die Wettbewerbsfähigkeit eines Landes gut oder schlecht ist, kann meist nur **indirekt beschrieben** werden, zum Beispiel am **Exportüberschuß**, mit Weltmarktanteilen am **Export an zukunftsträchtigen Produkten**, an der **Zahl der Patentanmeldungen**, an den **Direktinvestitionen von Ausländern**, an der **Zuwanderung von Arbeitskräften** usw.

3.2.3. Die Zahlungsbilanz

Die Zahlungsbilanz ist eine monetäre Ergebnisdarstellung der gesamten außenwirtschaftlichen Tätigkeit.

Tab. 10: Auszug aus der Zahlungsbilanz der Bundesrepublik Deutschland (Mrd. DM)

	1992	1993
Handelsbilanz	+33,7	+61,0
Ergänzungen zum Warenverkehr	+0,7	-3,8
Dienstleistungsbilanz	-18,8	-38,9
Übertragungsbilanz	-50,0	-51,7
Saldo der Leistungsbilanz	-34,4	-31,1
Saldo der Kapitalbilanz	+99,9	+20,8
Saldo der Devisenbilanz	+62,4	-34,2

Quelle: Deutsche Bundesbank (Hrsg.): Zahlungsbilanzstatistik, September 1994 S.6/7

Die **Zahlungsbilanz besteht aus drei Bilanzen**: **Leistungsbilanz**, **Kapitalbilanz** und **Devisenbilanz**. Wenn man im internationalen Handel vom außenwirtschaftlichen Gleichgewicht spricht, so ist häufig der Ausgleich der Leistungsbilanz gemeint. Die **Leistungsbilanz** ergibt sich als Saldo aus der Handelsbilanz, der Dienstleistungsbilanz und der Übertragungsbilanz. Die **Handelsbilanz** gibt dabei den Einfuhr- (-) bzw. Ausfuhrüberschuß (+) beim Warenhandel an. Die **Ergänzungen zum Warenverkehr** sind Berichtigungen wegen Rücklieferungen und Lager. Die **Dienstleistungsbilanz** zeigt den Saldo beim internationalen Handel mit Dienstleistungen. Dazu zählen der internationale Reiseverkehr, Transport- und Versicherungsleistungen, Lizenzen, Patente, Provisionen, Werbe- und Messestandsausgaben usw. In der Leistungsbilanz ist auch die **Übertragungsbilanz** enthalten. Dabei handelt es sich um unentgeltliche Übertragungen im privaten Bereich, z.B. Gastarbeiterüberweisungen in das Heimatland, oder um unentgeltliche Übertragungen im öffentlichen Bereich, z.B. Wiedergutmachungsleistungen oder Beitragszahlungen an internationale Organisationen wie die UN.

In der **Kapitalbilanz** werden der langfristige Kapitalverkehr, wie z.B. Direktinvestitionen oder Portfolioinvestitionen (festverzinsliche Wertpapiere, Investmentzertifikate) und der kurzfristige Kapitalverkehr, z.B. Handelskredite, erfaßt. Die **Devisenbilanz** gibt die Veränderung des Devisenbestandes eines Landes an.

3.3. Der Staat

Gemäß der Abgrenzung der Volkswirtschaftlichen Gesamtrechnung zählen zum Staat die Gebietskörperschaften, also Bund, Länder und Stadtstaaten sowie Gemeinden und Gemeindeverbände (Ämter, Kreise, Bezirke einschließlich kommunaler Zweckverbände). Neben den Gebietskörperschaften gehören zum Sektor Staat: Lastenausgleichsfonds, ERP-Sondervermögen, Fonds "Deutsche Einheit", Kreditabwicklungsfonds, alle Finanzvorgänge der EU, die die Bundesrepublik betreffen, die Bundesanstalt für Arbeit und vor allem die Sozialversicherung.

Grundlage der Analyse der Staatstätigkeit sind die Einnahmen und Ausgaben des Staates. Zu den **Einnahmen** des Staates gehören: Steuern und Gebühren, Sozialbeiträge sowie sonstige Einnahmen, wie z.B.

Vermögenseinkommen und Zahlungen der Bundesbank. Der größte Einnahmeposten sind die Steuern. Zu den rund 50 Steuern, die der Staat erhebt, gehören die:

- Einkommensteuern (Lohnsteuer, veranlagte Einkommensteuer, Körperschaftsteuer, Kapitalertragsteuer), die

- Umsatzsteuern (Mehrwertsteuer, Einfuhrumsatzsteuer) und ferner

- Gewerbesteuern; Mineralölsteuer, Tabaksteuer.

Ausgaben des Staates sind der Staatsverbrauch, Übertragungen, Investitionen sowie sonstige Ausgaben wie Zinszahlungen. Der **Staatsverbrauch** umfaßt die Ausgaben für Güter, Dienstleistungen (Ausgaben für Staatsbedienstete) sowie Käufe von militärischen Ausrüstungen. **Übertragungen** des Staates können an Unternehmen (Subventionen) oder private Haushalte (soziale Leistungen), an Verbände der freien Wohlfahrtspflege oder an die übrige Welt z.B. im Rahmen der Katastrophenhilfe gehen. Zu den sonstigen laufenden Übertragungen zählen auch die Beiträge an die EU und sonstige internationale Organisationen. **Investitionen** sind Ausgaben des Staates z.B. für Brücken, Straßen, Schulen.

Tab. 11: Einnahmen und Ausgaben des Staates

Jahr	Einnahmen		Ausgaben	
	insgesamt (Mrd. DM)	DM je Einwohner	insgesamt (Mrd. DM)	DM je Einwohner
1991	1 343,5	16 736	1 451,0	18 075
1992	1 499,0	18 512	1 616,0	19 957
1993	1 558,5	19 961	1 688,5	20 759

Quelle: Deutsche Bundesbank (Hrsg.): Monatsbericht August 1994, 46. Jahrgang Nr. 8, S. 70*

Die wichtigsten **Einnahmen des Staates** 1993 waren:

- Steuern: 749,1 Mrd. DM und
- Sozialversicherungsbeiträge: 672,5 Mrd. DM.

Bei den Steuern erbringen fünf Steuern fast 90% des gesamten Steueraufkommens; diese sind:

- Einkommensteuern mit 321,8 Mrd. DM (davon Lohnsteuer: 236,7 Mrd. DM)
- Umsatzsteuern mit 207,3 Mrd. DM (davon Mehrwertsteuer: 166,3 Mrd. DM)
- Mineralölsteuer mit 56,3 Mrd. DM
- Tabaksteuer mit 19,5 Mrd. DM
- Gewerbesteuer mit 42,3 Mrd. DM.

Die wichtigsten **Ausgabepositionen des Staates** waren 1993:

- Sozialversicherung: 400,5 Mrd. DM
- Personalausgaben: 336,0 Mrd. DM
- Sachaufwand: 157,5 Mrd. DM
- laufende Zuschüsse: 338,0 Mrd. DM
- Zinsen: 102,5 Mrd. DM
- Investitionen: 101,0 Mrd. DM

Neben der Analyse der Einnahmen und Ausgaben werden zur Charakterisierung der Staatsaktivität Staatsquoten berechnet. **Staatsquoten** werden gebildet als Quotient aus den gesamten Staatsausgaben oder Teilen der Staatsausgaben und dem Bruttosozialprodukt (BSP) als der allgemeinsten Bezugsgröße.

Tab. 12: Ausgabenquoten des Staates für verschiedene Jahre (in %)

Quote	1993
Gesamtausgabenquote: Staatsausgaben insg./ BSP[1]	54,3%
Sozialleistungsquote: Sozialausgaben (Sozialversicherung, Sozialhilfe, Kindergeld, Wohngeld, Altershilfe für Landwirte, Beamtenpensionen usw.) / BSP[2]	34,0%
Staatsverbrauchsquote: Staatsverbrauch (Personal- und Sachausgaben sowie laufende Zuschüsse) / BSP[1]	26,8%
Investitionsquote: Investitionen / BSP[1]	3,3%

[1] Quelle: Tab. 7 und Tab. 11

[2] Quelle: Institut der Deutschen Wirtschaft (Hrsg.): Zahlen zur wirtschaftlichen Entwicklung der Bundesrepublik Deutschland

3.4. Das Geldsystem

Das Geldsystem eines modernen Industrielandes kann als ein Netz von Forderungen und Verbindlichkeiten zwischen einer Zentralbank (in Deutschland die Deutsche Bundesbank), den Kreditinstituten und den Nichtbanken (Privatleute und Staat) gesehen werden. Diese monetäre Seite einer Wirtschaft ist zum Teil das Gegenstück der realen wirtschaftlichen Prozesse, wie Produktion, Handel usw., weil Käufe und Verkäufe üblicherweise nicht als Realtausch sondern über das Medium Geld abgewickelt werden. Zu einem nicht unerheblichen Teil laufen auch rein monetäre Prozesse ab, die nichts mit Güterproduktion und Handel zu tun haben, und die man als Geld- oder Wertpapierhandel bezeichnen kann.

Das monetäre System arbeitet mit dem **Code Zahlen/Nichtzahlen** und bedarf dafür des **Mediums "Geld"**. Geld ist nicht nur Bargeld. Es kann seine Funktion in verschiedenen Formen ausüben, wie Schecks, Kreditkarten, Fremdwährungen usw. Dem Geld werden vier Funktionen zugeordnet: es ist Recheneinheit, Tausch-, Wertaufbewahrungs- und Liquiditätsmittel.

Das Geldsystem soll unter **drei Aspekten** betrachtet werden: Dem institutionellen Rahmen, der Abgrenzung der Geldmenge und der Art der Märkte.

Den **institutionellen Rahmen** bietet das Bankensystem, das wegen des unbedingt erforderlichen Vertrauens des Publikums in dieses System durch ein Netz von Gesetzen und Vorschriften reguliert wird, z.B. das Gesetz über das Kreditwesen, das Gesetz über die Deutsche Bundesbank, das Börsengesetz, das Hypothekenbankgesetz, das Gesetz über Bausparkassen usw. In Deutschland können die **Geschäftsbanken** in drei Gruppen eingeteilt werden: Universalbanken, Spezialbanken und Sonstige.

Zu den **Universalbanken** gehören die Kreditbanken (z.B. Deutsche Bank, Dresdner Bank, Commerzbank, Privatbankiers), Sparkassen und Genossenschaftsbanken (z.B. Volksbank).

Spezialbanken haben ihren Geschäftsbereich auf Teilbereiche beschränkt (z.B. Teilzahlungskreditinstitute, Postsparkassen).

Zu den **Sonstigen** werden Bausparkassen und Kapitalanlagegesellschaften gezählt.

Die **Geldmenge** kann unterschiedlich - je nach ihrer Geldnähe (gemeint ist der Grad der Liquidisierbarkeit) - abgegrenzt werden. Aus dieser Vorstellung heraus wurden Geldmengenaggregate definiert. $\mathbf{M_1}$ (Bargeld und Sichteinlagen) kommt dem konventionellen Geldbegriff am nächsten, $\mathbf{M_2}$ (M_1 + Termingelder unter vier Jahren) weist eine geringere Liquidität auf, und $\mathbf{M_3}$ (M_2 + Spareinlagen mit gesetzlicher Kündigungsfrist) steht dem konventionellen Geldbegriff am entferntesten. 1993 betrug M1 726 Mrd. DM, M2 1319 Mrd. DM und M3 1907 Mrd. DM.

Die **Märkte** des Geldsystems sind der Geldmarkt, der Kapitalmarkt und die Börsen. Beim **Geldmarkt** sind die Akteure die Bundesbank (Zentralbank) und die Kreditinstitute. Handelsobjekte sind Zentralbankguthaben (z.B. Tagesgeld) und Geldmarktpapiere (z.B. Schatzwechsel). Das Herzstück des **Kapitalmarktes** ist der Handel mit Wertpapieren, also festverzinslichen Wertpapieren (Bankschuldverschreibungen, Anleihen der öffentlichen Hand, Industrieobligationen) und Aktien. Die **Börse** als weiterer Markt ist bisher örtlich (Börsengebäude), zeitlich (Börsenzeit) und persönlich (Börsenhändler, Makler) begrenzt. Man unterscheidet je nach Handelsobjekt zwischen Waren-, Wertpapier- und Devisenbörse. Durch die Einführung des Computerhandels an der Börse können die örtliche und zeitliche Bindung wegfallen.

3.5. Indikatoren zur Beurteilung einer Volkswirtschaft

Zur Charakterisierung einer Wirtschaft können Indikatoren der Leistung, der Leistungsfähigkeit, des Leistungspotentials, der Stabilität sowie des Wohlstandes herangezogen werden.

3.5.1. Indikatoren für die wirtschaftliche Leistung

Die wichtigsten Indikatoren für die wirtschaftliche Leistung eines Landes sind Produktion, Wachstum und Außenhandelsstärke.

Mit der **Produktion** einer Volkswirtschaft ist die **Leistungserstellung**

des Produzierenden Gewerbes gemeint. Zum **Produzierenden Gewerbe** gehören die Wirtschaftsbereiche:

- Energieversorgung, Wasserversorgung, Bergbau
- Verarbeitendes Gewerbe mit den Untergliederungen:
  Grundstoff- und Produktionsgütergewerbe
  Investitionsgüter produzierendes Gewerbe
  Verbrauchsgüter produzierendes Gewerbe
  Nahrungs- und Genußmittelgewerbe;
- Baugewerbe.

Gemessen werden: Zahl der Unternehmen, Betriebe, Beschäftigte, Umsätze und als Leistungsindikator die Produktion in der Form des Bruttoproduktionswertes, des Nettoproduktionswertes und der Nettowertschöpfung zu Faktorkosten, ferner der "Index der Nettoproduktion für das produzierende Gewerbe", und zwar aufgegliedert nach Abteilungen, Sektoren sowie Untergruppen gemäß der Systematik im Produzierenden Gewerbe (SYPRO). Für die konjunkturelle Früherkennung werden die Auftragseingänge erfaßt.

Der **Bruttoproduktionswert** wird berechnet als Umsatz ohne Mehrwertsteuer plus/minus den Bestandsveränderungen aus unfertigen und fertigen Erzeugnissen aus eigener Produktion zuzüglich den selbsterstellten Anlagen.

Der **Nettoproduktionswert** ist der Bruttoproduktionswert minus dem Materialverbrauch, dem Einsatz an Handelswaren und den Kosten für Lohnarbeiten.

Die **Nettowertschöpfung zu Faktorkosten** wird ermittelt als Nettoproduktionswert minus Kosten für sonstige industrielle/handwerkliche Dienstleistungen, Mieten und Pachten, Sonstige Kosten, Abschreibungen, indirekte Steuern abzüglich Subventionen.

Tab. 13: Index der Nettoproduktion für das Produzierende Gewerbe (Früheres Bundesgebiet; 1985 = 100)

Wirtschaftsgliederung	1990	1991	1992	1993
Produzierendes Gewerbe insgesamt	117,9	121,6	121,2	113,0
Elektrizitäts- und Gasversorgung	111,4	114,2	115,6	113,5
Bergbau	84,2	81,2	78,3	69,4
Verarbeitendes Gewerbe	118,9	122,8	121,5	123,3
Grundstoff- und Produktionsgüter	112,2	114,0	115,6	111,1
Investitionsgüter	122,2	125,5	122,8	108,8
Verbrauchsgüter	117,8	122,9	120,5	113,7
Nahrungs- und Genußmittel	121,2	131,2	130,5	129,1
Bauhauptgewerbe	124,5	128,1	137,4	135,0

Quelle: Statistisches Jahrbuch 1994 für die Bundesrepublik Deutschland, S. 224

Mit dem Indikator **Wachstum** ist generell das Wachstum des Sozialprodukts gemeint, entweder in der Form der Bruttowertschöpfung, des Bruttoinlandsprodukts oder des Bruttosozialprodukts jeweils zu Preisen eines Basisjahres. Man nennt dies auch das **Wachstum des realen Sozialprodukts**. Damit auch die Bevölkerung einer Nation durch dieses Wachstum als reicher angesehen werden kann, muß die Bruttowertschöpfung bzw. das Bruttoinlandsprodukt bzw. Bruttoszialprodukt **pro Kopf** wachsen.

Die **Außenhandelsstärke** wird über den Saldo aus Export- und Importgütern und den Saldo der Dienstleistungen angegeben (**Außenbeitrag**). Eine weitere Möglichkeit der Messung sind die Terms of Trade (s. 3.2. Außenwirtschaft und Zahlungsbilanz).

3.5.2. Indikatoren für die Leistungsfähigkeit

Der wichtigste Indikator für die Leistungsfähigkeit ist die Produktivität. Die **Produktivität** wird als Verhältnis von Produktionsergebnis (Output) zu Faktoreinsatz (Input) gemessen. Da der Kapitaleinsatz bei der Produktion schwer zu messen ist, wird allgemein nicht die Kapitalproduktivität, sondern die **Arbeitsproduktivität** (=Produktionsergebnis bezogen auf den Arbeitseinsatz) berechnet.

Die **gesamtwirtschaftliche Produktivität** wird als Bruttoinlandsprodukt bzw. Bruttowertschöpfung in konstanten Preisen je durchschnittlich Erwerbstätigen gemessen. Durchschnittlich Erwerbstätige kommen dadurch zustande, daß Teilzeitbeschäftigte zu Vollzeitbeschäftigten gemittelt werden. Diese Größe sollte nur mit Vorsicht kausal oder als technische Größe interpretiert werden, da im Zähler Dienstleistungen enthalten sind, deren "Produktionswert" häufig nur über die Höhe ihres Einkommens bewertet werden kann (Friseur, Rechtsanwalt), und im Nenner als durchschnittlich Erwerbstätige ein Konglomerat aus Selbständigen, Voll- und Teilzeitbeschäftigten sowie mithelfenden Familienangehörigen steht. Verschiebungen in der Produktivität können auch durch Branchenwachstum und nicht - wie häufig angenommen - nur durch den Einsatz neuer Technologien entstehen (vgl. dazu Tab. 15 in Abschnitt 4.5.).

Der **Index der Arbeitsproduktivität** zeigt die Entwicklung der Produktion gemessen als Index der Nettoproduktion im Verhältnis zur Entwicklung des personellen Aufwandes. Der Index der Arbeitsproduktivität wird in vier Ausprägungen ermittelt: Produktionsergebnis **je Beschäftigten**, **je Beschäftigtenstunde**, **je Arbeiter** und **je Arbeiterstunde** (vgl. Tab. 14). Bei nationalen oder internationalen Analysen der Entwicklung der Leistungsfähigkeit einer Wirtschaft oder der einzelnen Branchen arbeitet man am besten mit den Produktivitätsindizes je Beschäftigtenstunde bzw. je Arbeiterstunde, da die jährlichen Arbeitszeiten international unterschiedlich hoch sind bzw. sich im Lauf der Zeit verändert haben.

Tab. 14: Produktivitätsindizes für das Verarbeitende Gewerbe (Früheres Bundesgebiet; 1985 = 100)

Produktivitätsmessung als	1992	1993
- Produktionsergebnis je Beschäftigten	113,7	113,2
- Produktionsergebnis je Arbeiter	118,0	120,1
- Produktionsergebnis je Beschäftigtenstunde	121,0	123,9
- Produktionsergebnis je Arbeiterstunde	125,4	131,4

Quelle: Statistisches Jahrbuch 1994 für die Bundesrepublik Deutschland, S.229

Weitere Größen zur Beurteilung der Leistungsfähigkeit einer Wirtschaft sind die Zahl der angemeldeten **Patente**, die Zahl der Patente, die zu **Innovationen (neue Produkte, neue Verfahren, neue Organisationsformen)** geführt haben sowie die Entwicklung der **Marktanteile im Außenhandel**. Dabei spielen vor allem die Marktanteile der Güter mit Zukunftschancen eine wesentliche Rolle.

3.5.3. Indikatoren für das Leistungspotential

Das Leistungspotential eines Landes kann einmal durch die **Höhe,** aber vor allem durch den **Altersaufbau des Sachkapitals** gemessen werden. Wichtig hierbei sind die Neuzugänge an Sachkapital, also die jährlichen **Investitionen**, die den Altersaufbau bestimmen. Zum anderen spielt das **Humankapital** eine immer wieder unterschätzte Rolle. Als Größenordnung kann dieses grob als Summe der **Ausgaben für die Ausbildung** und die Ausgaben für **Forschung und Entwicklung** einer Generation erfaßt werden.

Damit die nötigen Energien sich im Wirtschaftsprozeß entfalten können, bedarf es einer **Wettbewerbsordnung**, die so geschaffen sein soll, daß sie Marktzugänge offenhält und Preis- und Qualitätswettbewerbe ermöglicht. Es sollte ferner im Wirtschaftssystem möglich sein, sich **Risikokapital** durch ein dazu bereites Bankensystem zu beschaffen. Außerdem müssen **Technologietransfers** über ein Netzwerk von Transferstellen (Kontaktstellen, Messen, Ausstellungen usw.) von Wissenschaft und Forschung zur und innerhalb der Industrie leicht möglich sein.

Zum Leistungspotential gehört auch eine **Arbeitsauffassung**, die positiv zu den Begriffen Qualität und Zuverlässigkeit steht, sowie **unternehmerisches Denken**, das seine Energie auf die Erschließung von Zukunftsmärkten lenkt und nicht auf Zins- und Aktienkursgewinne, da der gesicherte Reichtum eines Landes auf Produktion und Handel und nicht nur auf (Wert-)Papieren beruhen kann.

3.5.4. Indikatoren für die Stabilität

Als wichtigster Indikator für die wirtschaftliche Stabilität eines Landes zählt die **Vollbeschäftigung** bzw. ein möglichst hoher Beschäftigungsgrad. Wie Vollbeschäftigung zu messen ist, ist umstritten. Die Zahl der Arbeitslosen wird nie Null sein, da in einer dynamischen Wirtschaft immer Entlassungen und Einstellungen vorgenommen werden. Ein sinnvoller Indikator für Vollbeschäftigung scheint der Saldo von Arbeitslosen und offenen Stellen zu sein. Ist der Saldo Null bzw. ist die Zahl der offenen Stellen höher als die der Arbeitslosen, kann man von Vollbeschäftigung sprechen.

Ein zweiter Indikator für die Stabilität ist die **Preisniveaustabilität**. Diese kann entweder über den Preisindex der Lebenshaltung, also berechnet für die Ausgaben des privaten Verbrauchs eines Haushalts, oder aber über den Preisindex des Bruttoinlandsproduktes, der die Preisentwicklung der von der Wirtschaft erbrachten gesamten Produktionsleistung (also z.B. auch der Investitionen) darstellt, gemessen werden.

Wichtig für die Stabilität ist auch ein **Rechtssystem**, das Korruption und nichtleistungsgebundene Bereicherung verhindert und das freien Wettbewerb und Zugang zu den Markt- und Bildungschancen ermöglicht.

Weitere Indikatoren für eine langfristige Stabilität sind **Zukunftsinvestitionen**, sei es nun in Sachkapital oder vor allem in Humankapital, also in eine qualifizierte Ausbildung und Forschung, sowie die **Soziale Absicherung** der Bevölkerung bei Krankheit und Alter.

3.5.5. Indikatoren für den Wohlstand

Ein Indikator für den Wohlstand eines Landes ist das **Volkseinkommen** (s. Abschnitt 3.1). Für den Einzelnen kommt es jedoch auch auf die **Verteilung** des Volkseinkommens an. Eine Verteilungsgröße hierbei ist die **Lohnquote L/Y.** Dabei handelt es sich um den Anteil von Einkommen aus abhängiger Beschäftigung (Lohn und Gehalt) L am gesamten Volkseinkommen Y. 1993 betrug diese 72,5%. Will man messen, ob dieser Anteil im Zeitablauf zu- oder abgenommen hat, ist zu prüfen, ob auch der Anteil der abhängig Beschäftigten an allen Erwerbspersonen zu- oder abgenommen hat. Hier hilft als Indikator die **bereinigte Lohnquote**. Sie gibt die Lohnquote an, die sich ergeben würde, wenn das Verhältnis von abhängig Beschäftigten und Selbständigen so geblieben wäre wie in einem Basisjahr. Wird z.B. 1970 mit einer Lohnquote von 68,0% als Basisjahr genommen, so ergibt sich für 1993 als bereinigte Lohnquote 67,6%, das heißt verglichen mit 1970 erhalten die abhängig Beschäftigten 1993 einen geringeren Anteil am volkswirtschaftlichen Einkommen.

Ein weiterer Indikator für den Wohlstand ist die **Reallohnentwicklung**. Der Reallohn ist der um die Inflationsrate bereinigte Nominallohn.

Ferner können als Indikatoren die **Einkommensverteilung auf die privaten Haushalte**, die **Ausgaben für den privaten Verbrauch**, die **Kaufkraft je Lohnminute** und die **Ausstattung der privaten Haushalte mit langlebigen Gebrauchsgütern,** aber auch die **Ersparnis- und Geldvermögensbildung der privaten Haushalte** herangezogen werden.

Ein Konzept zur Messung nicht nur des quantitativen, sondern auch des qualitativen Wohlstandes war das Ende der 60er und in den 70er Jahren entwickelte **Konzept der Sozialen Indikatoren zur Messung der Lebensqualität**. Bei diesem Konzept wird versucht, die Wohlfahrtsbestandteile und die Wohlfahrtshöhe für die Bevölkerung herauszufiltern, um ein genaueres Bild über den Wohlstand einer Bevölkerung zu bekommen, als dies bei dem doch recht abstrakten Konzept des Sozialprodukts der Fall ist. Hierbei werden nicht nur die nominalen Ausgaben gemessen, sondern beispielsweise auch der tatsächliche Eiweißverbrauch pro Kopf und Tag, oder es werden nicht nur die Mietausgaben, sondern auch die bewohnten Zimmer pro Kopf gemessen. Die Bildungsausgaben werden ergänzt duch Messungen des Verhältnisses von Grundschullehrern je 1000 Schüler bzw. Hochschullehrern je 1000 Studenten; es werden auch weniger die Gesundheitsausgaben betrachtet, als vielmehr das zahlenmäßige Verhältnis Arzt/Patient. In diesem Konzept werden auch Ausgaben für **kulturelle Zwecke** und **Freizeitmöglichkeiten** als Teil des Wohlstandes im Sinne einer Lebensqualitätsmessung berücksichtigt, so z.B. Auslandsreisende je 1000 Einwohner. Der Ansatz zur Messung der Lebensqualität ist in Abb. 7 kurz dargestellt.

Abb. 7: Struktur des Indikatorsystems

Lebensbereich	Gruppe	Einzelindikator
A Individueller	A1 Ernährung	(1) Kalorien pro Kopf und Tag
Lebensbereich		(2) Eiweiß pro Kopf und Tag
	....	....
	A4 Freizeit	(12) Auslandsreisende (je 1000 der Bevölkerung)
	....	
	A5 Wohnung	(14) Zimmer pro Kopf
	....	....
	....	....
.		
.		
.		
B Sozialer		
Lebensbereich	B1 Umwelthygiene	
	....	
	B2 Ausbildung	(20) Grundschullehrer (je 1000 Schüler)
		(21) Hochschullehrer (j1 1000 Studenten)
	....	....
	B6 Gesundheit	(29) Ärzte (je 100000 der Bevölkerung)
		....
		(31) Krankenbetten (je 100000 der Bevölkerung)

4. Statistik im Unternehmen

4.1. Das Informationsmanagement als Rahmenbedingung für das Arbeiten mit quantitativen Methoden

Ein Unternehmen sollte man sich nie isoliert vorstellen, sondern rückgekoppelt mit seiner Systemumwelt. Diese Umwelt besteht aus Märkten wie Absatzmärkten, Beschaffungsmärkten, Konkurrenzmärkten, Arbeitsmärkten, Inlands- und Auslandsmärkten. Zur Umwelt eines

Unternehmens gehören auch der Staat, die Produktionsverhältnisse wie Eigentumsordnung, Wettbewerbsordnung, Tarifordnung, die vorhandene materielle und geistige Infrastruktur, die ökologische Umwelt soweit sie Ressourcen- und Entsorgungsprobleme aufwirft, usw. Statistische Daten zur Analyse solcher Betrachtungsebenen stammen aus der Bevölkerungs- und Wirtschaftsstatistik. Diese Vorstellung eines Unternehmens als System in einer Umwelt von Systemen wird nun mit Hilfe des **Informationsmanagements** auf überschaubare Teilbereiche reduziert. Diese können dann isoliert oder im Zusammenhang mit der vorhandenen oder gewünschten Infrastruktur, mit den Problemen der Ökologie usw. betrachtet werden.

Das System kann auch auf das Unternehmen selbst reduziert werden, z.B. auf die Bereiche der **strategischen Planung, der operativen Planung und des Controlling**. Diese Bereiche des **Unternehmensmanagements** arbeiten mit unterschiedlichen **Konzepten**.

Konzepte, mit denen die **Strategische Planung** (SP) arbeitet, können sein:

- Qualitative und quantitative Zielformulierung
- Potential- und Engpaßplanung
- Wachstumskonzept
- Produktionsstrategien
- Marktstrategien.

Konzepte, mit denen die **Operative Planung** (OP) arbeitet, können sein:

- Planungszielvorgaben
- Projektdimensionierung
- Kapazitätsplanungen
- flexible Reagibilitätsmöglichkeiten.

Konzepte, mit denen das **Controlling** (C) arbeitet, können sein:

- dokumentationsfähige Unternehmensphilosophien, was grob gesprochen einer anerkannten und akzeptierten Zielformulierung entspricht

- rückgekoppelte, zielorientierte und vorausschauende Soll-Ist-Vergleiche
- Erstellung von Sensoren für die frühzeitige Erkennung von Abweichungen und Entwicklungen.

Diese drei Managementbereiche interagieren laufend und müssen miteinander vernetzt und als eine Rückkopplungsschleife betrachtet werden. In Abb. 8 bedeuten SP = Strategische Planung, OP = Operative Planung und C = Controlling.

Abb. 8: Rückkopplungsschleife der Managementbereiche

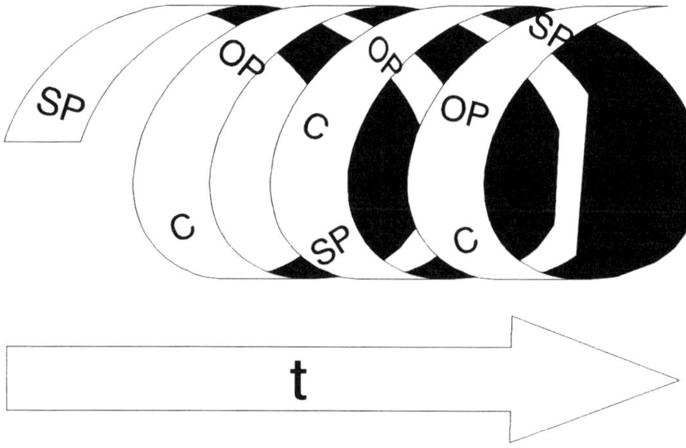

Die Betrachtungsweise kann nun weiter reduziert werden auf die einzelnen **Unternehmensbereiche**, wie z.B.

- Unternehmensführung
- Finanzierung
- Investition
- Organisation
- Personal
- Marketing
- Produktion
- Materialwirtschaft (Beschaffung).

Alle diese Bereiche haben Fragestellungen im Zusammenhang mit der Produktivität, der Rentabilität und der zukünftigen Stabilität zu lösen. Eine wesentliche Grundlage für das gesamte Informationsmanagement sind die **quantitativen Methoden zur Informationsbeschaffung**. Diese setzen meist an den konkreten Unternehmenbereichen an. Sie betreffen die Datenbeschaffung und die Datenanalyse. Die **Datenbeschaffung** ermittelt Datenquellen und ist mit der Operationalisierung, der Skalierung, der Messung und der konkreten Datenerhebung befaßt (Kapitel 4.4.). Die **Datenanalyse** behandelt das Erstellen von Häufigkeitsanalysen, Kennziffern, Tests für Qualitätskontrollen, Regressions- und Korrelationsanalysen, Zeitreihenanalysen, Prognosen (Kapitel 4.5., 4.6. und 4.7.).

Zwei Bereiche aus der Unternehmensanalyse sollen im folgenden kurz dargestellt werden, weil sie besonders stark statistische Methoden einsetzen: die Qualitätskontrolle und die Marktforschung.

4.2. Qualitätskontrolle

Planziele und Analysen aus den Zahlen der Vergangenheit reichen trotz Computerisierung nicht aus, um auf einem Markt zu bestehen. Der amerikanische Statistiker W. Edward Deming, der als der Mann gilt, der Japans Gütesicherung und Fertigungsmethoden rationalisert hat, hält es nicht für ausreichend, die Qualität mittels Inspektionen (Eingangskontrollen und Ausgangskontrollen) sicherstellen zu wollen, wie dies in der Vergangenheit und manchmal heute noch üblich ist. Immer mehr wird deshalb zum **Konzept der totalen Qualitätskontrolle** übergegangen, d.h der gesamte Fertigungsprozeß von der Planung bis zum Verkauf wird von Qualitätsmaßstäben begleitet.

Ein umfassender Qualitätsbegriff ist der der **Gebrauchseignung** oder wie die Deutsche Gesellschaft für Qualität e.V. es ausdrückt, die "Gesamtheit von Eigenschaften und Merkmalen eines Produktes oder einer Tätigkeit, die sich auf deren Eignung zur Erfüllung gegebener Erfordernisse beziehen"[3]. Die Gebrauchseignung beruht auf einer allgemeinen **Qualitätscharakteristik**, die für jedes Produkt und auch

[3] Deutsche Gesellschaft für Qualität (Hrsg.): Begriffe und Formelzeichen im Bereich der Qualitätssicherung, 3. Auflage Berlin 1979, S. 19

für Dienstleistungen gilt. Sie setzt sich aus fünf Eigenschaften zusammen:

- einer technologischen (Funktionstüchtigkeit im technischen Sinn),

- eine psychologische (Geschmack, Schönheit, Status),

- einer zeitbehafteten (störungsfrei, dauerhaft),

- einer vertragsmäßigen (Preisgestaltung, Garantien) und

- einer ethischen (Verläßlichkeit, Höflichkeit, Ehrlichkeit).

Die Qualitätscharakteristik kann nun operationalisiert und in **Parameter der Gebrauchseignung** überführt werden. Ein Parameter dabei ist die **Übereinstimmungsqualität** des Produkts mit den Wünschen der Benutzer. Diese Übereinstimmungsqualität muß in einer **Entwurfsqualität** münden, die die gewünschten Funktionen erarbeitet. Kommt das Produkt auf den Markt, muß die **Leistungsfähigkeit** gewährleistet werden, also hohe Zuverlässigkeit, minimale Ausfallzeiten, prompte Wartung und Instandhaltung. Ein **Außendienst**, der für den Kunden Probleme löst, zeitlich flexibel und integer ist, vervollständigt die Parameter der Gebrauchseignung.

Die statistischen Verfahren stammen zunächst einmal aus dem Bereich der Marktforschung, die die Daten über die Kunden und deren Verhaltensweisen und Zufriedenheit hinsichtlich der Qualität beschafft. Es werden statistische Verfahren für Eingangs- und Ausgangskontrollen sowie Prozeßkontrollen benötigt. Diese können Hundertprozentkontrollen oder auch Stichprobenkontrollen sein. Stichprobenkontrollen beruhen auf der Grundlage der Wahrscheinlichkeitsrechnung bzw. der statistischen **Schätz- und Testtheorie**. Diese klassische Anwendung der Stichprobentheorie setzt die Möglichkeit von Zufallsstichproben voraus. Im Falle von "zerstörenden" Qualitätskontrollen, wenn die Ware bei der Prüfung der Qualität zerstört wird, wie z.B. bei der Geschmacksprüfung von Pralinen, sind Stichproben die einzige Möglichkeit, um Qualitätskontrollen überhaupt durchführen zu können.

Bei den statistischen **Verlaufskontrollen**, z.B. bei der Verwendung von Kontrollkarten, nimmt man die **Schätztheorie als theoretische**

Grundlage. Man geht davon aus, daß die Produktion einem Sollwert entspricht, den wir hier als statistischen Mittelwert μ bezeichen wollen. Die Produktion wird nun innerhalb eines Bereichs erfolgen, bei dem der Teil der Abweichungen akzeptiert wird, bei dem die Abweichungen den zugelassenen Toleranzbereich nicht überschreiten. Überschreiten Abweichungen den zulässigen Toleranzbereich bedeutet dies, daß die Maschine neu eingestellt, oder der Produktionsprozeß verbessert werden muß. Diese Toleranzbereiche werden üblicherweise mit der Normalverteilung (Gauß-Verteilung) beschrieben. Die Normalverteilung hat folgende Form:

Abb. 9: Allgemeine Normalverteilung

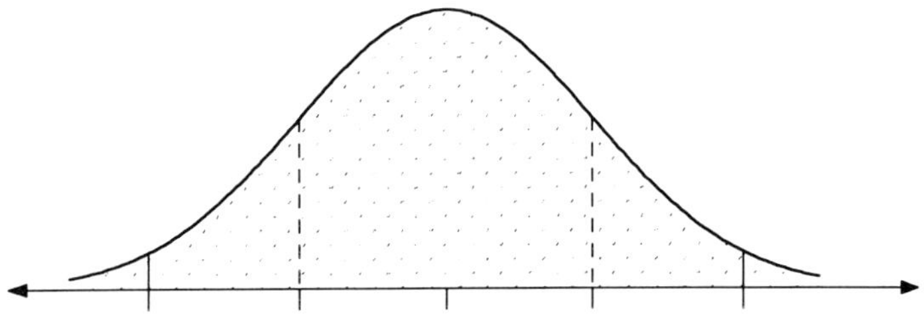

Es gibt nun unzählige Normalverteilungen, die alle diese Gestalt haben, sie unterscheiden sich immer in Mittelwert μ und Standardabweichung σ. Dabei liegt der Wendepunkt einer jeden Normalverteilung immer um eine Standardabweichung rechts und links vom Mittelwert. Bei jeder Normalverteilung liegen zwischen den Wendepunkten, also im Bereich $\mu \pm\sigma$, immer 68% aller Werte und im Bereich $\mu \pm 2\sigma$ immer rund 95% aller Werte. Da dies für alle Normalverteilungen gilt, kann man alle Normalverteilungen in eine standardisierte Form bringen und die **Wahrscheinlichkeiten für alle Normalverteilungen mit der Standardnormalverteilung**, also einer einzigen Verteilung, bestimmen. Bei der Standardnormalverteilung ist $\mu=0$ und $\sigma=1$. Somit liegen bei der Standardnormalverteilung im Bereich ± 1 (1-Sigma-Bereich) 68% und im Bereich ± 2 (2-Sigma-Bereich) 95% aller Fälle.

Abb. 10: Standardnormalverteilung

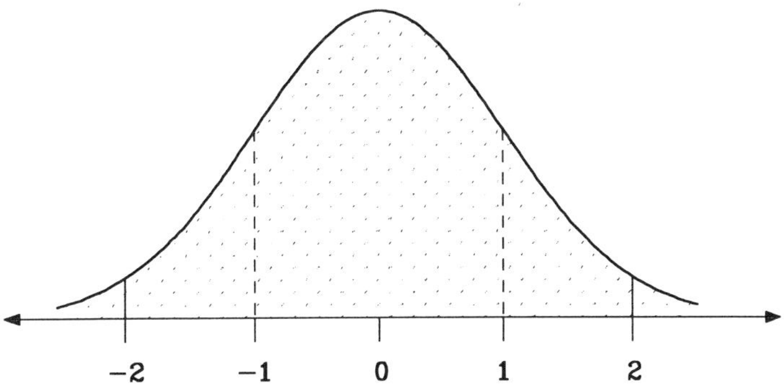

Die Wahrscheinlichkeiten für die Flächenstücke sind tabelliert und können von der Tabelle abgelesen werden.

Diese Normalverteilung wird bei der Qualitätskontrolle eingesetzt. Bei **Kontrollkarten** ist es so, daß man bei den Überprüfungen der laufenden Produktion einen Toleranzbereich in Einheiten der Standardabweichung der Normalverteilung vorgibt. Wenn diese überschritten werden, wird die Produktion gestoppt. Häufig werden innerhalb des Toleranzbereichs noch Warngrenzen eingeführt.

Abb. 11: Beispiel für eine Kontrollkarte

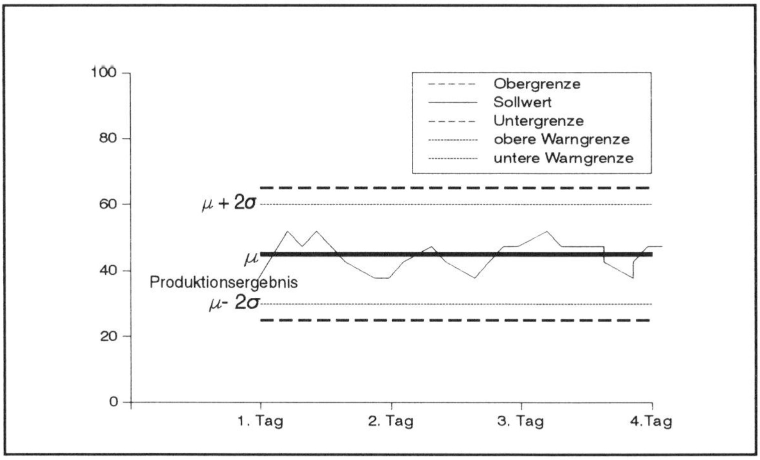

Neben den Kontrollkarten ist die Qualitätsprüfung ein weiteres Anwendungsgebiet der Wahrscheinlichkeitsrechnung. Bei **Tests zur Qualitätsprüfung** geht es darum, **signifikante Aussagen** über die zugrundeliegende Grundgesamtheit zu treffen. Werden aus zwei Produktionen mit gleichen Produkten Stichproben gezogen und die Qualität getestet, so erhält man normalerweise - weil es sich ja um Stichproben handelt - unterschiedliche numerische Ergebnisse. Wird zum Beispiel die Brenndauer von Glühlampen gleichen Typs von zwei Herstellfirmen mit Hilfe von Stichproben getestet, werden die Ergebnisse mit großer Wahrscheinlichkeit unterschiedlich ausfallen. Uns interessieren aber die Aussagen über eine gesamte Lieferung bzw. eine gesamte Produktion und nicht Aussagen über die Stichprobe aus einer Lieferung oder Produktion.

Die **statistischen Testverfahren** bieten hier die Möglichkeit herauszufinden, ob diese - bei der stichprobenweise erfolgten Qualitätsprüfung - festgestellten Unterschiede als signifikant oder als zufällig für die Gesamtproduktion anzusehen sind. Für derartige Verfahren der Qualitätsprüfung werden dann je nach Fragestellung und Skalenniveau Teststatistiken angegeben, mit denen sich die Signifikanz prüfen läßt.

4.3. Informationsbeschaffung zur Marktforschung

Betrachtet man die Marktforschung als Informationsbeschaffung zur Charakterisierung eines Marktes, so zählt dazu der Beschaffungs- und der Absatzmarkt, wobei letzterem in der Literatur und auch im Unternehmen meist mehr Bedeutung zugemessen wird.

4.3.1. Beschaffungsmarktforschung

Grundsätzlich bezieht sich der Beschaffungsmarkt auf alle vom Betrieb benötigten aber nicht selbst erzeugten Produkte und Faktoren. Es handelt sich um Material, Anlagen, Arbeitskräfte, Dienstleistungen, Kapital und Rechte. Zwei Aspekte haben in jüngerer Zeit dem Beschaffungsmarkt mehr Aufmerksamkeit zukommen lassen, einmal die möglichen Kosteneinsparungen und zum andern das Konzept der totalen Qualitätskontrolle, das schon bei der Beschaffung beginnt. Dabei sind die **Beschaffungsziele**: Kostensenkung, Steigerung der Beschaffungsqualität, der Beschaffungssicherheit und der Beschaffungsflexibilität.

Das statistische Problem ist hier weniger die analytische Seite als vielmehr die **Datenzuverlässigkeit und Aktualität**, d.h. es handelt sich hierbei im wesentlichen um ein statistisches **Erhebungsproblem** und weniger um ein analytisches Problem.

Die meisten Daten werden dabei **sekundärstatistischer Art** sein, wie Verbandsstatistiken, Amtliche Statistiken, Geschäftsberichte von Lieferanten und Beschaffungskonkurrenten, Fachzeitschriften, Branchenanalysen usw.

Primäre Quellen können sein: Makler- und Vetreterbefragung, Lieferantenbefragung, Probelieferungen, Erfahrungsaustausch mit Fachkollegen, Messebesuche, Auskunfteien usw.

Die **analytischen Verfahren** zur Auswertung der Erhebungen beschränken sich meist auf Häufigkeitsanalysen, Mittelwerte, Streuungsmaße und Indexzahlen, sowie Regressions- und Korrelationsanalysen. Die auf dem Beschaffungsmarkt benötigten Prognosen sind meist indirekter Art, das heißt, sie beziehen sich nicht direkt auf das zu beschaffende Produkt, sondern auf das damit hergestellte Endprodukt oder bei Auslandsgeschäften auf Wechselkursprognosen und natürlich auf die Entwicklung des gesamten Absatzmarktes.

4.3.2. Absatzmarktforschung

Absatzmarktforschung gehört als ein wesentlicher Teil zum Marketingmanagementkonzept. Es geht hier grob um die Informationsbeschaffung über Produkte, Preise, Werbung und Verkauf, sowie über Absatzwege. Das dazu benötigte Informationssystem beinhaltet alle statistischen Aspekte: Art der statistischen Quellen, Operationalisierung, Skalierung und Messung, Erhebungsverfahren, Datenanalyse und Prognosen. Diese sollen im folgenden behandelt werden.

4.4. Datenquellen, Operationalisierung, Skalierung, Messung und Erhebung

Quellen zur Datenbeschaffung können sekundärer oder primärer Art sein.

Sekundärstatistiken sind dabei alle die Datenquellen, bei denen nicht speziell für die Lösung eines Informationsproblems Daten erhoben worden sind, sondern wo Daten aus anderen Gründen vorliegen. Dazu zählen **betriebsinterne** Datenquellen wie ausgehende Rechnungen, Auftragseingänge, Reklamationen, Außen- und Kundendienstberichte. **Externe** Datenquellen sind Amtliche Statistiken, Verbandsstatistiken, Veröffentlichungen der Markt- und Meinungforschungsinstitute, der wirtschaftswissenschaftlichen Institute und vor allem Marktinformationsdienste.

Primärstatistiken sind alle Statistiken, die speziell zur Lösung eines Informationsproblems erhoben werden. Dabei kann es sich um **schriftliche, mündliche oder telefonische Befragungen**, um **Beobachtungen** oder **Experimente** handeln. Bei Beobachtungen werden sinnlich wahrnehmbare Tatbestände wie z.B. Käuferverhalten erfaßt, während bei Experimenten versucht wird, Kausalitäten und Wirkungen herauszufinden.

Grundsätzlich muß bei einer Untersuchung festgelegt werden, ob es sich um eine **Längs-** oder **Querschnittsanalyse** handeln soll. Bei Längsschnittbetrachtungen beobachtet man dieselben Personen im Zeitablauf, bei Querschnittsanalysen untersucht man zu einem Zeitpunkt das Verhalten z.B. von verschiedenen Käuferschichten (vgl. Kapitel 2.1. aus der Bevölkerungsstatistik).

Der erste Schritt bei der Datenbeschaffung ist die **Operationalisierung**. Sie stellt eine besondere Form der Definition - also der speziellen Abgrenzung - eines begrifflichen Inhalts dar, um diesen Inhalt der Meßbarkeit zugänglich zu machen. Folgende Punkte sind dabei zu spezifizieren:

- welche Personen, Objekte, Ereignisse, Zustände untersucht werden sollen,
- welches die zu untersuchenden Eigenschaften sind,
- unter welchen Rahmenbedingungen untersucht wird und
- wie die Art der Messung und der Erhebung aussehen soll.

Unter **Skalierung** wird die Konstruktion einer geeigneten Skala zur Messung von physikalischen, psychologischen, sozialen, biologischen oder sonstigen Objekteigenschaften verstanden. Dabei soll die Skalierung nur die Art der Eigenschaften erfassen, die dem Untersuchungsgegenstand angemessen sind. Vier Skalen kommen zur Anwendung:

- Sollen bei Variablen als Ausprägungen Eigenschaften untersucht werden wie schön/nicht-schön oder Kategorien, wie z. B. verschiedene Berufe, wird eine **Nominalskala** verwendet; die zulässige Kenngröße ist der häufigste Wert (Modalwert).

- Soll bei Variablen eine Rangfolge erstellt bzw. kann nur eine Rangfolge festgestellt werden, das heißt, eine Differenz zwischen den Variablen kann nicht ermittelt werden, nimmt man eine **Ordinalskala**, z.B. bei der Feststellung von Güteklassen bei Stoffen. Die zulässigen Kenngrößen sind jetzt zusätzlich der Median und der Rangkorrelationskoeffizient.

- Können zwischen den Variablenausprägungen Differenzen gemessen werden, nimmt man eine **Intervallskala**. Die zulässigen Kenngrößen sind zusätzlich das arithmetische Mittel, Varianz, Korrelationskoeffizient nach Bravais-Pearson. Ist dazu ein fester Nullpunkt gegeben, nimmt man die **Rationalskala** mit den zusätzlichen Kenngrößen geometrisches Mittel und harmonisches Mittel.

Bei der Datenerfassung muß zwischen der **direkten** und **indirekten Messung** unterschieden werden. **Direkte Messung** bedeutet, daß die interessierenden Merkmale direkt abgefragt werden können, z.B. "Wieviel Geld haben Sie im letzten Monat für den Kauf von Kleidern ausgegeben?". Können Merkmale wie Werbewirksamkeit oder Produktzufriedenheit nicht direkt abgefragt werden, muß **indirekt** über Vergleiche oder Assoziationen ("An was denken Sie bei ...") die Information beschafft werden.

Die Daten müssen in **harte, weiche und Reizdaten** unterschieden werden. Harte Daten werden durch einen objektivierten Meßvorgang, also mit Hilfe eines Maßstabs, gemessen. Weiche Daten beruhen auf den subjektiven Angaben der Befragten, während Reizdaten Reaktionen auf Stimuli sind.

Indirekte Methoden der Datenerfassung sind **Paarvergleiche**, **Rangordnungsverfahren**, **Sortieren in Kategorien**, **Ratingverfahren**, bei denen den Befragten Urteile vorgegeben werden, die sie bejahen oder verneinen können. Weitere Methoden sind qualitative Urteilsmethoden, wie

- **Fraktionierung**, wobei die Qualitätsverhältnisse eines Produkts im Vergleich zu einem Standardprodukt erfragt oder

- **konstante Summenbildung**, bei der z.B. 100 Punkte auf die zu vergleichenden Produkte verteilt werden müssen oder

- das **semantische Differential**. Beim semantischen Differential werden den Befragten bei den Antworten starke und schwache Antwortmöglichkeiten gegeben, z.B. stimme ich stark zu, stimme ich etwas zu, ... lehne ich stark ab.

Es werden mehrdimensionale Modelle zur Errechnung des **Einstellungswertes** erstellt. Dabei läßt man anhand von **Ratingskalen** (sehr wahrscheinlich ... sehr unwahrscheinlich) die Befragten Angaben über Objekteigenschaften machen und errechnet dann einen Indexwert.

Eine indirekte Methode ist auch der **Vergleich zu einem Idealprodukt**. Dieses Verfahren operationalisiert die Distanz zwischen Ideal- und Realprodukt, wobei die Schwierigkeit darin besteht, die relevanten Eigenschaften des Idealprodukts festzulegen.

Sind die Operationalsierungs-, Skalierungs- und Meßprobleme gelöst, kann man unter verschiedenen **Erhebungsverfahren** wählen.

Eine Möglichkeit ist die **Totalerhebung**, die aber häufig aus Kosten- und Aktualitätsgründen, aber auch aus sachlichen Gründen (z.B. bei zerstörender Qualitätskontrolle) nicht in Betracht kommt. Aus diesen Gründen werden meist **Teilerhebungen** durchgeführt. Die Auswahl der Elemente kann unterschiedlich gehandhabt werden.

So können zum Beispiel die Elemente **willkürlich** oder **bewußt** ausgewählt werden. In beiden Fällen bekommt man Begründungsschwierigkeiten hinsichtlich der Repräsentativität. Bei der bewußten Auswahl kann nach sogenannten **typischen Merkmalen**, z.B. der typische Autofahrer, oder auch nach dem **Konzentrationsprinzip** ausgewählt werden. Beim Konzentrationsprinzip werden z.B. die 20% der größten Kunden ausgewählt, die 90% des gesamten Umsatzes erbringen. Das

Konzentrationsprinzip wird vor allem angewandt, wenn hohe Umsätze bei wenigen Kunden und geringe Umsätze bei einer großen Anzahl von Kunden vorliegen. Dann werden nur die Kunden mit den hohen Umsätzen ausgewählt.

Auf dem **Zufallsprinzip** beruhende Teilerhebungen erfordern, daß jedes Element eine Chance hat, in die Auswahl zu gelangen (Stichproben). Dabei kann es sich um die **einfache Zufallsauswahl** handeln, bei der jedes Element die gleiche Chance hat ausgewählt zu werden, oder um eine Auswahl mit ungleicher Auswahlwahrscheinlichkeit, z.B. kann die Auswahlwahrscheinlichkeit nach der Kundenfrequenz festgelegt werden (Kunden mit häufigen Besuchen erhalten eine höhere Wahrscheinlichkeit, in die Auswahl zu gelangen). Die Grundgesamtheit kann aber auch vorher in **Schichten** (z.B. Umsatzkategorien) eingeteilt werden, aus denen dann die Zufallsauswahl getroffen wird. Wenn das **Quotenverfahren** korrekt durchgeführt wird, ist dies ein solches Verfahren. Schichten können auch als Einheit gesehen werden (Klumpen) und als **Klumpen** ausgewählt werden, die vollständig erfaßt werden.

Der Vorteil von Zufallsstichproben gegenüber Vollerhebung ist der, daß sie meist aktueller und billiger sind und, daß der Stichprobenfehler berechnet werden kann, und daß für die ermittelten Schätzwerte Vertrauensintervalle mit Hilfe der Wahrscheinlichkeitsrechnung angegeben werden können.

4.5. Die Verwendung von Analyseziffern

Analyseziffern sind Kennzahlen mit betriebswirtschaftlich relevanten Aussagen. So benötigt das Management eines Unternehmens Analyseziffern,

- um das "**Wesentliche**" aus einer Fülle von Daten sozusagen auf einen Blick kenntlich zu machen; sie sollen eine Aussage auf den "Punkt" bringen
- um **innerbetriebliche Entwicklungen** verfolgen zu können
- um die eigene **Marktlage im Vergleich mit den Konkurrenten** darzustellen
- um **Relationen zwischen Größen** herzustellen
- um klare **Zielvorgaben** zu formulieren
- um ein **Kontrollinstrument** zur Verfügung zu haben.

Es geht also um die **Verdichtung** des Zahlenmaterials, die Gewinnung von **Maßstäben**, das Erkennen von **Zusammenhängen** bzw. der **Verknüpfung** von Einflußfaktoren, der Entwicklung von **Zielprojektionen,** der **Steuerung** sowie der **Ergebniskontrolle**. Weil die Informationen zu Kennzahlen konzentriert werden, fallen dabei immer Betrachtungsaspekte weg. Deshalb ist es wichtig, die Aussagefähigkeit dieser Kennziffern oder Parameter im Auge zu behalten, da sie immer eine Einengung der Betrachtungsweise bedeuten. Betriebliche Kennziffern dienen

- zur **Problemklärung**
- zur Festlegung der **Problemrangfolge**
- zum Aufzeigen von **Problemlösungsmöglichkeiten**
- zur Suche nach **Ursachen** und
- zur Überlegung der **Konsequenzen** von eingetretenen oder erwarteten Entwicklungen.

Solche Kennziffern können die bekannten statistischen Parameter wie Mittelwerte, Streuungsmaße, Konzentrationsmaße usw. sein, aber auch speziell betriebliche Kennziffern zur Messung der Produktivität, Rentabilität, Finanzierungsstruktur, Personalstruktur usw. (s. Abb. 12). Bei letzteren handelt es sich um Gliederungszahlen (z.B. Exportquote), Indexzahlen (z.B. Umsatzentwicklung 1990=100) und Beziehungszahlen (z.B. Produktivität)[4].

[4] Zu den grundlegenden methodischen Problemen von Analyseziffern verweise ich auf die Kapitel 2.5., 2.6., 2.7. von Lüdeke, D. "Ausgewählte Methoden der Statistik" im zweiten Teil dieses Buches

Abb. 12: Bereiche mit Kennziffernbedarf und Kennziffern

BEREICHE MIT KENNZIFFERN-BEDARF	KENNZIFFERN (Auswahl)
Unternehmensaufbau	Vermögensstruktur Kapitalstruktur Betriebsnotwendiges Vermögen Kapitalausstattung je Arbeitsplatz Maschinenpark in % der Bilanzsumme
Finanzwirtschaft	Lieferantenkreditdauer Debitorenrisiko Verschuldungsgrad Finanzierung aus Abschreibung Liquidität Zinsaufwand
Wirtschaftlichkeit und Fertigung	Kapazitätsausnutzung Stillstandszeiten Abfallquote Lagerumschlag Energienteil Materialeinsatz
Produktivität	Umsatz pro Kopf Mengenleistung pro Fertigungsstunde Produktionswert je Arbeitsstunde Kapitalausstattung je Beschäftigter Produktionswert zu Sachkapital
Kosten	Arbeitskosten Materialkosten Lohnnebenkosten Ausfallzeiten Gehaltsstruktur Lohnniveau
Absatzstruktur und Marketing	Absatzstruktur Kundenstruktur Kundenumsatzstruktur Marktanteil Auftragsgößenordnung Kaufkraftziffern Werbeelastizität
Rentabilität	Cash flow Bilanzgewinn Kapitalrendite Kapitalumschlagskoeffizient Return on Investment Eigenkapitalverzinsung

Die Aussagefähigkeit von **Beziehungszahlen** ist besonders kritisch zu beachten. Hierbei wird ein Merkmal X auf ein Merkmal Y bezogen: X/Y. Damit bietet sich ein breites Feld für Kennzahlen an, da man ja jede Größe auf irgendeine andere Größe beziehen kann. Auf diesem Feld wird die Statistik häufig reine Rhetorik.

Problemlos sind dabei **Verursachungszahlen**, bei denen im Nenner die Größe des verursachenden und im Zähler die Größe des verursachten Merkmals stehen, wie z.B. bei Geburten/Bevölkerung; Konkurse/Unternehmen.

Problematischer sind **Entsprechungszahlen**, bei denen im Prinzip beliebige Merkmale aufeinander bezogen werden. Hierbei ist auch nicht von vornherein festgelegt, welche Größe im Zähler und welche im Nenner steht. Zum Beispiel kann bei entsprechenden Fragestellungen sowohl die Kundendichte (Kunde/Fläche) als auch die Flächendichte (Fläche/Kunde) gebildet werden.

Bei der **Interpretation von Beziehungszahlen** ist darauf zu achten, daß keine unsinnigen Beziehungen aufgestellt werden, und daß Kausalitäten oft gar nicht oder nur eingeschränkt bestehen. Bei einer Beziehungszahl Bevölkerung/Telefonzelle kann man z.B. kaum von einer Kausalität der Form ausgehen, daß sich bei einer Erhöhung der Zahl der Telefonzellen, auch die Bevölkerungszahl erhöht. Oder eine Beziehungszahl BSP/Bevölkerung kann nicht so interpretiert werden, daß eine größere Bevölkerung auch das Bruttosozialprodukt automatisch erhöht.

Ein ähnliches Interpretationsproblem tritt auch bei der Beurteilung der Veränderung von Produktivitäten auf, wie das Beispiel in Tab. 15 für Arbeitsproduktivitäten (Produktion/Beschäftigter) zeigt. Häufig wird die Erhöhung der Produktivität auch als Ausdruck der in technologischer und organisatorischer Hinsicht verbesserten Produktionsweise angesehen. Wie das Beispiel jedoch zeigt, erfolgt die Erhöhung der Produktivität von 1,84 auf 4,44 nicht durch eine Veränderung der Produktivität in den Branchen - diese sind in beiden Zeitpunkten unverändert - sondern durch eine Strukturverschiebung: Bei gleicher Produktivität, also ohne daß eine Technologieänderung eingetreten wäre, wird in Branche B in t+1 relativ und absolut mehr hergestellt als in Branche A.

Tab. 15: Branchenproduktivität und Durchschnittsproduktivität

Branche	Zeitpunkt t			Zeitpunkt t+1		
	Produktion	Beschäftigte	Arbeitsproduktivität	Produktion	Beschäftigte	Arbeitsproduktivität
A	64	80	0,8	24	30	0,8
B	120	20	6,0	420	70	6,0
Insgesamt	184	100	1,84	444	100	4,44

Nicht nur Beziehungszahlen, sondern auch **Mittelwerte** dürfen nicht unbesehen verwendet werden. Bei den Mittelwerten finden vor allem das geometrische und arithmetische Mittel Anwendung.

Bei der Durchschnittsbildung von Wachstumsraten, Wachstumsfaktoren, Zinsen und Indexziffern wird nicht das allgemein bekannte arithmetische Mittel, sondern das **geometrische Mittel** herangezogen (siehe auch Kapitel 2.6. der Bevölkerungsstatistik). Ist K_0 der Anfangsbestand und K_t der Endbestand eines Kapitals, so ist:

$r = (K_t - K_0)/K_0$ die Wachstumsrate und $q = K_t/K_0$ der Wachstumsfaktor. Dabei gilt folgende Beziehung: $r = q - 1$ und $q = r + 1$.

Bei vier aufeinanderfolgenden Jahren seien die Zinsen eines Kapitals 3%, 2%, 4% und 11%. Die Wachstumsfaktoren sind dann 1,03, 1,02, 1,04, und 1,11, und der durchschnittliche Wachstumsfaktor $\bar{q}$ ist

$$\sqrt[4]{1{,}03 \cdot 1{,}02 \cdot 1{,}04 \cdot 1{,}11} = 1{,}094$$

Daraus ergibt sich als durchschnittliche Wachstumsrate $\bar{r} = 0{,}094$ oder 9,4%.

Das geometrische Mittel bietet ferner die Möglichkeit der Berechnung von durchschnittlichen Wachstumsraten oder Wachstumsfaktoren, wenn der Anfangsbestand und der Endbestand bekannt sind.

Der Anfangsbestand eines Kapitals sei 2000 DM und der Endbestand nach 10 Jahren 6000 DM. Der durchschnittliche Wachstumsfaktor $\bar{q}$ ist dann

$$\sqrt[10]{\frac{6000}{2000}} = \sqrt[10]{3} = 1{,}116$$

Die durchschnittliche Wachstumsrate $\bar{r}$ ist dann 11,6%.

Der am meisten angewandte Mittelwert ist das arithmetische Mittel. Die **wichtigste Eigenschaft des arithmetischen Mittels** für den praktischen Gebrauch ist die Tatsache, daß das n-fache des arithmetischen Mittels immer den Gesamtbetrag X ergibt, also für i = 1,2,3,...,n (Merkmale)

$$X = \sum x_i = n \cdot \bar{x}$$

Arithmetische Mittel aus Teilmitteln (Gruppen) müssen immer als gewichtete arithmetische Mittel berechnet werden, also für i = 1,2,3...,k (Gruppen)

$$\bar{x} = \sum x_i \, g_i$$

Dabei sind die g_i die Gewichtungen (relativen Anteile) mit $\sum g_i = 1$ und i = 1,2,3,...,k.

Die Berechnung können wir am folgenden Beispiel ersehen. Dabei stoßen wir auch auf eine immer wieder auftretende Interpretationsproblematik, nämlich Simpsons Paradoxon:

Gehen wir davon aus, daß die Mietpreise (pro Quadratmeter) für die vier Gebäudearten in Tabelle 16 Durchschnittspreise sind, also für Altbau 1 ist der Durchschnittsmietpreis in Region 1 DM 8.- und in Region 2 DM 7.-. Um für jede Region den durchschnittlichen Mietpreis zu berechnen, muß aus den durchschnittlichen Mietpreisen der Gebäudearten mit deren Anteilen wieder ein gewichtetes arithmetisches Mittel gebildet werden.

Tab. 16: Berechnung eines gewichteten arithmetischen Mittels

Gebäudeart	Region 1		Region 2	
	Anteil	Mietpreis	Anteil	Mietpreis
	g_i	x_i	g_i	x_i
Altbau 1	0,3	8.-	0,1	7.-
Altbau 2	0,2	10.-	0,2	9.-
Neubau 1	0,3	15.-	0,3	14.-
Neubau 2	0,2	20.-	0,4	18.-
Arithmet. Mittel	12,90		13,90	

Als Ergebnis erhalten wird für Region 1 einen durchschnittlichen Mietpreis von DM 12,90 und für die andere Region (Region 2) DM 13,90.

Bei der Interpretation dieser Durchschnittspreise tritt nun, wie oben angedeutet, das sogenannte **Simpson-Paradoxon** auf. Es ergibt sich für Region 2 insgesamt ein höherer durchschnittlicher Mietpreis, obwohl bei jeder Gebäudeart in dieser Region der Mietpreis geringer ist. Für die Region 2 wird nur dadurch ein insgesamt höherer durchschnittlicher Mietpreis erreicht, weil hier ein geringerer Anteil der Kategorie "Altbau 1" und ein höherer Anteil der Kategorie "Neubau 2" vorhanden ist.

4.6. Messung von Zusammenhängen

Statistische Zusammenhänge bedeuten ganz einfach: eine Größe X verändert sich, und die Größe Y verändert sich auch. Zum Beispiel X wird größer und Y wird auch größer oder X wird größer und Y wird kleiner. Die Größen sind nun nicht irgendwie streng proportional angeordnet, sondern sie streuen. Dieser in einem Streuungsdiagramm (s. Abb. 13) dargestellte "vage" Zusammenhang soll statistisch gemessen werden.

Dabei soll es hier egal sein, ob es sich um einen Ursache-Wirkung-Zusammenhang handelt oder einfach um konformes oder assoziatives Verhalten. Beispiele für derartige zweidimensionale Betrachtungen können Umsatz/Werbung oder Umsatz/Zahl des qualifizierten Personals usw. sein. Bei der Zusammenhangsmessung werden zwei Fälle unterschieden:

- einmal die Suche nach einer durchschnittlichen Beziehung (Regression) und

- die Berechnung des Maßes für die Stärke des Zusammenhangs (Korrelation).

4.6.1. Bestimmung der durchschnittlichen Beziehung (deskriptive Regression)

Bei der **deskriptiven Regression** suchen wir für eine **erklärende Variable X** den durchschnittlichen Zusammenhang zu einer **erklärten Variablen Y**. Wir suchen den durchschnittlichen Zusammenhang deshalb, weil die empirischen Beobachtungen nur ein **Streumuster** der Messungen ergeben. Das heißt bei einer Messung für einen gegebenen X-Wert ergeben sich für Y unterschiedliche Werte. Wir stellen also z.B. fest, daß Unternehmen mit derselben Höhe der Werbeausgaben unterschiedliche Umsätze erzielen oder, daß Unternehmen mit demselben Investitionseinsatz unterschiedliche Gewinne erzielen.

In dem hier dargestellten Streuungsdiagramm nehmen wir an, daß die durchschnittliche Beziehung eine einfache **lineare Funktion** der Form $Y_e = a + bX$ ist.

Abb. 13: Streuungsdiagramm

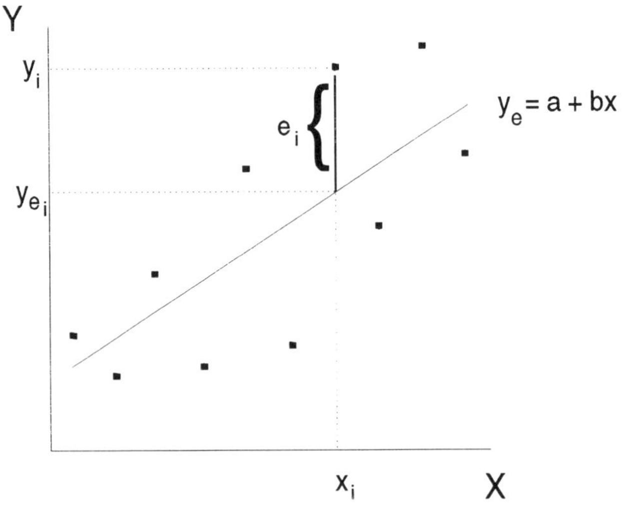

Daneben kann man auch andere durchschnittliche Beziehungen annehmen, z.B. eine einfache **nichtlineare Beziehung** der Form:

$Y_e = a + bX + cX^2 + \ldots$ oder $Y_e = a \cdot b^X$ oder $Y_e = a \cdot X^b$.

Bei komplexeren Problemen kann auch eine lineare **Mehrfachregression** der Form $Y_e = a + b_1X_1 + b_2X_2$ angesetzt werden, bei der die Variable Y durch mehrere Variable X_1, X_2 ... erklärt wird.

Im einfachsten Fall der Annahme einer linearen Beziehung zwischen den Variablen Y und X lautet die Regressionsgerade: $Y_e = a + bX$.

Mit Hilfe der beobachteten Werte von Y und X müssen nun die Koeffizienten a und b bestimmt werden, damit wir für diese Beobachtungen die spezielle Gerade erhalten. Das am häufigsten verwendete Verfahren zur Bestimmung der Koeffizienten a und b ist die **Methode der kleinsten Quadrate**:

> Eine Funktion wird derart durch eine Punkteschar gelegt, daß die Summe der Ordinatenabstände e_i der einzelnen Punkte (y_i, x_i) von den entsprechenden Punkten y_{ei} auf der zu bestimmenden Funktion Y_e Null und die Summe der quadrierten Ordinatenabstände ein Minimum ist, also
>
> $$\sum e_i = \sum (y_i - y_{ei}) = 0 \qquad \text{und} \qquad \sum e_i^2 = \sum (y_i - y_{ei})^2 = \text{Min}$$

Für den speziellen Fall der Geraden gilt dann:

$$\sum e_i^2 = \sum (y_i - a - bx_i)^2 = f(a,b) \stackrel{!}{=} \text{Min}$$

durch Ableiten und Nullsetzen ergeben sich die sogenannten Normalgleichungen:

$$n\,a + b \sum x_i = \sum y_i$$

$$a \sum x_i + b \sum x_i^2 = \sum x_i y_i$$

Aus diesen beiden Gleichungen lassen sich a und b errechnen, mit

> $$a = \bar{y} - b\bar{x} \qquad \text{und}$$
>
> $$b = \frac{s_{xy}}{s_x^2} \quad \text{bzw.} \quad \frac{\sum_i (x_i - \bar{x})(y_i - \bar{y})}{\sum_i (x_i - \bar{x})^2} = \frac{\sum_i x_i y_i - n\bar{x}\bar{y}}{\sum_i x_i^2 - n\bar{x}^2}$$
>
> im ungruppierten Fall

An einem Beispiel soll der Rechenweg gezeigt werden, dabei seien Y und X Größen wie Umsatz und Werbung oder Beschäftigung und Investition usw. Es sollen $n=10$ Beobachtungen vorliegen:

Tab. 17: Rechenbeispiel für Regression und Korrelation

	y_i	x_i	x_iy_i	x_i^2	$Rg(y_i)$	$Rg(x_i)$	d_i	d_i^2
	5	3	15	9	3,5	1	2,5	6,25
	4	4	16	16	1,5	2	-0,5	0,25
	5	5	25	25	3,5	3	0,5	0,25
	4	8	32	64	1,5	5	-3,5	12,25
	7	8	56	64	5	5	0	0
	8	8	64	64	6,5	5	1,5	2,25
	8	9	72	81	6,5	7	-0,5	0,25
	9	10	90	100	8	8	0	0
	10	11	110	121	9,5	9	0,5	0,25
	10	14	140	196	9,5	10	-0,5	0,25
Summe	70	80	620	740				22,0

Daraus ergibt sich für $\bar{y} = 7$ und für $\bar{x} = 8$ und nach der obigen Formel für $a = 7 - 0{,}6 \cdot 8 = 2{,}2$ und für $b = (620 - 10 \cdot 8 \cdot 7)/(740 - 10 \cdot 64) = 0{,}6$. Somit wird die Regressionsfunktion

$$y_e = 2{,}2 + 0{,}6x.$$

Um die Güte der Anpassung der Funktion an die gegebenen Punkte (x_i,y_i) beurteilen zu können, nimmt man das **Bestimmtheitsmaß**, das den Anteil der durch die Regressionsfunktion erklärten Streuung $\sum(y_{ei} - \bar{y})^2$ an der Gesamtstreuung $\sum(y_i - \bar{y})^2$ darstellt. Die Aufspaltung der Streuung geschieht wie folgt:

Abb. 14: Streuungsaufspaltung:

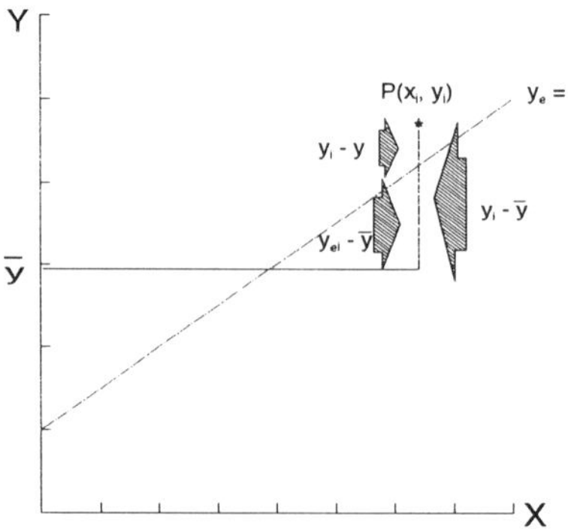

Die Formel zur Berechnung des Bestimmtheitsmaßes ist:

$$r^2 = \frac{s_{xy}^2}{s_x^2 s_y^2} \quad \text{bzw.} \quad \frac{\left[\sum_i (x_i - \bar{x})(y_i - \bar{y})\right]^2}{\sum_i (x_i - \bar{x})^2 \sum_i (y_i - \bar{y})^2} \quad \text{im ungruppierten Fall}$$

und r^2 liegt im Bereich $0 \leq r^2 \leq 1$

Für das obige Zahlenbeispiel in Tab. 17 ergibt sich $r^2 = 0{,}72$.

Beträgt das Bestimmtheitsmaß z.B. 0,72 heißt dies, daß 72% der Streuung der Punktewolke durch die Regressionsfunktion erklärt werden und nur 28% zur sogenannten Reststreuung gehören.

4.6.2. Messung der Stärke der Beziehung (Korrelation)

Bei der Korrelation interessieren wir uns für die Richtung - ob beide Variable in derselben oder in entgegengesetzter Richtung variieren - sowie für die Stärke der Beziehung bzw. des Zusammenhangs und suchen dafür eine Maßzahl, die dimensionslos und auf den Bereich -1 und +1 standardisiert ist. So kann man unabhängig von den Dimensionen immer bei einem Korrelationswert von z.B. -0,9 von einem stark negativen und bei 0,9 von einem stark positiven Zusammenhang sprechen.

Die bekanntesten Korrelationskoeffizienten sind die von Bravais-Pearson und Spearman. Der **Korrelationskoeffizient von Bravais-Pearson** ist nur bei intervallskalierten Variablen anzuwenden und wird wie folgt berechnet:

$$r = \frac{s_{xy}}{s_x s_y} \quad \text{bzw.} \quad \frac{\sum_i (x_i - \bar{x})(y_i - \bar{y})}{\sqrt{\sum_i (x_i - \bar{x})^2 \sum_i (y_i - \bar{y})^2}}$$

im ungruppierten Fall mit $-1 \leq r \leq +1$

Für das obige Zahlenbeispiel in Tab. 17 ergibt sich r = 0,85

Der **Rangkorrelationskoeffizient von Spearman** wird bei ordinalskalierten Variablen angewandt. Dabei werden den Beobachtungswerten, also hier den x_i- und y_i- Werten die Rangnummern $Rg(x_i)$ bzw. $Rg(y_i)$ von i = 1.....n zugeordnet. Die Rangnummern sind die natürlichen Zahlen 1,2,3,...,n. Werden Beobachtungen als gleichwertig angesehen, so wird der Mittelwert der Rangzahlen für diese gleichen Werte vergeben.

Im obigen Zahlenbeispiel in Tab. 17 wurden den n = 10 Beobachtungswerten für X und Y jeweils die Rangwerte zugeordnet. Bei gleichen Zahlenwerten werden die Mittelwerte der zu verteilenden Rangwerte genommen, z.B. würden bei den Y-Werten auf die beiden "5" die Rangwerte 3 und 4 fallen, also wird beiden der Rangwert 3,5 gegeben, oder bei den drei "8" der X-Reihe wird je der Rang 5 vergeben, da hier die Ränge 4,5,6 verteilt werden müßten.

Aus den Rangwertepaaren werden dann die Differenzen $\mathbf{d_i = Rg(y_i) - Rg(x_i)}$ gebildet und der Rangkorrelationskoeffizient wird wie folgt errechnet:

$$r_s = 1 - \frac{6 \sum_i d_i^2}{n(n^2 - 1)} \qquad \text{mit} \qquad -1 \leq r_s \leq +1$$

Für das Zahlenbeispiel aus Tab. 17 ergibt sich für n = 10 und $\sum d_i^2 = 22{,}0$ ein $r_s = 0{,}87$.

4.7. Statistische Massen im Zeitablauf, Zeitreihenanalyse und Prognosen

4.7.1. Statistische Massen im Zeitablauf

Bei statistischen Massen im Zeitablauf interessieren wir uns für das Zusammenspiel von Bestands- und Bewegungsmassen, für Durchschnittsbestände, Verweildauern und Umschlagshäufigkeiten. Damit bewegen wir uns auf dem Gebiet von Lagerhaltungsproblemen, Belegzeiten in Krankenhäusern usw.

Wie wir gesehen haben, sind Bestandsmassen Gesamtheiten, die sich laufend ändern, und deshalb an einem Zeitpunkt gemessen werden, z.B. die Zahl der Unternehmen, während Bewegungsmassen, z.B. Konkurse und Neugründungen, in Zeiträumen gemessen werden. Bezeichnen wir mit Z(t',t'') die Zugänge (z.B. Neugründungen) und mit A(t',t'') die Abgänge (z.B. Konkurse) in einem Zeitraum t',t''so kann ausgehend von einem Anfangsbestand B(t') der neue Bestand B(t'') berechnet werden. Man nennt das eine **Fortschreibung** des Bestandes, und die **Fortschreibungsformel** heißt dann:

$$\mathbf{B(t'') = B(t') + Z(t',t'') - A(t',t'')}$$

Zur Berechnung von Durchschnittsbeständen, Verweildauern und Umschlagshäufigkeiten brauchen wir die Verweildauer eines jeden Elements. Sie ist einfach Abgangszeitpunkt t'' minus Zugangszeitpunkt t', also

$$\mathbf{d_i = t'' - t' \quad mit\ t'' > t'}$$

Die Summe der Verweildauern aller Elemente, z.B. der Patienten in einem Krankenhaus oder der produzierten Schuhe im Lager, ergibt den **Zeitmengenbestand** D für den Zeitraum (t', t''):

$$\mathbf{D_{t',t''} = \Sigma d_i}$$

> Aus dem Zeitmengenbestand werden dann die weiteren Analyseziffern berechnet.

Beim **Durchschnittsbestand** wird der Zeitmengenbestand duch den Zeitraum (t', t'') dividiert, also:

$$\mathbf{\overline{B}_{t',t''} = \frac{D_{t',t''}}{t'' - t'}}$$

Bei n Elementen ist die **mittlere Verweildauer** je Element in (t', t''):

$$\mathbf{\overline{d}_{t',t''} = \frac{D_{t',t''}}{n}}$$

Die **Umschlagshäufigkeit** in (t', t'') ist der Kehrwert der mittleren Verweildauer, also:

$$u_{t',t''} = \frac{1}{\bar{d}_{t',t''}}$$

Ein einfaches Zahlenbeispiel soll die Formeln veranschaulichen: Hier soll es sich um einen Gebrauchtwagenhändler handeln, der jeden Monat Autos kauft und verkauft. Der Einfachheit halber soll ein Monat als Zeitpunkt angesehen werden: Jan. = 1, Febr. = 2.... (Will man die Analyse differenzierter angehen, muß man auf Tage als Zeiteinheiten übergehen.) Folgende Einkaufs- und Verkaufsdaten seien gegeben, wobei eine "0" den Einkauf des Autos im Jahr vor dem Berichtsjahr und ein "—" den Verkauf im darauffolgenden Jahr darstellen soll.

Tab. 18: Zahlenbeispiel für eine Zeitmengenbetrachtung

Gebrauchtwagen	Zugangszeitpunkt t' (Monat)	Abgangszeitpunkt t'' (Monat)	Verweildauer d_i (Monate)
A1	0	5	5
A2	0	6	6
A3	1	7	6
A4	3	9	6
A5	4	—	8
A6	4	12	8
A7	8	—	4
A8	9	11	2
A9	10	12	2
A10	11	-	1
	Z(t',t'') = 8	A(t',t'') = 7	$D_{t',t''}$ = 48

Am Ende des Jahres ergibt sich über die Fortschreibungsformel bei einem Anfangsbestand B(0) = 2 ein Endbestand

$$B(12) = 2 + 8 - 7 = 3$$

Der Durchschnittsbestand ist

$$\bar{B}_{t',t''} = 48:12 = 4$$

und die mittlere Verweildauer und die Umschlagshäufigkeit ist

$$\bar{d}_{t',t''} = 48:10 = 4{,}8 \quad \text{und} \quad u_{t',t''} = 0{,}2$$

Die über die Fortschreibungsformel aus Tab. 18 errechenbare monatliche Zeitreihenfunktion und der Durchschnittsbestand $\bar{B}_{t',t''}$ sieht dann wie folgt aus:

Abb. 15: Zeitreihe der Monatsbestände

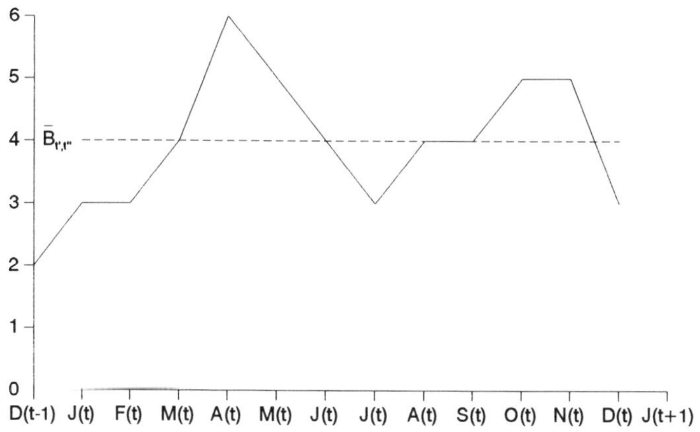

4.7.2. Zeitreihenanalyse

4.7.2.1. Die Modellvorstellung

Abbildung 15 gibt die Zeitreihe der monatlichen Gebrauchtwagenbestände an. Zeitreihen bilden den Ausgangspunkt für die folgenden Betrachtungen.

Die **Zeitreihenanalyse** will die Struktur von Entwicklungen, z.B. von Umsätzen im Zeitablauf erklären und herausfinden, ob Regelmäßigkeiten festzustellen sind. Es liegt dann auf der Hand, daß man aus der

Analyse der Vergangenheit versucht, Aussagen über die Zukunft zu treffen. Zeitreihen sind nichts anderes als Zeitpunkten oder -perioden ($t = 1, 2, \ldots, n$) zugeordnete Beobachtungswerte ($y_t = y_1, y_2, \ldots, y_n$). Man geht davon aus, daß die Entwicklung von ökonomischen Größen in der Zeit durch vier Komponenten beeinflußt wird:

- durch eine langfristige Entwicklung, die **Trendkomponente** $T(y)_t$,
- durch eine mittelfristige Entwicklung über mehrere Jahre, die **Konjunkturkomponente** oder zyklische Komponente K_t,
- durch eine kurzfristige Entwicklung innerhalb des Jahres, die **Saisonkomponente** S_t - sowie durch die **Zufallskomponente** ϵ_t.

Die **Verknüpfung der Komponenten zu einem Modell** kann nun additiv oder multiplikativ geschehen:

Das additive Zeitreihenmodell	**Das multiplikative Zeitreihenmodell**
$y_t = T(y)_t + K_t + S_t + \epsilon_t$	$y_t = T(y)_t \cdot K_t \cdot S_t \cdot \epsilon_t$

Im additiven Zeitreihenmodell werden die Komponenten in Originaleinheiten ausgedrückt, während im multiplikativen Modell nur die Trendkomponente in Originaleinheiten ausgedrückt wird, und K_t, S_t und ε_t Wachstumsfaktoren (vgl. Abschnitt 4.5 bei der Behandlung des geometrischen Mittels) darstellen.

4.7.2.2. Bestimmung der Trendkomponente

Während die **Trendkomponente** für beide Verfahren gleich ermittelt wird, hängt die Ermittlung der übrigen Komponenten vom gewählten Modell ab. Die **Trendermittlung** kann

- mit Hilfe gleitender Mittelwerte,
- nach der Methode der Reihenhälftenmittel oder
- mit der Methode der kleinsten Quadrate geschehen.

a) Bei der Methode der **gleitenden Mittelwerte** bildet man über k-Perioden sukzessive Mittelwerte entlang der Zeitreihe. Man nimmt z.B. bei einem **3-Perioden Mittel** die ersten drei Beobachtungswerte, mittelt sie und ordnet das Ergebnis der Periode 2 als Trendwert zu:

$$(y_1 + y_2 + y_3)/3 = T_2$$

Danach läßt man den ersten Beobachtungswert weg und nimmt den vierten Beobachtungswert dazu, also:

$$(y_2 + y_3 + y_4)/3 = T_3$$

$$(y_3 + y_4 + y_5)/3 = T_4$$

$$(y_4 + y_5 + y_6)/3 = T_5 \text{ usw.}$$

Bei 5-Perioden Mitteln wird mit demselben Verfahren über 5 Beobachtungswerte gemittelt:

$$(y_1+y_2+y_3+y_4+y_5)/5 = T_3$$

$$(y_2+y_3+y_4+y_5+y_6)/5 = T_4$$

$$(y_3+y_4+y_5+y_6+y_7)/5 = T_5 \text{ usw.}$$

Bei **ungerader Periodenanzahl**, wie eben bei k=3, k=5 usw. ergeben sich bei der Mittelbildung **keine Zuordnungsprobleme** zu den Zeitpunkten. Bei einer Mittelung über eine **gerade Periodenanzahl**, z.B. über k=4 Perioden, ist jedoch die eindeutige Zuordnung des Mittelwerts als Trendwert zu einem Zeitpunkt nicht gegeben. In diesem Fall nimmt man zur Mittelbildung einen Wert mehr, gewichtet den ersten und letzten aber nur zur Hälfte. Das heißt zum Beispiel, daß bei einem **4-Perioden Mittel** fünf Beobachtungswerte genommen werden:

$$(0{,}5y_1 + y_2 + y_3 + y_4 + 0{,}5y_5)/4 = T_3$$

$$(0{,}5y_2 + y_3 + y_4 + y_5 + 0{,}5y_6)/4 = T_4$$

$$(0{,}5y_3 + y_4 + y_5 + y_6 + 0{,}5y_7)/4 = T_5 \text{ usw.}$$

Mit dem Verfahren der gleitenden Mittelwerte erhält man eine gewisse Glättung der Reihe und arbeitet so die wesentliche Entwicklungsrichtung einer Beobachtungsreihe heraus. Ein Nachteil bei diesem Verfahren ist, daß durch die Mittelung am Anfang und Ende der geglätteten Reihe Werte wegfallen (s. das Zahlenbeispiel in Tab. 19).

b) Bei der Trendermittlung nach der **Methode der Reihenhälftenmit-**

tel wird von vornherein die Form einer Trendgeraden angenommen. Man teilt dabei die Beobachtungspunkte in zwei Hälften ein (bei einer ungeraden Anzahl von Beobachtungspunkten wird der mittlere einfach gestrichen) und berechnet für die y-Werte und die t-Werte jeweils die arithmetischen Mittel $\bar{y}$ und $\bar{t}$. Dadurch ergibt sich für die erste Hälfte der Beobachtungspunkte der Punkt $(\bar{y}_1, \bar{t}_1)$ und für die zweite Hälfte der Punkt $(\bar{y}_2, \bar{t}_2)$. Durch die beiden Punkte wird dann eine Gerade gelegt:

$$T(y)_t = \bar{y}_1 - \frac{\bar{y}_2 - \bar{y}_1}{\bar{t}_2 - \bar{t}_1}\bar{t}_1 + \frac{\bar{y}_2 - \bar{y}_1}{\bar{t}_2 - \bar{t}_1}t$$

Bei ungeraden n bleibt der Punkt (y_t, t): $(y_t = \frac{y_{n+1}}{2}\ ;\ t = \frac{n+1}{2})$ unberücksichtigt.

Vereinfachte Berechnung von $\bar{t}_1$ und $\bar{t}_2$:

wenn n gerade:

$$\bar{t}_1 = \frac{n+2}{4}\ ;\ \bar{t}_2 = \frac{3n+2}{4}$$

wenn n ungerade:

$$\bar{t}_1 = \frac{n+1}{4}\ ;\ \bar{t}_2 = \frac{3(n+1)}{4}$$

c) Bei der Trendermittlung nach der **Methode der kleinsten Quadrate** soll hier von einem linearen Trend ausgegangen werden. Man setzt als Gleichung für die Trendfunktion $T(y)_t = a + bt$ an. Daraus ergibt sich (s. Abschnitt 4.6.1.):

$$a = \bar{y} - b\bar{t}$$

$$b = \frac{\sum_{t=1}^{n}(y_t - \bar{y})(t - \bar{t})}{\sum(t - \bar{t})^2} = \frac{\sum y_t t - n\bar{t}\bar{y}}{\sum t^2 - n\bar{t}^2} = \frac{\sum y_t(t - \bar{t})}{\sum(t - \bar{t})^2}$$

Ein Zahlenbeispiel soll die Berechnung zeigen. Für die Jahre 1989 bis 1995 seien die Umsätze (in Mio DM) eines Unternehmens wie folgt gegeben:

Tab. 19: Zahlenbeispiel zur Trendermittlung

Jahr (t)	1989 (1)	1990 (2)	1991 (3)	1992 (4)	1993 (5)	1994 (6)	1995 (7)
Umsatz y_t	140	260	200	200	290	340	300

Aus diesem Beispiel ergeben sich für die **gleitenden Mittelwerte** (3- und 4- Periodenmittel) und deren Zuordnung:

Tab. 20: Berechnung von gleitenden Mittelwerten

Jahr	1989	1990	1991	1992	1993	1994	1995
3-Perioden-Mittel	-	200	220	230	260	310	-
4-Perioden-Mittel	-	-	218,75	247,5	255	-	-

Abb. 16: Zeitreihe und Trend

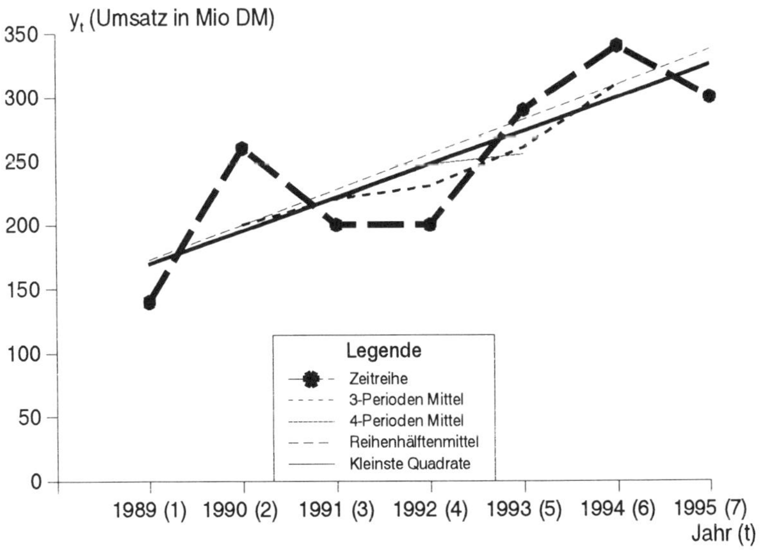

Für das Verfahren der **Reihenhälftenmittel** ergeben sich bei Streichung des mittleren Beobachtungs- und Zeitwertes als Mittelwerte für die erste Hälfte $\bar{y}_1 = 200$ und $\bar{t}_1 = 2$ sowie für die zweite Hälfte $\bar{y}_2 = 310$ und $\bar{t}_2 = 6$ und für die Gerade die Gleichung:

$$T(y)_t = 145 + 27{,}5\ t$$

Bei der **Methode der kleinsten Quadrate** ergibt sich als Trendfunktion:

$$T(y)_t = 142{,}7 + 26{,}1\ t$$

4.7.2.3. Bestimmung der anderen Komponenten

Bei der Berechung der anderen Komponenten muß unterschieden werden, ob es sich um ein additives oder um ein multiplikatives Modell handelt.

So werden beispielsweise **Saisonkomponenten** über Durchschnittsbildung ermittelt;

- beim additiven Modell über die Differenzen zwischen Beobachtungswerten und Trendwerten und

- beim multiplikativen Modell über die Quotienten von Beobachtungswerten und Trendwerten.

Die **Konjunkturkomponente** kann mit ähnlichen Verfahren oder einfach als Restgröße zwischen den Beobachtungswerten und der Summe von Trend- und Saisonkomponente bestimmt werden.

4.7.3. Prognosemethoden

Die Kenntnis der Zukunft ist ein fundamentaler Wunsch der Menschen. Neben der reinen Neugier dient der Wunsch nach Zukunftskenntnis auch der Schaffung erweiterter Möglichkeiten der Gestaltung des Lebens, indem zum Beispiel voraussichtliche negative Entwicklungen vermieden oder voraussichtliche positive Entwicklungen verstärkt werden können.

Die einfachste Form des Prognostizierens ist, einen **Trend zu berechnen und dann diesen in die Zukunft fortzuschreiben (Extrapolation)**. Man nimmt dabei, wie in der Zeitreihenanalyse vorgestellt, die Beobachtungen der Vergangenheit bis zum heutigen Zeitpunkt t, also Y_1, Y_2, ...,Y_{t-1}, Y_t als Berechnungsgrundlage, berechnet den

Trend und verlängert dann durch Einsetzen in die Formel den Trend in die Zukunft, also Y_{t+1}, Y_{t+2}, ... Die unterstellte Annahme bei der Prognose ist, daß der aus der Vergangenheit errechnete Trend sich auch in der Zukunft fortsetzt.

Nehmen wir als Beispiel die Trendfunktion nach der Methode der Reihenhälftenmittel und der Methode der kleinsten Quadrate aus dem Zahlenbeispiel von Tab. 19, so ergeben sich für die prognostizierten Umsatzwerte von 1996 - 2000 (t = 8 - 12) und für das Jahr 2020 (t=32):

Tab. 21: Extrapolation von Trends in die Zukunft

Jahr (t)	1996 (8)	1997 (9)	1998 (10)	1999 (11)	2000 (12)	....	2020 (32)
$T(y)_t = 145 + 27{,}5t$	365,0	392,5	420,0	447,5	475	....	1025
$T(y)_t = 142{,}7 + 26{,}1t$	351,5	377,6	403,7	429,8	455,9	....	977,9

Geht man davon aus, daß die zu prognostizierende Größe Y, z.B. das Bruttosozialprodukt, von anderen Größen wie Produktion (X), Investition (I), Konsum (C) usw. abhängt, bilden nicht nur die Vergangenheitsdaten von Y die Grundlage für die Prognose, wie bei der einfachen Extrapolation, sondern es wird ein **ökonometrisches Modell** ausgehend von der Form $Y_t = f(X_t, X_{t-1}, I_t, C_t, \ldots)$ konstruiert. Die Prognose erfolgt also nicht mehr nur auf der Fortschreibung der eigenen Datenreihe. Für die Prognose wird vorausgesetzt, daß diese Zusammenhänge, also die Verhältnisse, stabil bleiben. Daneben können in den Modellen Annahmen über die Veränderung der Koeffizienten in der Zukunft getroffen werden. Damit können ökonometrische Modelle für Prognosen flexibler als die einfache Extrapolation gestaltet werden.

Eine weitere Prognosetechnik ist die Erstellung von **Szenarien**. Szenarien basieren auf Überlegungen, wie Entwicklungen in der Zukunft verlaufen können. Meist werden "positive" und "negative" Bilder über mögliche zukünftige Entwicklungen erstellt und dienen dann in Unternehmen, Politik und Verwaltung als Diskussionsgrundlage für Entscheidungen. Die Prognoseelemente liegen in den Annahmen, auf denen die Szenarien aufgebaut sind. Szenarien dienen sehr langfristigen Überlegungen. In diesem Sinne werden auch **Simulationen** eingesetzt, bei denen man einfach Entwicklungen in dic Zukunft unter verschiede nen Annahmen "simuliert".

Grundlage allen Prognostizierens sind theoretische Annahmen. **Theorien** liefern allgemeine Erklärungen über die Wirklichkeit, nämlich darüber, wie und warum etwas funktionieren könnte. Theorien sind meist nicht quantitativ, aber sie behaupten Zusammenhänge, Invarianzen usw. und bilden so den erkenntnistheoretischen Rahmen für die Möglichkeit von Prognosen. Seit den 50er Jahren und verstärkt seit Beginn der 80er Jahre wurden Phänomene untersucht, bei denen man die Gesetzmäßigkeiten kannte, die jedoch bei kleinster Änderung der Anfangsbedingungen zu völlig unterschiedlichen Entwicklungen führten. Dies führte zu einem **"Erkenntnisschock" gegenüber der Prognosefähigkeit** allgemein. Denn man glaubte bis dahin, daß bei Kenntnis der Gesetzmäßigkeit die Prognose kein Problem darstelle, allenfalls eine **nicht vollständige Kenntnis der Gesetzmäßigkeit** ein Problem sei. Es zeigt sich aber, daß sich - selbst bei Kenntnis der Gesetzmäßigkeit - bei minimalen Unterschieden in den Anfangsbedingungen unterschiedliche Entwicklungen einstellen.

Ein Rechenbeispiel soll dies verdeutlichen. Bei der sogenannten **Uhrenverdopplung** ist die gegebene Gesetzmäßigkeit folgende: man nimmt eine Zahl zwischen 0 und 1 und verdoppelt sie. Geht der Wert über 1 hinaus, wird 1 abgezogen. Beginnen wir einmal mit 0,249, so ergibt sich für die folgenden Perioden:

0,498; 0,996; 0,992; 0,984; 0,968; 0,936; 0,872; 0,744; 0,488; 0,976; 0,952; 0,904 ...

Beginnen wir das andere Mal mit 0,251, so ergibt sich für die Perioden:

0,502; 0,004; 0,008; 0,016; 0,032; 0,064; 0,128; 0,256; 0,512; 0,024; 0,048; 0,096 ...

Graphisch ergeben sich für derartige Entwicklungen folgende Kurven mit den berechneten Trendfunktionen y_e :

Abb. 17: Chaotischer Determinismus

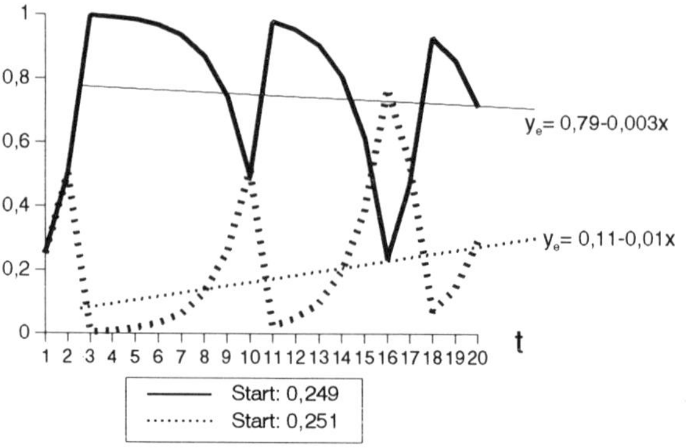

Die Graphik zeigt, daß in der zweiten Periode die Entwicklung in beiden Reihen noch fast identisch, aber in den folgenden Perioden stabilisiert sich die erste Reihe auf hohem Niveau, während die andere sich auf unterem Niveau bewegt - trotz ausgeprägter "Schwankungen". Dies geschieht bei gleicher Gesetzmäßigkeit und fast gleicher Ausgangsbasis, nämlich 0,249 bzw. 0,251. Die nach der Methode der kleinsten Quadrate berechneten Trendfunktionen in der Grafik geben die langfristigen Trends für diese Kurven an. Die Tragweite dieser Aussage zeigt sich, wenn wir unter einer Periode einen Konjunkturzyklus von 4-5 Jahren verstehen, dann umfaßt der im Abbild gezeigte Betrachtungszeitraum cirka 80 - 100 Jahre einer Entwicklung. Das heißt, kleinste Unterschiede in den Ausgangsbedingungen legen für lange Zeit fest, ob eine Entwicklung auf hohem oder niederem Niveau abläuft.

Sachregister

C

D

E